Hjort/Rothkegel/Schneider/Schur

AiB Betriebsrat-Stichwort

Leitfaden für den Wirtschaftsausschuss

Rechtliche und betriebswirtschaftliche Grundlagen

5. Auflage

BUND VERLAG

Bibliografische Information der Deutschen Nationalbibliothek
Die Deutsche Nationalbibliothek verzeichnet diese Publikation in der Deutschen Nationalbibliografie; detaillierte bibliografische Daten sind im Internet über *http://dnb.d-nb.de abrufbar.*

5., überarbeitete Auflage 2025

Umschlag:	Neil McBeath, Stuttgart
Satz:	Reemers Publishing Services GmbH; Krefeld
Druck:	mediaprint solutions GmbH, Eggertstraße 28, 33100 Paderborn

ISBN 978-3-7663-7387-3

kontakt@bund-verlag.de
www.bund-verlag.de

Inhalt

Abkürzungsverzeichnis

a. A.	anderer Ansicht
Abs.	Absatz
AG	Aktiengesellschaft
AiB	Arbeitsrecht im Betrieb (Zeitschrift)
AP	Arbeitsrechtliche Praxis (Entscheidungssammlung)
ArbG	Arbeitsgericht
ArbGG	Arbeitsgerichtsgesetz
Aufl.	Auflage
AuR	Arbeit und Recht (Zeitschrift)
BAG	Bundesarbeitsgericht
BB	Betriebs-Berater (Zeitschrift)
BetrVG	Betriebsverfassungsgesetz
BGB	Bürgerliches Gesetzbuch
BGBl.	Bundesgesetzblatt
BilMoG	Bilanzrechtsmodernisierungsgesetz
BIRUG	Bilanzrichtlinie-Umsetzungsgesetz
BSC	Balanced Scorecard
bzw.	beziehungsweise
CSR	Corporate Social Responsibility
CSRD	Corporate Sustainability Reporting Directive (EU-Richtlinie zur Unternehmens-Nachhaltigkeitsberichterstattung)
DB	Der Betrieb (Zeitschrift)
dbr	Der Betriebsrat (Zeitschrift)
d. h.	das heißt
DrittelbG	Drittelbeteiligungsgesetz
EBIT	Earnings before interest and taxes
EBITDA	Earnings before interest, taxes, depreciation and amortization
EBRG	Gesetz über Europäische Betriebsräte
EDV	Elektronische Datenverarbeitung
EG	Europäische Gemeinschaft
ESG	Environmental Social Governance (Umwelt, Soziales und Unternehmensführung)
ESRS	European Sustainability Reporting Standards
etc.	et cetera
EzA	Entscheidungssammlung zum Arbeitsrecht
f./ff.	folgende
GeschGehG	Gesetz zum Schutz von Geschäftsgeheimnissen
ggf.	gegebenenfalls

ggü.	gegenüber
GmbH	Gesellschaft mit beschränkter Haftung
GuV	Gewinn- und Verlustrechnung
HGB	Handelsgesetzbuch
HS	Halbsatz
i. d. R.	in der Regel
IFRS	International Financial Reporting Standards
i. S. d.	im Sinne des
i. S. v.	im Sinne von
KI	Künstliche Intelligenz
KG	Kommanditgesellschaft
KonTraG	Gesetz zur Kontrolle und Transparenz im Unternehmensbereich
KSchG	Kündigungsschutzgesetz
LAG	Landesarbeitsgericht
LkSG	Lieferkettensorgfaltspflichtengesetz
MAR	Marktmissbrauchsverordnung (EU VO Nr. 596/2014)
m. a. W.	mit anderen Worten
MitbestG	Mitbestimmungsgesetz
m. w. N.	mit weiteren Nachweisen
NFRD	Non-Financial Reporting Directive
NJW	Neue Juristische Wochenschrift (Zeitschrift)
Nr.	Nummer
NZA	Neue Zeitschrift für Arbeitsrecht (Zeitschrift)
NZA-RR	NZA-Rechtsprechungs-Report (Zeitschrift)
NZG	Neue Zeitschrift für Gesellschaftsrecht (Zeitschrift)
o. Ä.	oder Ähnliche(s)
oHG	offene Handelsgesellschaft
OLG	Oberlandesgericht
Rn.	Randnummer(n)
s.	siehe
S.	Seite
sog.	sogenannte
u. Ä.	und Ähnliche(s)
UmwG	Umwandlungsgesetz
US-GAAP	US Generally Accepted Accounting Standards
UStG	Umsatzsteuergesetz
vgl.	vergleiche
WpHG	Wertpapierhandelsgesetz
WpÜG	Wertpapiererwerbs- und Übernahmegesetz
z. B.	zum Beispiel
ZPO	Zivilprozessordnung

Literatur

Teil A: Rechtliche Grundlagen

Assmann/Schütze/Buck-Heeb; Handbuch des Kapitalanlagerechts, 5. Aufl. 2020

Däubler; Balanced Scorecard – Ein Problem für Wirtschaftsausschuss und Betriebsrat?, DB 2000, 2270 ff.

Däubler; Klimaschutz und Arbeitsrecht, HSI-Schriftenreihe Bd. 49, Frankfurt 2023

Däubler/Hjort/Schubert/Wolmerath; Arbeitsrecht, Handkommentar, 5. Aufl. 2022 (zitiert: HK-ArbR-Bearbeiter)

Däubler/Klebe/Wedde; Betriebsverfassungsgesetz, Kommentar für die Praxis, 19. Aufl., Frankfurt am Main 2024 (zitiert: DKW-Bearbeiter)

Diller/Powietzka; Informationsrechte des Betriebsrats im (internationalen) Konzern, DB 2001, S. 34 ff.

Düwell; Für mehr Transparenz – Das Risikobegrenzungsgesetz, dbr 2008, 19 ff.

Edenfeld; Der Wirtschaftsausschuss in komplexen Unternehmensstrukturen, DB 2015, 679 ff.

Engels; Fortentwicklung des Betriebsverfassungsrechts außerhalb des Betriebsverfassungsgesetzes, Teil II, AuR 2009, 65 ff.

Fischer; Betriebsverfassungsrechtliche Informationsansprüche bei Börsennotierung des Unternehmens in den USA, DB 1998, 2606 ff.

Fischer; Der ahnungslose Arbeitgeber oder die Betriebsverfassung im (internationalen) konzernrechtlichen Niemandsland?, AuR 2002, 7 ff.

Fitting/Trebinger/Linsenmaier/Schelz/Schmidt; Betriebsverfassungsgesetz, Handkommentar, 32. Aufl., München 2024 (zitiert: Fitting)

Growe/Grüninger; Eine steuerliche Organschaft öffnet arbeitsrechtliche Tore!; AiB 2001, 582 ff.

Heidel; Aktienrecht und Kapitalmarktrecht, Kommentar, 4. Aufl. 2014

Kappes; Weitergabe von Insidertatsachen, NJW 1995, 2832 ff.

Kort; Matrix-Strukturen und Betriebsverfassungsrecht, NZA 2013, 1318 ff.

Laßmann/Mengay/Overbeck/Rupp; Handbuch Wirtschaftsausschuss; 12. Aufl.; Frankfurt am Main 2024

Laßmann/Rupp; Personalplanung; 2. Aufl.; Frankfurt am Main 2020

Lerch/Weinbrenner; Auskunftsanspruch des Wirtschaftsausschusses bei Konzernbezug, NZA 2013, 355 ff.

Löwisch; Erfasst das Risikobegrenzungsgesetz auch Kleinunternehmen?, DB 2008, 2834 f.

Müller; Anm. zu LAG Niedersachsen vom 3.11.2009, ArbRAktuell 2010, 23

Müller-Glöge/Preis/Schmidt; Erfurter Kommentar zum Arbeitsrecht, 23. Aufl., München 2023 (zitiert: ErfK-Bearbeiter)

Müller-Knapp; Möglichkeiten der Informationsverschaffung bei Umstrukturierung, AiB 2003, 416 ff.

Peter; Schulung und Bildung von Betriebsratsmitgliedern. Handlungshilfe für Betriebsräte zu § 37 Abs. 6, 7 BetrVG; Reihe »AiB-Stichwort«, Frankfurt am Main 1998

Richardi; Betriebsverfassungsgesetz, 15. Auflage, München 2016

Schwark/Zimmer; Kapitalmarktrechtskommentar, 5. Aufl. 2020

Simon/Dobel; Das Risikobegrenzungsgesetz – Neue Unterrichtungspflichten bei Unternehmensübernahmen; BB 2008, 1955

Wiese/Kreutz/Oetker; Betriebsverfassungsgesetz, Gemeinschaftskommentar, 12. Aufl. Köln 2022 (zitiert: Bearbeiter GK-BetrVG)

Witschen; Matrixorganisationen und Betriebsverfassung, RdA 2016, 38 ff.

Wißmann/Kleinsorge/Schubert; Mitbestimmungsrecht, 5. Auflage 2017

Zimmer; Das Lieferkettensorgfaltspflichtengesetz, HSI-Schriftenreihe Band 48, Frankfurt am Main 2023

Teil B: Betriebswirtschaftliche Grundlagen

Coenenberg/Fischer/Günther; Kostenrechnung und Kostenanalyse, 9. Auflage, Verlag Schäffer Poeschel

Ausführlich zu Jahresabschluss und Jahresabschlussanalyse: Coenenberg/Haller/Schultze; Jahresabschluss- und Jahresabschlussanalyse, 27. Auflage, Verlag Schäffer Poeschel

Horváth; Controlling, 15. Auflage, Verlag Vahlen

Sandel; Was man für Geld nicht kaufen kann: Die moralischen Grenzen des Marktes, Verlag Ullstein

Dr. Schultz; Basiswissen Rechnungswesen, 9. Auflage, Verlag Beck-Wirtschaftsberater im dtv

Wöhe/Döring; Einführung in die allgemeine Betriebswirtschaftslehre, 28. Auflage, Verlag Vahlen

Literatur zur Arbeit des Betriebsrats

Böttcher; Die Arbeit im Betriebsratsgremium – Handlungshilfe für Betriebsräte zu den §§ 26ff. BetrVG, 6. Auflage, Bund-Verlag

Göritz/Hase/Rupp; Handbuch Interessenausgleich und Sozialplan – Handlungsmöglichkeiten bei Umstrukturierungen, 7. Auflage Bund-Verlag

Hase/Rupp/Teppich; Handbuch Einigungsstelle – Handlungsmöglichkeiten für eine ziel- und sachgerechte Konfliktlösung, 5. Auflage, Bund-Verlag

Krämer; So lügt man mit Statistik, überarbeitete Neuausgabe, Verlag Piper

Vorbemerkung

Nach wie vor kennt unsere betriebliche Wirklichkeit keine Mitbestimmung der Arbeitnehmerinnen und Arbeitnehmer in wirtschaftlichen Fragen. Umso wichtiger ist es daher, wenn die Betriebsräte durch die Arbeit des Wirtschaftsausschusses in die Lage versetzt werden, möglichst umfassende und aktuelle Kenntnisse über die wirtschaftliche Lage des Unternehmens und seine Entwicklung zu erlangen. Einem Betriebsrat, dem es gelingt, den oft gewaltigen Informationsvorsprung der Unternehmerseite zu minimieren, wird fähig, seine Beratungsrechte kompetent zu nutzen, um erfolgreiche Arbeit für die Beschäftigten zu leisten. Im Zusammenspiel mit den Beteiligungsrechten und dem unentbehrlichen Rückhalt in der Belegschaft kann die Arbeit im und mit dem Wirtschaftsausschuss ein effektiver Beitrag für eine Strategie zugunsten der Beschäftigten sein.

Dazu bedarf es neben der Kenntnis der rechtlichen und betriebswirtschaftlichen Grundlagen einer eigenen Organisation für die Arbeit des Wirtschaftsausschusses mit dem Ziel, auf Unternehmensebene ein wirksames Informations- und Berichtssystem zu installieren.

Der vorliegende Leitfaden soll hierfür durch die Zusammenführung juristischen und betriebswirtschaftlichen Expertenwissens eine fundierte Basis liefern.

Rechtsprechung und Literatur wurden bis Ende 2023 berücksichtigt.

Teil A: Rechtliche Grundlagen

I. Errichtung des Wirtschaftsausschusses und seine Zusammensetzung

1. Bildung des Wirtschaftsausschusses

Betriebsgröße

Dem Wirtschaftsausschuss ist die zentrale Aufgabe, wirtschaftliche Angelegenheiten mit dem Unternehmer zu beraten und den Betriebsrat zu unterrichten, zugewiesen. In sämtlichen Unternehmen, die mehr als 100 Arbeitnehmer/innen ständig beschäftigen, **ist** daher gemäß § 106 Abs. 1 BetrVG **zwingend ein Wirtschaftsausschuss zu bilden**.

Es bestehen erhebliche Zweifel, ob dieses Quorum eine (EU-) richtlinienkonforme Regelung darstellt. Nach der EU-RL 2002/14/EG vom 11. März 2002 zur Festlegung eines allgemeinen Rahmens für die Unterrichtung und Anhörung der Arbeitnehmer in der Europäischen Gemeinschaft geht es darum *»Mindestvorschriften für das Recht auf Unterrichtung und Anhörung der Arbeitnehmer von in der Gemeinschaft ansässigen Unternehmen oder Betrieben«* zu schaffen; vgl. Art. 1 Abs. 1 der RL. Nach Art. 3 Abs. 1 können die Mitgliedstaaten wählen, ob sie den Anwendungsbereich eröffnen *»für Betriebe mit mindestens 20 Arbeitnehmern in einem Mitgliedstaat«* (Alt. B) oder *»für Unternehmen mit mindestens* ***50*** *Arbeitnehmern in einem Mitgliedstaat«* (Alt. A). Für das Betriebsverfassungsgesetz, das für den Wirtschaftsausschuss traditionell auf der Unternehmensebene ansetzt, kommt nur Alternative A in Betracht. Nach den Übergangsbestimmungen hätte dann aber bis spätestens 2008 § 106 Abs. 1 BetrVG entsprechend angepasst und auf die Unternehmensgröße mit mehr als 50 Beschäftigten abgestellt werden müssen.[1] Das im Zuge einer Reform des BetrVG für den Wirtschaftsausschuss notwendige Quorum auf **50** anzupassen, ist also geboten.

Ein Betrieb/ mehrere Betriebe

Besteht das Unternehmen **ausschließlich aus einem Betrieb**, so kommt es auf die **Gesamtzahl** der dort beschäftigten **Arbeitnehmer/innen** an. Bildet ein **Un-**

1 So sieht das auch der im April 2022 vom DGB vorgestellte Gesetzentwurf zur Novellierung des Betriebsverfassungsgesetzes vor; vgl. Sonderheft AuR April 2022; abrufbar unter *https://aur-blog.eu/Reformvorschlag/*.

ternehmen mehrere Betriebe, so werden die in allen Betrieben beschäftigten Mitarbeiter/innen zusammengezählt, und zwar ungeachtet dessen, ob in allen Betrieben auch Betriebsräte gebildet sind. Dabei sind zunächst grundsätzlich alle Beschäftigten zu berücksichtigen. Neben den Arbeiter/innen und Angestellten gehören hierzu auch die zu ihrer Berufsausbildung Beschäftigten gemäß § 5 Abs. 1 BetrVG. Zu den Beschäftigten gehören auch die Arbeiter/innen und Angestellten, die gemäß § 5 Abs. 1 Satz 2 BetrVG in Heimarbeit tätig sind, die in der Hauptsache für den Betrieb erbracht wird.

Mitzuzählen sind selbstverständlich auch sogenannte Scheinselbstständige, wenn sich nach der Überprüfung des Betriebsrats herausstellt, dass entsprechende Beschäftigte derart in den Betrieb eingegliedert sind, dass aufgrund ihrer Weisungsgebundenheit von einem Arbeitsverhältnis ausgegangen werden muss. Hinsichtlich solcher Beschäftigungsverhältnisse verfügt der Betriebsrat über einen eigenen Informationsanspruch (vgl. BAG vom 15.12.1998 – 1 ABR 9/98, NZA 1999, 722), der seinen Niederschlag gefunden hat in der ergänzenden Formulierung in § 80 Abs. 2 Satz 1 2. Hs. BetrVG (»die Unterrichtung erstreckt sich auch auf die Beschäftigung von Personen, die nicht in einem Arbeitsverhältnis zum Arbeitgeber stehen«).

Nicht mitzuzählen sind **Leitende Angestellte** i.S.v. § 5 Abs. 3 BetrVG.

Bei der **Ermittlung der Zahl der Beschäftigten** ist nicht auf einen vorübergehenden Zustand abzustellen, sondern auf das, was normalerweise kennzeichnend ist für die Personalstärke des Betriebes bzw. Unternehmens. Nach der Rechtsprechung des Bundesarbeitsgerichts bedarf es hierzu sowohl eines Rückblicks auf die Vergangenheit als auch einer Einschätzung der zukünftigen Entwicklung (vgl. BAG vom 12.10.1976 – 1 ABR 1/76, AP Nr. 1 zu § 8 BetrVG 1972; BAG vom 22.2.1983 – 1 AZR 260/81, AP Nr. 7 zu § 113 BetrVG 1972 sowie BAG vom 31.1.1991 – 2 AZR 356/90, AP Nr. 11 zu § 23 KSchG 1969). Nicht zu berücksichtigen sind also Zeiten ungewöhnlicher Arbeitsbelastung (z.B. Saisongeschäft) oder eines zeitweiligen Arbeitsrückgangs (z.B. in der Reise- oder Urlaubszeit), sondern das, was im Normalzustand für den Betrieb kennzeichnend ist. Auch Aushilfskräfte sind mitzuzählen, wenn diese in einer bestimmten Anzahl regelmäßig beschäftigt werden (vgl. LAG Düsseldorf vom 26.9.1990 – 12 TaBV 6/89, DB 1990, 238). Ebenso mitzuzählen – und zwar voll – sind Teilzeitbeschäftigte, sowie auch beurlaubte und kranke Arbeitnehmer/innen. Weibliche Beschäftigte, die Mutterschutz genießen oder Beschäftigte, die sich in Elternzeit befinden, sind mitzuzählen; nur für den Fall, dass für ihre Vertretung Mitarbeiter/innen befristet eingestellt worden sind, sind diese nicht zusätzlich bei der Feststellung der regelmäßigen Beschäftigtenzahl hinzuzurechnen.

Leiharbeitnehmer/innen waren nach der ursprünglichen Rechtsauffassung des BAG in der Regel nicht mitzurechnen (vgl. BAG vom 18.1.1989 – 7 ABR 21/88, AP Nr. 1 zu § 9 BetrVG 1972). Anerkannt war aber dass Leiharbeitnehmer/innen, die auf einem Dauerarbeitsplatz tätig sind oder eine ständig anfallende Arbeitsaufgabe für den Betrieb wahrnehmen (vgl. LAG Berlin vom 6.12.1989 – 2 TaBV 6/89, DB 1990, 538), mitzuzählen sind. Mittlerweile gilt, dass Leiharbeitnehmer/innen im Entleiherbetrieb bei der für die Größe des Betriebsrats maßgeblichen Anzahl der Arbeitnehmer im Betrieb mitzählen (BAG vom 13.3.2013 – 7 ABR 69/11, NZA 2013, 789). Im Zusammenhang mit der ebenfalls erfolgten Berücksichtigung von regelmäßig in den Betrieben eingesetzten Leiharbeitnehmern/innen bei den Schwellenwerten für eine Betriebsänderung (BAG vom 18.10.2011 – 1 AZR 335/10, NZA 2012, 221) und für den Anwendungsbereich des Kündigungsschutzgesetzes (BAG vom 24.1.2013 – 2 AZR 140/12, NZA 2013, 726) ist es daher nunmehr ganz herrschende Meinung, dass für die Bildung des Wirtschaftsausschusses die im Entleiherbetrieb/-unternehmen beschäftigten Leiharbeitnehmer/innen mitzuzählen sind.

Zu den ebenfalls mitzuzählenden zur Berufsausbildung Beschäftigten i.S.v. § 5 Abs. 1 BetrVG gehören nicht nur die eigentlichen Auszubildenden, sondern auch Praktikant/innen, Umschüler/innen und Volontär/innen (vgl. Fitting, § 5 Rn. 289 ff.).

Betrieb im Ausland

Umstritten ist, was passiert, wenn ein **Unternehmen** sowohl **Betriebe** im **Inland** als auch im **Ausland** hat. Nach einer vielfach vertretenen Auffassung zählen die in den ausländischen Betrieben beschäftigten Mitarbeiter/innen bei der Ermittlung der für die Errichtung des Wirtschaftsausschusses maßgebenden Zahl nicht mit (vgl. Fitting, § 106 Rn. 19; GK-Oetker, § 106 Rn. 42 jeweils m.w.N.). Nach anderer Auffassung sollen sie jedoch – da es schließlich für die Bildung des Wirtschaftsausschusses auf die Zugehörigkeit zum Unternehmen ankommt – mitgezählt werden, zumal ausländische Kolleg/innen sogar auf Beschluss des Betriebsrats Mitglieder im Wirtschaftsausschuss werden können (vgl. DKW-Däubler, § 106 Rn. 28 m.w.N.). Sollte von dieser Fragestellung abhängen, ob ein Wirtschaftsausschuss zahlenmäßig errichtet werden kann, sollte wegen der umstrittenen Rechtslage gesondert Rechtsrat eingeholt werden.

Unabhängig von der Frage, ob die in ausländischen Betrieben beschäftigten Arbeitnehmer/innen mitgezählt werden, ist ein Wirtschaftsausschuss auch dann für inländische Betriebe zu errichten, wenn die Hauptverwaltung des Unternehmens im Ausland liegt, die im Inland angesiedelten Betriebe aber organisatorisch zusammengefasst sind und hier regelmäßig mehr als 100 Arbeitnehmer/

innen beschäftigt werden (vgl. BAG vom 1.10.1974 – 1 ABR 77/73 sowie vom 31.10.1975 – 1 ABR 4/74, AP Nr. 1 und Nr. 2 zu § 106 BetrVG 1972).

Gemeinschaftsbetrieb

Bilden mehrere Unternehmen einen gemeinsamen **einheitlichen Betrieb** mit in der Regel mehr als 100 Beschäftigten, so ist hier auch dann ein Wirtschaftsausschuss zu bilden, wenn diese Unternehmen **rechtlich** selbständige Einheiten bleiben (vgl. BAG vom 1.8.1990 – 7 ABR 91/88, AP Nr. 8 zu § 106 BetrVG 1972). Besteht in einem solchen **Gemeinschaftsbetrieb** ein Betriebsrat, so ist der Wirtschaftsausschuss selbst dann zu bilden, wenn bei keinem der den Gemeinschaftsbetrieb bildenden Unternehmen die Beschäftigtenzahl von 100 erreicht wird, sich vielmehr diese Größenordnung nur aus der Zusammenrechnung aller Beschäftigten im Gemeinschaftsbetrieb ergibt (vgl. ArbG Lörrach vom 5.3.1996 – 1 BV 1/96, AiB 1996, 667; BAG vom 1.8.1990 – 7 ABR 91/88, AP Nr. 8 zu § 106 BetrVG 1972). So auch das LAG Niedersachsen, das allerdings zutreffend darauf hingewiesen hat, dass bei Streit hierüber dies in einem arbeitsgerichtlichen Beschlussverfahren, nicht aber in einem Einigungsstellenverfahren nach § 109 BetrVG i.V.m. § 98 ArbGG zu klären sei (vgl. LAG Niedersachsen vom 19.2.2013, 1 TaBV 155/12, BeckRS 2013, 67263). Die mehrfache Bildung von Wirtschaftsausschüssen im Gemeinschaftsbetrieb verneint das BAG allerdings dort, wo am Gemeinschaftsbetrieb ein herrschendes und ein (oder mehrere) abhängige Unternehmen beteiligt sind, wenn letztere weniger als 101 Arbeitnehmer beschäftigen. Bemerkenswert ist die Begründung: Aufgrund seines beherrschenden Einflusses ist das herrschende Unternehmen in der Lage, in dem bei ihm gebildeten Wirtschaftsausschuss auch über die wirtschaftliche Lage in den abhängigen Unternehmen zu berichten, weil es diese(s) bestimmt. Die Unterrichtung des Betriebsrats über die wirtschaftlichen Angelegenheiten aller am Gemeinschaftsbetrieb beteiligten Unternehmen sei daher insgesamt gewährleistet (vgl. BAG vom 22.3.2016 – 1 ABR 10/14, NZA 2016, 969).

2. Zuständiges Organ für die Bildung eines Wirtschaftsausschusses

Zuständiges Organ

Besteht das **Unternehmen** nur aus **einem Betrieb**, so ist das zuständige Betriebsverfassungsorgan für die Bildung des vorgeschriebenen Wirtschaftsausschusses der dort gewählte **Betriebsrat**. Gehören zum **Unternehmen mehrere Betriebe** und sind in mindestens zwei dieser Betriebe Betriebsräte gewählt worden, so ist nach § 47 Abs. 1 BetrVG die Errichtung eines **Gesamtbetriebsrats** vorgeschrieben. Dieser Gesamtbetriebsrat, der die gesetzliche Vertretung der Arbeitnehmer/innen auf Unternehmensebene absichert, ist dann auch zuständig für die Bildung des Wirtschaftsausschusses, der stets für das gesamte Unternehmen einheitlich gebildet wird.

Bestehen mehrere Betriebe, wobei jedoch nur in einem von ihnen ein Betriebsrat gewählt worden ist, also die Errichtung eines Gesamtbetriebsrats damit ausgeschlossen ist, bleibt der nur in einem Betrieb gewählte Betriebsrat zuständig für die Bildung des Wirtschaftsausschusses für das gesamte Unternehmen.

Unterrichtungsanspruch

Auch der so gebildete Wirtschaftsausschuss ist über **sämtliche wirtschaftliche Angelegenheiten** im Unternehmen zu unterrichten. Dazu zählt nach der Rechtsprechung des BAG beispielsweise auch die Information über die Stilllegung eines Betriebes, in dem selbst kein Betriebsrat gewählt wurde (vgl. so ausdrücklich BAG vom 9.5.1995 – 1 ABR 61/94, AP Nr. 12 zu § 106 BetrVG 1972). Auch dies unterstreicht, dass der Wirtschaftsausschuss unternehmensbezogene Aufgaben wahrnimmt.

3. Bildung eines Konzernwirtschaftsausschusses

Keine Regelung im BetrVG

Das Betriebsverfassungsgesetz enthält keine Regelung darüber, ob auf Konzernebene ein Wirtschaftsausschuss zu bilden ist. Dies ist die Konsequenz daraus, dass es den in einem Konzern bestehenden Betriebsräten bzw. Gesamtbetriebsräten schließlich auch freisteht, ob sie überhaupt einen Konzernbetriebsrat errichten (vgl. § 54 Abs. 1 BetrVG).

Allerdings kann dies einen erheblichen Nachteil bilden, da in der Regel an der Konzernspitze die bedeutsamen wirtschaftlichen Entscheidungen getroffen werden und daher ein dort bestehender Konzernbetriebsrat in besonderer Weise Unterstützung erhalten würde, wenn er über einen Konzernwirtschaftsausschuss in regelmäßigen Abständen über die wirtschaftlichen Angelegenheiten im Konzern unterrichtet werden könnte. Dennoch, so das BAG, steht es dem Konzernbetriebsrat nicht frei, einen Wirtschaftsausschuss zu errichten (vgl. BAG vom 23.8.1989 – 7 ABR 39/88, AP Nr. 7 zu § 106 BetrVG 1972; krit. Zur Rechtssituation: Edenfeld, DB 2015, 679, 680). Es wird aber befürwortet, dass der Konzernbetriebsrat einen Konzernbetriebsausschuss und ggfs. weitere Ausschüsse bildet und ihnen die Aufgaben eines Wirtschaftsausschusses zuweist (vgl. Fitting, § 106 Rn. 4).

Zu bedauern ist, dass der Gesetzgeber im Jahre 2001 bei der Überarbeitung des Betriebsverfassungsgesetzes nicht die Kraft hatte, hier die überfällige Korrektur vorzunehmen. Während der Referentenentwurf noch den Vorschlag eines Konzernwirtschaftsausschusses enthielt, verzichtete der Regierungsentwurf auf Druck »interessierter Kreise« dann auf eine solche Bestimmung. Diese Forderung ist in dem bereits erwähnten DGB-Reformvorschlag aber erneut adressiert worden.

Freiwillige Vereinbarung

Nach richtiger, wenn auch nicht unumstrittener Auffassung, kann aber ein **Konzernwirtschaftsausschuss aufgrund freiwilliger Übereinkunft** zwischen Konzernbetriebsrat und Konzernspitze sowie durch Tarifvertrag oder Betriebsvereinbarung gebildet werden (vgl. DKW-Däubler, § 106 Rn. 19).

Eine solche Vereinbarung über die Bildung eines Wirtschaftsausschusses auf Konzernebene dürfte insbesondere auch deshalb zulässig sein, da nach § 58 Abs. 1 BetrVG dem Konzernbetriebsrat die Zuständigkeit für die Behandlung von Angelegenheiten, die den Konzern oder mehrere Konzernunternehmen betreffen, zugewiesen ist. Voraussetzung für eine wirksame Errichtung eines Konzernwirtschaftsausschusses dürfte aber die Beibehaltung der im Konzern schon bestehenden Wirtschaftsausschüsse auf Unternehmens- oder Betriebsebene sein, da deren Errichtung gesetzlich vorgeschrieben ist und die ihnen zugewiesenen Informations- und Beratungsrechte unverzichtbar sind. In Zweifelsfällen sollte daher auch für die Bildung eines Konzernwirtschaftsausschusses die Zustimmung der einzelnen Gesamtbetriebsräte eingeholt werden.

4. Wirtschaftsausschuss im Tendenzbetrieb?

Ausschluss von Tendenzunternehmen

In § 118 Abs. 1 Nr. 1 BetrVG ist geregelt, dass in sogenannten **Tendenzunternehmen** die den Rechtsrahmen für Wirtschaftsausschüsse definierenden Vorschriften der §§ 106–110 BetrVG nicht anzuwenden sind. Es handelt sich dabei um solche Unternehmen, die sich durch eine politische, koalitionspolitische, konfessionelle, karitative, erzieherische, wissenschaftliche oder künstlerische Bestimmung auszeichnen. Zu den Tendenzunternehmen gehören auch Religionsgemeinschaften und deren karitative und erzieherische Einrichtungen sowie Unternehmen, die der Berichterstattung oder Meinungsäußerung dienen (insbesondere Presseunternehmen). Dieser Ausschluss der Mitbestimmung bei Tendenzunternehmen ist nach Ansicht der Gerichte nicht verfassungswidrig (vgl. BAG vom 7.4.1981 – 1 ABR 83/78, AP Nr. 16 zu § 118 BetrVG 1972; bestätigt durch Bundesverfassungsgericht vom 30.4.2015, 1 BvR 2274/12, NZA 2015, 820). Dennoch ist diese gesetzliche Regelung kaum zu rechtfertigen, da ein Wirtschaftsausschuss, der ein reines Beratungs- und Informationsgremium bildet, in keiner Weise imstande ist, auf die im Unternehmen bestehende Tendenz Einfluss zu nehmen (vgl. DKW-Wedde, § 118 Rn. 65; Fitting, § 118 Rn. 43) und dies die Begründung für die einschränkende Vorschrift des § 118 BetrVG darstellt.

Mehrere Betriebe

Allerdings muss auch bei Tendenzunternehmen genau differenziert werden: Insbesondere dann, wenn in einem Unternehmen mehrere Betriebe vorhanden sind, muss im Einzelnen für jeden Betrieb untersucht werden, ob der Tendenzcharakter insgesamt überwiegt, da nur in diesem Fall der Wirtschaftsausschuss entfällt. So hat das Bundesarbeitsgericht entschieden, dass z.B. dann, wenn eine Lohndruckerei ein rechtlich selbständiges Unternehmen bildet, hier auch dann die Pflicht zur Errichtung eines Wirtschaftsausschusses besteht, sofern eine wirtschaftliche und personelle Verflechtung mit dem weiteren Unternehmen eines dem Tendenzschutz unterliegenden Zeitungsverlages besteht, da die Druckerei selbst nicht unmittelbar einer Tendenz unterliegt (vgl. BAG vom 31.10.1975 – 1 ABR 64/74, AP Nr. 3 zu § 118 BetrVG 1972; DKW-Wedde, § 118 Rn. 54). Dies gilt auch dann, wenn ein reines Druckereiunternehmen abhängiges Unternehmen innerhalb eines Konzerns ist. Auch hier ist ein Wirtschaftsausschuss zu errichten (so BAG vom 30.6.1981 – 1 ABR 30/79, AP Nr. 20 zu § 118 BetrVG 1972).

Schwerpunkt des Unternehmens

Innerhalb eines Unternehmens mit mehreren Betrieben ist schließlich darauf abzustellen, ob die Mehrzahl der Arbeitnehmer/innen in Tendenzbetrieben bzw. -bereichen beschäftigt ist und wo gegebenenfalls der jeweilige **Schwerpunkt des Unternehmens** liegt. Sind regelmäßig mehr Arbeitnehmer/innen in nicht tendenzbezogenen Bereichen tätig und wird hier auch ein bedeutsamer Teil des Umsatzes realisiert, so ist auch in einem solchen (Misch-)Unternehmen ein Wirtschaftsausschuss zu bilden. Dabei ist jedenfalls bei personalintensiven Betätigungen (im Beispielsfall Betreiben eines u.a. karitativen Zwecken dienenden Wohnstiftes für ältere Menschen) dies anhand des zeitlichen Umfangs des jeweiligen Personaleinsatzes zu beurteilen (BAG vom 15.3.2006 – 7 ABR 24/05, NZA 2006, 1422 ff.). Auch bei als gemeinnützig anerkannten und im karitativen Bereich ansässigen Unternehmen, in denen das Stammpersonal nicht überwiegend für tendenzgeschützte, sondern auch für solche Ziele tätig wird, wie sie sonst in wirtschaftlich orientierten Unternehmen typisch sind, ist daher ein Wirtschaftsausschuss zu bilden (vgl. ArbG Solingen vom 25.11.2011 – 2 BV 23/09, BeckRS 2012, 69098: Werkstatt für behinderte Menschen kein Tendenzunternehmen; das BAG hat mit Beschluss vom 22.7.2014 – 1 ABR 93/12, NZA 2014, 1417 entschieden und der Rechtsbeschwerde des Betriebsrats teilweise entsprochen, nachdem das LAG Düsseldorf mit Beschluss vom 29.8.2012 – 7 TaBV 4/12, BeckRS, 72569 dem Hauptantrag der Arbeitgeberin entsprochen hatte). Bei einem Berufsbildungswerk, das mit verschiedenen Einrichtungen das Ziel verfolgt, erwachsene Behinderte wieder in das Arbeitsleben zu integrieren, soll demgegenüber der karitative Charakter auch dann im Vordergrund stehen, wenn sich dessen Tätigkeit als Vollzug sozialversicherungsrechtlich bestehender Rehabilitationsansprüche darstellt, so dass das LAG Nürnberg in einer älteren Entscheidung den Anspruch auf Bildung eines Wirtschaftsausschusses verneint hat (Beschluss vom 5.3.1987 – 5 a BV 3/86, BeckRS 1987, 30852107).

Andere Auffassungen stellen stärker ab auf das »Gepräge« des Unternehmens, also auf das, was nach außen hin als entscheidendes Merkmal des Unternehmens anzusehen ist. Als Voraussetzung für den so genannten Tendenzschutz formuliert das Gesetz aber selbst, dass die **Tendenz »überwiegend«** sein muss. Damit kommt es also auf die quantitativen Verhältnisse im Unternehmen an. Es ist insbesondere anhand der Zahl der Arbeitnehmer/innen zu untersuchen, wer von ihnen tendenzbezogene Tätigkeiten ausführt oder nicht, wobei in die Betrachtung Umsatz- und Gewinnzahlen nicht einzubeziehen sind (vgl. Fitting, § 118 Rn. 14; GK-BetrVG-Weber, § 118 Rn. 60 ff.).

Das Gesetz verlangt zudem, dass der Betriebszweck selbst »unmittelbar« auf die Tendenz ausgerichtet sein muss. Deshalb hat das BAG dem DRK-Blutspendedienst den Tendenzcharakter versagt, da dessen Tätigkeit des Entnehmens, Sammelns und Aufbereiten von menschlichem Blut sich nicht unmittelbar bei den Hilfebedürftigen verwirklicht (vgl. BAG vom 22.5.2012 – 1 ABR 7/11, NZA-RR 2013, 78; anders für eine Werkstatt für Behinderte in der Rechtsform einer gGmbH BAG vom 22.7.2014 – 1 ABR 93/12, NZA 2014, 147).

Für die Annahme des Tendenzcharakters ist ferner Voraussetzung, dass dem geistig-ideellen Zweck des Unternehmens keine anderen, vor allem ausschließlich wirtschaftlichen Zwecke, vorgelagert sind (vgl. GK-BetrVG-Weber, § 118 Rn. 59). Letzteres muss vor allem bei solchen Unternehmen angenommen werden, die zwar eine ideelle Zielsetzung vorgeben, deren Betätigung jedoch ganz offensichtlich rein kommerziellen Interessen dient (vgl. Fitting, § 118 Rn. 11).

Ungeachtet dieser Eingrenzungen des Tendenzbegriffes durch die Rechtsprechung gilt: Das Privileg für Tendenzunternehmen, keinen Wirtschaftsausschuss bilden zu müssen, sollte aus dem BetrVG gestrichen werden, da Information und Beratung in allen Unternehmen, ungeachtet ihrer Zielsetzung, bedeutsam für die Zusammenarbeit von Unternehmen und den dort gewählten Interessenvertretungen sind. Es ist auch bis heute völlig unklar, warum Informationen zur wirtschaftlichen Lage geeignet sein sollen, eine Tendenzausübung zu gefährden.

Für den Sonderfall der Unternehmensübernahme sieht das jetzt offenbar auch so der Gesetzgeber aufgrund der neu geschaffenen Vorschrift des § 109a

BetrVG, eingeführt durch das Risikobegrenzungsgesetz (siehe dazu Näheres unter Kapitel I.13.).

5. Benennung der Mitglieder des Wirtschaftsausschusses

Zusammensetzung des Wirtschaftsausschusses

Nach § 107 Abs. 1 Satz 1 BetrVG besteht der Wirtschaftsausschuss aus mindestens drei und höchstens sieben Mitgliedern. Innerhalb dieser Grenzen bestimmt der Betriebsrat oder der zuständige Gesamtbetriebsrat die Mitgliederzahl des Wirtschaftsausschusses frei. Die Größe des Unternehmens spielt dabei keine Rolle, sofern nur die für die Bildung des Wirtschaftsausschusses vorgeschriebenen Beschäftigtenzahlen – in der Regel mehr als 100 ständig beschäftigte Arbeitnehmer/innen – erreicht werden. Der Wirtschaftsausschuss kann auch eine gerade Anzahl von Mitgliedern aufweisen (z. B. vier oder sechs).

Schon vor der Betriebsverfassungsnovelle des Jahres 2001 war der Betriebsrat bei der Benennung der Mitglieder des Wirtschaftsausschusses frei und musste beispielsweise nicht die frühere Gruppenverteilung nach Arbeitern und Angestellten analog ihres Verhältnisses im Betriebsrat auch entsprechend in den Wirtschaftsausschuss berufen. Auch die Vorschrift des § 15 BetrVG, die nunmehr fordert, dass das in der Belegschaft in der Minderheit befindliche Geschlecht entsprechend seinem zahlenmäßigen Verhältnis im Betriebsrat vertreten sein muss, definiert keinen Zwang, entsprechend der Verteilung der Geschlechter im Betrieb, die Mitglieder in den Wirtschaftsausschuss zu entsenden. Ob der Betriebsrat schon aus »betriebspolitischen« Gründen für eine ausgewogene Verteilung der Sitze im Wirtschaftsausschuss sorgen sollte, hat dieser autonom aufgrund der konkreten betrieblichen Umstände selbst zu entscheiden (siehe dazu Näheres unter Kapitel I.6.).

Neben der Bestellung eines Wirtschaftsausschusses besteht auch die Möglichkeit, dessen Aufgaben einem Ausschuss des Betriebsrats bzw. Gesamtbetriebsrats per Beschluss des entsprechenden Gremiums zuzuweisen; vgl. § 107 Abs. 3 BetrVG. Dies kann auch der Betriebsausschuss (§ 28 BetrVG) bzw. der Gesamtbetriebsausschuss (§ 51 Abs. 1 BetrVG) sein. Die Größe eines dafür errichteten Ausschusses darf die Zahl der Mitglieder des Betriebsausschusses nicht überschreiten, sodass diese Konstellation nur in Betracht zu ziehen ist, wenn im Betrieb mindestens 201 Arbeitnehmer beschäftigt sind, da dann der Betriebsrat regulär neun Mitglieder hat.

Die besondere Variante bei dieser Ausschussbildung liegt darin, dass es dem zuständigen Betriebsrat die Möglichkeit eröffnet, bis zur gleichen Zahl weitere Beschäftigte, die dem Betriebsrat angehören können aber **nicht müssen** – also auch aus der sonstigen Belegschaft stammen können – in den Ausschuss hinzu zu wählen, maximal bis zur Größe der im vorstehenden Absatz beschriebenen Ausschussgröße. Die Beschränkung auf höchstens sieben Mitglieder gem. § 107 Abs. 1 BetrVG gilt also nicht.

Demzufolge könnte – bei entsprechender Gremiengröße – der so gebildete Ausschuss bis zu maximal 22 Mitglieder aufweisen. Die Frage der Zweckmäßigkeit ist dabei freilich zu betrachten.

Beschlussfassung

Das zuständige Interessenvertretungsorgan ist im Übrigen auch **frei bei der Benennung der Mitglieder des Wirtschaftsausschusses**. Es bedarf weder hinsichtlich dessen Größe noch hinsichtlich der Person seiner Mitglieder einer vorherigen Rücksprache mit dem Unternehmer. Die Beschlussfassung des Betriebsrats bzw. Gesamtbetriebsrats erfolgt durch **einfachen Mehrheitsbeschluss** der jeweils anwesenden Mitglieder des Betriebsratsgremiums. Wenn das für die Bildung des Wirtschaftsausschusses zuständige Betriebsratsgremium (in der Regel: Gesamtbetriebsrat) sich auf eine Liste der in Frage kommenden Kandidaten für den Wirtschaftsausschuss einigt, kann die Mehrheitswahl auch nach den allgemeinen Grundsätzen in einem Wahlgang durchgeführt werden. Jedes im Betriebsratsgremium wahlberechtigte Mitglied kann dann so viele Bewerber wählen, wie dies der gewünschten und vorher festgelegten Größe des Wirtschaftsausschusses entspricht.

Ist dies nicht der Fall, werden die Mitglieder des Wirtschaftsausschusses **einzeln** nach den Grundsätzen der Mehrheitswahl gewählt.

Dabei ist es zulässig, dass für Wirtschaftsausschussmitglieder gleichzeitig entsprechend den §§ 47 Abs. 3, 55 Abs. 2 BetrVG **Ersatzmitglieder** bestellt werden, die dann nachrücken, wenn ordentliche Mitglieder entweder aus dem Gremium ausscheiden oder zeitweilig verhindert sind (vgl. Fitting, § 107 Rn. 16).

Da es für die Arbeit im Wirtschaftsausschuss auf eine kontinuierliche Praxis und den Aufbau von Wissen und Erfahrung ankommt, sollte von vornherein auf eine stabile und zur langfristigen Arbeit geeignete Zusammensetzung des Wirtschaftsausschusses geachtet werden.

6. Empfehlungen für die Auswahl der Mitglieder des Wirtschaftsausschusses

Anzahl der Mitglieder

Zunächst sollte sich der Betriebsrat oder im Falle seiner Zuständigkeit der Gesamtbetriebsrat Gedanken dazu machen, wie groß der Wirtschaftsausschuss sein soll. Dabei kann es auch in kleineren Betrieben empfehlenswert sein, die gesetzliche Möglichkeit, bis zu sieben Mitglieder zu benennen, auszuschöpfen. Je mehr engagierte Mitglieder der Wirtschaftsausschuss hat, desto eher kann es gelingen, deren jeweilige Kompetenz und Einsatzbereitschaft in die Arbeit des Ausschusses einzubinden, um so das im Rahmen der Unterrichtungspflicht des Unternehmers bestehende Frage- und Beratungsrecht in vielfältiger Hinsicht zu verwirklichen.

Gerade bei komplizierten Angelegenheiten ist eine größere Zahl von Mitgliedern eher in der Lage, kritische Sachverhalte aufzudecken, als dies bei einer kleineren Gruppengröße möglich ist. Bei größeren Unternehmen, deren Interessensvertretung die gesetzliche Begrenzung auf sieben Mitglieder für unzureichend hält, bleibt die Möglichkeit der zahlenmäßigen Aufstockung, wenn statt des Wirtschaftsausschusses einem besonderen Ausschuss dessen Aufgaben durch Beschluss zugewiesen werden; siehe vorstehend Kapitel I.5.

Sachliche und persönliche Eignung

Naturgemäß kann die **Größe des Wirtschaftsausschusses** nicht unabhängig davon festgesetzt werden, welche Beschäftigten hierfür konkret zur Verfügung stehen. Das Gesetz schreibt insoweit nur vor, dass die Ausschussmitglieder zum Unternehmen gehören und jedenfalls mindestens ein Betriebsratsmitglied im Wirtschaftsausschuss vertreten sein muss (vgl. LAG Hessen vom 7.2.2017 – 4 TaBV 155/16, BeckRS 2017, 109504: Keine Möglichkeit der Bestellung von Mitgliedern in den Wirtschaftsausschuss, die nicht dem Unternehmen angehören). Zu den weiteren Mitgliedern des Wirtschaftsausschusses können sogar Leitende Angestellte benannt werden, wie sich aus § 107 Abs. 1 Satz 2 BetrVG ergibt.

Im Übrigen enthält das Gesetz die Sollvorschrift, nach der »die Mitglieder des Wirtschaftsausschusses die zur Erfüllung ihrer Aufgaben erforderliche sachliche und persönliche Eignung besitzen« sollen. Dies ist jedoch keine zwingende Voraussetzung, da der Betriebsrat bzw. Gesamtbetriebsrat völlig frei darin ist, welche Mitglieder er im Rahmen seiner Mehrheitsentscheidung benennt (vgl. Fitting, § 107 Rn. 12). Insgesamt steht insoweit dem Betriebsrat ein großes Maß an Auswahlermessen zur Seite.

Der Betriebsrat kann also auch bis dato angeblich »kenntnislose« Mitglieder in den Wirtschaftsausschuss entsenden (LAG Hamm vom 10.6.2005 – 10 TaBV 1/05, BeckRS 2005, 42656).

Hilfsausschuss

Es hat sich allerdings als praktikabel erwiesen, dass in den Wirtschaftsausschuss **zumindest mehr als ein Betriebsratsmitglied** entsendet wird. Dies ergibt sich aus der Aufgabenstellung des Wirtschaftsausschusses als Hilfsausschuss des Betriebsrats bzw. Gesamtbetriebsrats, die es erforderlich macht, ohne größeren Aufwand die Arbeit beider Gremien miteinander zu verknüpfen und einen möglichst unmittelbaren Informationsaustausch zu gewährleisten. Betriebsratsmitglieder sind häufig erfahrener im Umgang mit dem Unternehmer. Sie sind es oft gewohnt, auch kritische Fragen zu stellen und sich offensiv mit der Geschäftsleitung auseinander zu setzen. Sie können sich dieser Aufgabe auch aus einer relativ gut gesicherten Rechtsposition heraus widmen. Zwar stehen alle Mitglieder des Wirtschaftsausschusses unter dem Schutz des Benachteiligungsverbots aus § 78 BetrVG; **der besondere Kündigungsschutz nach § 15 KSchG i.V.m. § 103 BetrVG gilt jedoch nur für Betriebsratsmitglieder**.

Auf der anderen Seite führt es in jedem Fall zur Bereicherung der Arbeit im Wirtschaftsausschuss, wenn interessierte Arbeitskolleg/innen, die nicht Betriebsratsmitglieder sind, in den Wirtschaftsausschuss integriert werden können, sofern es hierdurch gelingt z. B. die Einbeziehung wichtiger Betriebsabteilungen oder Unternehmensteile, die ansonsten nicht im Wirtschaftsausschuss vertreten wären, zu gewährleisten. So kann es nützlich sein, Beschäftigte eines ausländischen Betriebes eines inländischen Unternehmens in den Wirtschaftsausschuss zu entsenden, um auch insoweit eine für das Betriebsratsgremium selbst nicht vorgesehene Integration dieser Kolleg/innen und einen gemeinsamen Informationsaustausch zu erreichen. Auch wenn Kolleg/innen aus dem Angestelltenbereich, beispielsweise Buchhaltung oder Vertrieb, gewonnen werden können, führt das aufgrund ihrer Fachkenntnisse regelmäßig zu einer Bereicherung der Wirtschaftsausschussarbeit. Freilich ist es in der Praxis oftmals schwierig, solche Kolleg/innen für eine Mitarbeit zu gewinnen. Wenn die in Betracht kommenden Beschäftigten über besondere Fachkenntnisse speziell in betriebswirtschaftlicher Hinsicht oder im Zusammenhang mit der Anwendung und betrieblichen Umsetzung der Informationstechnik verfügen, kann das vorteilhaft sein. Es besteht jedoch kein genereller Vorrang für besonders qualifizierte, kaufmännisch vorgebildete Beschäftigte (vgl. Laßmann u.a., Handbuch Wirtschaftsausschuss, S. 39f.).

Vorsitzender des Wirtschaftsausschusses

Zwar hat das BAG in einer Entscheidung aus dem Jahre 1978, wo es um die – abgelehnte – Hinzuziehung eines externen Sachverständigen für betriebswirtschaftliche Fragen ging, unterstellt, dass Wirtschaftsausschussmitglieder in der Regel fähig sein sollten, einen Jahresabschluss zu verstehen und dazu die richtigen Fragen zu stellen (vgl. BAG vom 18.7.1978 – 1 ABR 34/75, AP Nr. 1 zu § 108 BetrVG). Dennoch entscheidet unabhängig von solchen richterlichen Sollvorgaben ausschließlich der zuständige Betriebsrat, wen er zur Unterstützung seiner Interessenvertretung entsendet. Zusammengefasst kann festgestellt werden, dass eine Mischung aus fachlicher, übergreifender und politischer Besetzung einer effizienten Wirtschaftsausschussarbeit nur zuträglich sein kann.

Bei der Auswahlentscheidung für die Mitglieder des Wirtschaftsausschusses hat es sich bewährt, von vornherein eines dieser Mitglieder als **Vorsitzende bzw. Vorsitzenden des Wirtschaftsausschusses** (sog. Sprecher/in) vorzusehen. Wenngleich das Betriebsverfassungsgesetz eine solche Funktion nicht vorsieht, ist es jedoch weitgehend üblich, ein Mitglied des Wirtschaftsausschusses mit Geschäftsführungsfunktionen zu versehen, z. B. die Termine der Sitzungen festzulegen und für die Einladung zu sorgen (zu den Einzelheiten vgl. II. 1–3). Sollte ein solcher Vorsitz eingerichtet werden, bietet es sich in jedem Fall an, dass die betreffende Person zugleich Mitglied im zuständigen Betriebsverfassungsorgan ist, um die Vernetzung des Wirtschaftsausschusses mit der übrigen Betriebsratsarbeit zu gewährleisten.

7. Schulungsanspruch von Mitgliedern des Wirtschaftsausschusses

Wirtschaftsausschussmitglieder haben jedenfalls dann, wenn sie zugleich Betriebsratsmitglieder sind, Anspruch auf Schulung, auch und gerade im Hinblick auf die speziellen, z. B. betriebswirtschaftlichen Fragestellungen, welche sich aus der Mitarbeit im Wirtschaftsausschuss ergeben (vgl. BAG vom 6.11.1973 – 1 ABR 8/73, AP Nr. 5 zu § 37 BetrVG 1972). Richtigerweise kann jedes in den Wirtschaftsausschuss gewählte Betriebsratsmitglied an einer oder mehreren Schulungen teilnehmen, die Grundkenntnisse für die Wahrnehmung der Aufgaben im Wirtschaftsausschuss vermitteln (sofern diese Kenntnisse nicht bereits vorhanden sind). Dem steht auch § 107 Abs. 1 Satz 3 BetrVG nicht entgegen, wonach Wirtschaftsausschussmitglieder die für ihre Tätigkeit erforderliche fachliche und personelle Eignung bereits aufweisen sollten. Hierbei handelt es sich – wie dargelegt – um einen bloßen **Hinweis im Gesetz** (LAG Hamm vom 10.6.2005 – 10 TaBV 1/05, BeckRS 2005, 42656).

Jedes Ausschussmitglied hat also Anspruch darauf, dass ihm die erforderlichen Grundkenntnisse für die Tätigkeit im Wirtschaftsausschuss vermittelt werden.

Auch ein angeblich erworbenes Erfahrungswissen aus früheren Amtsperioden des Wirtschaftsausschusses steht diesem Schulungsanspruch nicht entgegen (LAG Hamm vom 5.12.2008 – 10 TaBV 25/07, BeckRS 2008, 58112).

Weiterbildung

Die vorgenannte Entscheidung des Bundesarbeitsgerichts vom 6.11.1973, welche den Schulungsanspruch auf Betriebsratsmitglieder des Wirtschaftsausschusses beschränkt, ist abzulehnen. Vor dem Hintergrund der immer komplexer werdenden wirtschaftlichen Prozesse ist zur Erlangung der für ihr Verständnis erforderlichen inhaltlichen Kompetenzen die Weiterbildung für alle Mitglieder des Wirtschaftsausschusses unerlässlich (vgl. DKW-Däubler, § 107 Rn. 32; Fitting, § 107 Rn. 25; ErfK-Kania, § 107 Rn. 13; Richardi/Annuß, § 107 Rn. 28; a. A. GK-BetrVG-Oetker, § 107 Rn. 39 f.). Der Betriebsrat sollte daher in die Seminarplanung für den Wirtschaftsausschuss nicht nur diejenigen Kolleg/innen einbeziehen, die gleichzeitig Betriebsräte sind, sondern für alle Angehörigen des Wirtschaftsausschusses Schulungsmaßnahmen vorsehen und durchsetzen. Dazu sollte mit dem Unternehmen eine Vereinbarung getroffen werden, dass Bildungsmaßnahmen für alle Mitglieder des Wirtschaftsausschusses entsprechend § 37 Abs. 6 BetrVG übernommen werden.

Einige Landesarbeitsgerichte haben auch für Wirtschaftsausschussmitglieder, die nicht zum Betriebsrat gehören, den Besuch von z. B. Bilanzanalyse-Seminaren für zulässig erklärt (vgl. die Nachweise bei Peter, S. 29). Selbst das Bundesarbeitsgericht hat für Ausnahmesituationen einen Schulungsanspruch für möglich erachtet (vgl. BAG vom 28.4.1988 – 6 AZR 39/86, NZA 1989, 221; BAG vom 11.11.1998 – 7 AZR 491/97, AiB 1999, 585 f. mit Anmerkung von Peter). Eine praktikable Alternative wäre die vom zuständigen Betriebsrat beantragte Durchführung eines Inhouse-Seminars für den gesamten Wirtschaftsausschuss. Dann wären alle Mitglieder dabei.

Da sich das Bewusstsein von der Notwendigkeit kontinuierlicher Fortbildung als Grundsatz jeglicher beruflicher Tätigkeit eine Selbstverständlichkeit darstellt, besteht aller Anlass, offensiv für den Schulungsanspruch **aller** Wirtschaftsausschussmitglieder einzutreten und gegebenenfalls den Streit hierüber auszufechten, wenn die Unternehmensleitung sich diesen Erkenntnissen verschließen sollte.

8. Abberufung von Mitgliedern des Wirtschaftsausschusses

Abberufung jederzeit möglich

Die Mitglieder des Wirtschaftsausschusses werden vom Betriebsrat regelmäßig für die Dauer seiner eigenen Amtszeit bestimmt. Es kann aber aus der Sicht des

Betriebsrats Gründe geben, Mitglieder des Wirtschaftsausschusses auch vorzeitig aus ihrem Amt abzuberufen. Nach dem Wortlaut des § 107 Abs. 2 Satz 3 BetrVG können Mitglieder des Wirtschaftsausschusses »**jederzeit**« abberufen werden. Jederzeit in diesem Sinne kann nur bedeuten, dass der bestellende Betriebsrat, der eine Person in den Wirtschaftsausschuss berufen hat, diese auch ohne besonderen Grund durch eigenen Mehrheitsbeschluss aus dieser Funktion entfernen kann (vgl. ArbG Hamburg vom 29.9.1995 – 22 Bv 10/95; Hjort, AiB 1998, 604 f.). Für die Abberufung bedarf es auch keiner Begründung und keines sachlichen Grundes (vgl. Fitting, § 107 Rn. 15, DKW-Däubler, § 107 Rn. 24).

Jede andere Auffassung, die vom Betriebsrat verlangen würde, dass er solche Beschlüsse jeweils sachlich zu rechtfertigen hätte, würde im Ergebnis darauf hinauslaufen, dass es zu einer richterlichen Kontrolle von Mehrheitsentscheidungen eines demokratisch gewählten Betriebsratsgremiums käme. Dies würde seine freie Entscheidung beeinträchtigen. Im Übrigen ist die Wahrnehmung von Ehrenämtern in Organen demokratisch strukturierter und gewählter Organisationen – wozu auch der Wirtschaftsausschuss gehört – immer abhängig vom Vertrauen der Wähler und damit von Mehrheitsentscheidungen, soweit nichts anderes ausdrücklich bestimmt ist. Diese demokratischen Grundsätze gelten daher auch für den Wirtschaftsausschuss als Hilfsorgan des Betriebsrats (vgl. DKW-Däubler, § 107 Rn. 24).

Ermessensentscheidung

Wenn der Betriebsrat entscheidet, einzelne Mitglieder des Wirtschaftsausschusses vor Ablauf ihrer Amtszeit aus dem Amt abzuberufen, liegt dies in seinem Ermessen. Eine solche Entscheidung entzieht sich einer gerichtlichen Kontrolle.

9. Amtszeit des Wirtschaftsausschusses

Regelmäßige Amtszeit

In den Fällen, in denen der Wirtschaftsausschuss durch den Betriebsrat gebildet wird (also ein Gesamtbetriebsrat nicht existiert), ist die Amtszeit des Wirtschaftsausschusses automatisch an die **Amtszeit des betreffenden Betriebsrats geknüpft**, vgl. § 107 Abs. 2 Satz 1 BetrVG. Die regelmäßige Amtszeit des Betriebsrats beträgt nach § 21 Abs. 1 BetrVG **vier Jahre**. Nach diesem Zeitraum endet demnach auch die Amtszeit des vom Betriebsrat eingesetzten Wirtschaftsausschusses, ohne dass es dafür eines eigenen Beschlusses bedarf. Tritt der Betriebsrat vor Ablauf dieser Frist zurück, führt dies zwar zur Beendigung der Amtszeit, bis zur Neuwahl bleibt der Betriebsrat aber geschäftsführend im Amt – das gilt auch für seine Ausschüsse und mithin auch für den Wirtschaftsausschuss. Es ist erst Aufgabe des neu gewählten Betriebsrats, die neuen Wirtschaftsausschussmitglieder zu benennen, wozu auch gehören kann, die vorhandenen Mitglieder in ihrem Amt zu bestätigen.

Verringerung der Belegschaftsstärke

Im Gesetz ist nicht geregelt, was passiert, wenn während der Amtszeit des Betriebsrats die Belegschaftsstärke sich auf 100 und weniger Arbeitnehmer verringert. In § 107 Abs. 2 Satz 2 BetrVG ist nur klargestellt, dass die Mitglieder des Wirtschaftsausschusses vom Betriebsrat für die Dauer seiner Amtszeit bestimmt werden. Analog des Fortbestands des Betriebsratsmandats (auch bei verringerter Belegschaft) hätte es nahe gelegen, den Wirtschaftsausschuss dann ebenfalls bis zum Ende der Amtszeit bestehen zu lassen. Das BAG hat allerdings entschieden, dass das Amt des Wirtschaftsausschusses als Ganzes endet, wenn die Belegschaftsstärke nicht nur vorübergehend auf weniger als 101 Arbeitnehmer absinkt. Das Gericht ist der Auffassung, dass das Entfallen der Errichtungsvoraussetzungen für den Wirtschaftsausschuss die Beendigung seiner Amtszeit zur Folge hat (BAG vom 7.4.2004 – 7 ABR 41/03, DB 2004, 1839 f.). Allerdings endet das Amt des Wirtschaftsausschusses nicht schon mit Beginn der Restmandatsphase des Betriebsrats nach § 21 b BetrVG (LAG Berlin-Brandenburg vom 23.7.2015 – 26 TaBV 857/15, BeckRS 2015, 72882).

Gesamtbetriebsrat

Anders ist die gesetzliche Regelung zur Amtszeit, wenn der im Unternehmen bestehende **Gesamtbetriebsrat** die Mitglieder des Wirtschaftsausschusses bestellt hat. Dann **endet** nämlich die **Amtszeit des Wirtschaftsausschusses** mit dem **Zeitpunkt**, in dem die **Amtszeit der Mehrheit der Mitglieder des Gesamtbetriebsrats abläuft**; vgl. § 107 Abs. 2 Satz 2 BetrVG. Dabei kommt es auf die Mitglieder des Gesamtbetriebsrats an, die berechtigt waren, an der Bestellung der Wirtschaftsausschussmitglieder mitzuwirken.

Hintergrund dieser Regelung ist die Tatsache, dass der Gesamtbetriebsrat eine Dauereinrichtung bildet, dessen Mitglieder sich immer wieder dadurch ergänzen, dass die Betriebsräte der einzelnen Betriebe die aus dem Gesamtbetriebsrat ausscheidenden Mitglieder durch neu entsandte Betriebsratsmitglieder ersetzen (vgl. Fitting, § 49 Rn. 5).

Folgendes Beispiel (in Anlehnung an Fitting, § 107 Rn. 19) soll dies veranschaulichen:

Beispiel:

Ein Gesamtbetriebsrat besteht aus 12 Personen aus je sechs Betrieben, die jeweils zwei Vertreter entsandt haben. Die Amtszeit der Mitglieder des Wirtschaftsausschusses beginnt am Tage des Beschlusses des Gesamtbetriebsrats über ihre Bestellung.

Beispiel für die Amtszeit der Mitgliedschaft im Wirtschaftsausschuss:
Die Amtszeit der einzelnen Betriebsräte endet im

1. Betrieb am	5.3.2025
2. Betrieb am	7.3.2025
3. Betrieb am	18.4.2025
4. Betrieb am	6.5.2025
5. Betrieb am	10.5.2025
6. Betrieb am	31.5.2025

In dieser Konstellation endet die Amtszeit der Mitglieder des Wirtschaftsausschusses dann, wenn die Amtszeit der Betriebsräte in der Mehrheit der Betriebe (also in vier Betrieben) abgelaufen ist, mithin am 6.5.2025. Wird dann am 7.5.2025 eine Neuwahl vorgenommen, an der sich bereits eine entsandte Vertreterin bzw. ein entsandter Vertreter des neu gewählten Betriebsrats des 4. Betriebes beteiligt, so endet nun die Amtszeit der neuen Mitglieder des Wirtschaftsausschusses mit Ablauf der nächsten Amtszeit des neu gewählten Betriebsrats im 2. Betrieb, weil dann wieder die Situation eingetreten ist, dass mehr als die Hälfte der Mitglieder des Gesamtbetriebsrats ihre Amtszeit beendet haben.

Darüber hinaus endet das Amt für ein Wirtschaftsausschussmitglied in dem Moment, in dem es aus dem Unternehmen ausscheidet. Insoweit gilt für das Wirtschaftsausschussmitglied nichts anderes als für jedes andere Betriebsratsmitglied, vgl. § 24 Nr. 3 BetrVG.

Ein Mitglied des Wirtschaftsausschusses bleibt allerdings auch dann im Amt, wenn es zwischenzeitlich (z. B. infolge Rücktritts) aus dem Betriebsrat ausscheidet. Auch ist es für das Mandat unerheblich, ob ein Beschäftigter zwischenzeitlich zum Leitenden Angestellten ernannt wird. Es steht dem entsendenden Betriebsratsgremium frei, von der jederzeit gegebenen Möglichkeit der Abberufung Gebrauch zu machen, z. B. um die Vertraulichkeit von vorbereitenden Sitzungen des Wirtschaftsausschusses zu gewährleisten.

10. Schutz der Mitglieder des Wirtschaftsausschusses

Ehrenamtliche Tätigkeit

Die Tätigkeit im Wirtschaftsausschuss ist ehrenamtlich. Jedes Mitglied hat aber einen **Freistellungsanspruch** gegenüber dem Arbeitgeber ebenso wie dies bei einem Betriebsratsmitglied nach § 37 Abs. 2 und 3 BetrVG der Fall ist. Muss also die Arbeitszeit wegen der – **vorrangigen** – Tätigkeit des Wirtschaftsausschusses ausfallen, so hat der Arbeitgeber das volle Arbeitsentgelt fortzuzahlen. Das

Wirtschaftsausschussmitglied hat lediglich die Arbeitsversäumnis anzuzeigen und sich bei seinem betrieblichen Vorgesetzten abzumelden.

Kündigung

Sollte einem Wirtschaftsausschussmitglied, das nicht zugleich Mitglied des Betriebsrats ist und daher nicht den besonderen Kündigungsschutz nach § 15 KSchG und § 103 BetrVG aufweist, gekündigt oder sonst anderen Repressalien ausgesetzt werden, so kann eine solche Maßnahme des Arbeitgebers gegen das **Benachteiligungsverbot** des § 78 Satz 2 BetrVG verstoßen. Voraussetzung dafür ist allerdings, dass es gelingt, einen Zusammenhang zwischen der Kündigung (oder der anderweitigen Repressalie) und der Tätigkeit im Wirtschaftsausschuss herzustellen. Ein solcher Zusammenhang könnte beispielsweise dadurch begründet werden, dass es zwischen dem durch die Kündigung bedrohten Mitglied des Wirtschaftsausschusses und dem Unternehmer bezüglich des Umfangs der Unterrichtung zu Konflikten gekommen ist. In solchen Fällen erscheint es im Übrigen geboten, über das Benachteiligungsverbot des § 78 Satz 2 BetrVG hinaus für Wirtschaftsausschussmitglieder den gleichen Kündigungsschutz zum Tragen zu bringen, wie er bei Mitgliedern von Betriebsräten und Wahlvorständen gegeben ist (so noch ausdrücklich in der 6. Auflage GK-BetrVG-Fabricius, § 107 Rn. 52 f.). Jedenfalls ist das Benachteiligungsverbot weit auszulegen. Immer dann, wenn ein Wirtschaftsausschussmitglied gekündigt wird oder Repressalien ausgesetzt ist, sollte eine Vermutung zur Anwendung kommen, dass ein Zusammenhang mit der Wirtschaftsausschusstätigkeit besteht, es sei denn, der Unternehmer weist nach, dass ein solcher Zusammenhang auszuschließen ist (vgl. DKW-Däubler, § 107 Rn. 33).

11. Anderweitige Ausschüsse als Ersatz für den Wirtschaftsausschuss

§ 107 Abs. 3 BetrVG

Nach § 107 Abs. 3 BetrVG ist der Betriebsrat befugt, die Aufgaben des Wirtschaftsausschusses auf einen anderen von ihm gebildeten Ausschuss zu übertragen. Da eine Ausschussbildung durch den Betriebsrat nur in den Betrieben möglich ist, in denen mehr als 200 wahlberechtigte Arbeitnehmer/innen beschäftigt werden (vgl. § 9 i.V.m. § 27 Abs. 1 BetrVG), kommt auch nur hier die Übertragung der Wirtschaftsausschussaufgaben auf einen **anderen Ausschuss** in Frage. Dies kann beispielsweise der Betriebsausschuss i.S.v. § 27 BetrVG oder ein anderer Ausschuss sein. Dabei setzt der Betriebsrat bzw. Gesamtbetriebsrat die Anzahl der Mitglieder des Ausschusses fest. Die Zahl der diesem Ausschuss angehörenden Betriebsratsmitglieder darf die Zahl der Mitglieder des Betriebsausschusses nicht übersteigen; vgl. § 107 Abs. 3 Satz 2 BetrVG. Es steht dem Betriebsrat jedoch frei, nach § 107 Abs. 3 Satz 3 BetrVG weitere, nicht dem Betriebsrat angehörende Arbeitnehmer/innen des Unternehmens in den Ausschuss zu berufen.

Entsprechend kann auch der Gesamtbetriebsrat verfahren, wenn er für die Errichtung des Wirtschaftsausschusses zuständig ist. Er kann also beispielsweise seinen Gesamtbetriebsausschuss oder einen anderen Ausschuss nach seiner freien Bestimmung mit der Wahrnehmung der Aufgaben des Wirtschaftsausschusses betrauen.

In allen diesen Fällen bedarf es der absoluten Stimmenmehrheit im zuständigen Betriebsratsgremium, wenn anstelle des Wirtschaftsausschusses einer der in Frage kommenden Ausschüsse dessen Aufgaben übernehmen soll.

12. Wirtschaftsausschuss in Betrieben mit weniger als 101 Arbeitnehmer/innen?

Weniger als 101 Beschäftigte

Das Bundesarbeitsgericht hat entschieden, dass in einem Unternehmen, in dem aufgrund einer Beschäftigtenzahl von weniger als 101 ständig beschäftigten Arbeitnehmern und Arbeitnehmerinnen ein Wirtschaftsausschuss nicht zu errichten ist, der Betriebsrat bzw. Gesamtbetriebsrat nicht an die Stelle des Wirtschaftsausschusses tritt und damit auch nicht die Informations- und Beratungsansprüche des Wirtschaftsausschusses nach den §§ 106ff. BetrVG geltend machen kann (vgl. BAG vom 5.2.1991 – 1 ABR 24/90, AP Nr. 10 zu § 106 BetrVG 1972).

Für die in den kleineren Betrieben gebildeten Betriebsräte bzw. Gesamtbetriebsräte verweist das BAG auf die Vorschrift des **§ 80 Abs. 2 BetrVG**. Zwar ist auch danach über wirtschaftliche Angelegenheiten unter Vorlage der erforderlichen Unterlagen zu unterrichten. Anders als bei § 106 BetrVG ist jedoch jeweils **ein Bezug zu einer konkreten Aufgabe**, die sich dem Betriebsrat stellt, **erforderlich** (Näheres unter Kapitel I.14.).

Allerdings reicht es für den Anspruch auf Information aus, wenn sich aus der Prüfung der Unterlagen erst ergeben soll, ob der Betriebsrat initiativ tätig werden könnte, sodass eine Wahrscheinlichkeit ausreicht, dass die entsprechenden Unterlagen hinreichende Voraussetzung für eine solche Prüfung bieten (vgl. DKW-Däubler, § 106 Rn. 26ff. m.w.N.).

Allerdings ist nicht einzusehen, warum den Betriebsräten in Betrieben bis zu 100 Arbeitnehmer/innen beispielsweise kein allgemeines Einsichtsrecht in den Jahresabschluss zusteht (so aber LAG Köln vom 8.9.1987 – 11 TaBV 32/87, NZA 1988, 210) oder der Wirtschaftsprüfungsbericht über den Jahresabschluss dem Betriebsrat vorenthalten werden kann (so BAG vom 5.2.1991 – 1 ABR 24/90,

AP Nr. 10 zu § 106 BetrVG 1972), zumal der Jahresabschluss (aber nicht der Wirtschaftsprüfungsbericht) über das Handelsregister für jedermann einsehbar ist (dazu: möglich über den elektronischen Bundesanzeiger unter *www.bundesanzeiger.de* oder Unternehmensregister unter *www.unternehmensregister.de*; vgl. Müller-Knapp, Möglichkeiten der Informationsverschaffung bei Umstrukturierung, AiB 2003, 416, 421), allerdings meist mit erheblichem zeitlichen Verzug, da die Veröffentlichung in den amtlichen Anzeigern meist mit deutlicher Verzögerung geschieht und die Einreichung der zu veröffentlichenden Bestandteile von den Unternehmen, obwohl diese längst vorliegen, häufig bis zum Ablauf der Frist hinausgezögert wird (Näheres siehe unter Kapitel V.1.).

An dieser Stelle ist nochmal darauf hinzuweisen, dass die EG-Richtlinie über Unterrichtung und Anhörung der Arbeitnehmer (Richtlinie 2002/14/EG vom 11.3.2002) in ihrem Regelungsbereich (vgl. Art. 4 Abs. 2 der Richtlinie: Wirtschaftliche Lage des Unternehmens, Maßnahmen gegen Beschäftigungsabbau und Planung eines Betriebsübergangs) bei einer Unternehmensgröße ab 50 Beschäftigten ansetzt, so dass diesbezüglich Betriebsräte in Unternehmen zwischen 50 und 100 Beschäftigten bei den angeführten Themenbereichen aus der Richtlinie wie ein Wirtschaftsausschuss zu unterrichten sind – also auch ohne unmittelbaren Aufgabenbezug (vgl. DKW-Däubler, § 106 Rn. 27 m.w.N.: Konsequenz aus der richtlinienkonformen Auslegung des nationalen Rechts).

13. Besondere Auskunftsansprüche (RisikobegrenzungsG, WpÜG)

§ 109a BetrVG

Für spezifische Konstellationen hat allerdings auch der Gesetzgeber erkannt, wie unbefriedigend sich die Regelung der Informationsansprüche für Betriebsräte oft darstellt. Mit dem Risikobegrenzungsgesetz vom 12.8.2008 (BGBl. I S. 1666) wurde die Vorschrift des § 109a BetrVG eingeführt, wonach in Unternehmen, in denen kein Wirtschaftsausschuss besteht, der Betriebsrat zu unterrichten und wie ein Wirtschaftsausschuss zu beteiligen ist, wenn es nach der gleichzeitig neu eingeführten Vorschrift des § 106 Abs. 3 Nr. 9a BetrVG um »die **Übernahme des Unternehmens**, wenn hiermit der **Erwerb der Kontrolle** verbunden ist«, geht.

Besondere Informationspflichten

Diese Unterrichtungsansprüche sind die Reaktion auf meist kritisch bewertete Übernahmevorgänge in der Vergangenheit, bei denen Finanzinvestoren, Hedgefonds etc. aktiv wurden, mit dem Ziel, an durchaus funktionierenden Unternehmen Mehrheitsbeteiligungen zu erwerben, um diese dann regelrecht »auszuplündern«. Der Gesetzgeber hat mit § 109a BetrVG die Lücke geschlossen, die dadurch entstanden ist, dass bereits das WpÜG (Wertpapiererwerbs- und Übernahmegesetz vom 20.12.2001, BGBl. I S.3822) besondere Informationspflichten schuf, dessen Geltungsbereich sich allerdings auf **kapitalmarktorientierte Gesellschaften** (in aller Regel also börsennotierte Aktiengesellschaften; Näheres siehe Teil B.II.) beschränkt. Zu den nach § 11 WpÜG zu erteilenden Informationen gehören die Auswirkungen eines Angebots auf die Vermögens-, Finanz- und Ertragslage des Bieters, dessen Absichten für die künftige Geschäftstätigkeit der Zielgesellschaft, daneben hinsichtlich des Sitzes und des Standorts wesentlicher Unternehmensteile, der Verwendung des Vermögens, sowie über die künftigen Verpflichtungen. Zudem ist der Bieter verpflichtet, über die Situation der Arbeitnehmer und ihrer Vertretungen und auch über geplante wesentliche Änderungen der Beschäftigungsbedingungen einschließlich der insoweit vorgesehenen Maßnahmen zu informieren (vgl. im Einzelnen Engels, AuR 2009, 65). Weiterhin gehört zu den Unterrichtungspflichten, ob Geldleistungen oder andere geldwerte Vorteile für Vorstands- und/oder Aufsichtsratsmitglieder der Zielgesellschaft gewährt oder in Aussicht gestellt werden.

§ 109a BetrVG stellt klar, dass in Unternehmen (unabhängig von einer Börsennotierung), in denen kein Wirtschaftsausschuss besteht, der Betriebsrat entsprechend zu beteiligen ist. § 109a BetrVG verweist nach seinem Wortlaut auf die Vorschrift des § 106 Abs. 1 und Abs. 2 BetrVG. Da in § 106 Abs. 1 Satz 1 BetrVG sich die Formulierung findet, dass nur dort ein Wirtschaftsausschuss zu bilden ist, wo in der Regel mehr als 100 beschäftigte Arbeitnehmer/innen vorhanden sind, kann nicht geschlossen werden, dass dieser Schwellenwert auch Voraussetzung für die Unterrichtung im Rahmen des § 109a BetrVG ist. Dies wäre ein Fehlschluss. Die Vorschrift des § 109a BetrVG ist als Rechtsfolgenverweisung zu verstehen, wonach eben auch überall dort, wo kein Wirtschaftsausschuss gebildet ist, die Betriebsräte entsprechend zu beteiligen sind. Schließlich will der Gesetzgeber mit dem RisikobegrenzungsG das ausdrücklich so formulierte Ziel erreichen, ein vergleichbares Maß an Transparenz zu schaffen, gleichsam so, wie es durch das WpÜG bereits für die Arbeitnehmer börsennotierter Unternehmen hergestellt wurde. Die Vorschrift ist daher weit auszulegen, was zugleich nicht nur bedeutet, dass auch die Betriebsräte in Betrieben unter 100 Beschäftigten zu unterrichten sind, sondern bei den entsprechenden Übernahmevorgängen beispielsweise auch Betriebsräte in Tendenzbetrieben, in denen kein Wirtschaftsausschuss zu bilden ist (so zutreffend Düwell, dbr 2008, 25), zu beteiligen sind.

14. Der allgemeine Auskunftsanspruch nach § 80 Abs. 2 BetrVG

Informationsanspruch des Betriebsrats

Die Betriebs-/Gesamtbetriebsräte sind auch in Unternehmen mit nur 100 Arbeitnehmer/innen berechtigt, auf der Grundlage des Informationsanspruchs aus § 80 Abs. 2 BetrVG offensiv umfassende Unterrichtungen beim Arbeitgeber einzufordern. Schließlich kommt es, worauf das BAG in ständiger Rechtsprechung hinweist (vgl. etwa BAG vom 15.12.1998 – 1 ABR 9/98, AiB 1999, 408ff.; BAG vom 10.10.2006 – 1 ABR 68/05, NZA 2007, 99), nur darauf an, dass ein betriebsrätlicher Aufgabenbezug besteht. Es reicht also aus, dass der Betriebsrat eine Information benötigt, um seinerseits eigenständig prüfen zu können, ob ihm für eine bestimmte Materie ein Beteiligungsrecht zusteht, um dann zu entscheiden, ob er hiervon auch Gebrauch machen will (so bereits BAG vom 26.1.1988 – 1 ABR 34/86, AP Nr. 31 zu § 80 BetrVG 1972). Immer dann, wenn der Betriebsrat im Rahmen seiner Mitbestimmungsrechte beispielsweise ein Initiativrecht geltend machen will, kann er Informationen schon dann beanspruchen, wenn sich erst aus der Prüfung der Unterlagen ergeben kann, ob sich hieraus für den Betriebsrat Aufgaben ergeben oder nicht. Ob er diese dann in eigener Initiative wahrnehmen kann oder will, ist eine sich erst in der Folge ergebende Fragestellung. **Es reicht also bereits eine Wahrscheinlichkeit des Aufgabenbezugs, um einen Anspruch des Betriebsrats zu begründen.**

Kein Konkurrenzverhältnis

Daraus folgt, dass ein Konkurrenzverhältnis zwischen den Informationsansprüchen, die dem Wirtschaftsausschuss nach § 106 Abs. 2 BetrVG und denen, die sich für den Betriebsrat aus **§ 80 Abs. 2 BetrVG** ergeben, **nicht** besteht, so dass das Recht des Betriebsrats auf Unterrichtung in wirtschaftlichen Angelegenheiten **unabhängig von etwaigen Rechten des Wirtschaftsausschusses nach § 106 Abs. 2 BetrVG** geltend gemacht werden kann (vgl. BAG vom 5.2.1991 – 1 ABR 32/90, AP Nr. 89 zu § 613a BGB).

Zu den Aufgaben des Betriebsrats i.S.v. § 80 Abs. 2 BetrVG gehören nicht nur die in § 80 Abs. 1 BetrVG im Einzelnen zuerkannten Überwachungsrechte. So kann er zu bestimmten Fragestellungen umfangreiche Unterlagen anfordern, um zu prüfen, ob sich für ihn dort Mitbestimmungsrechte ergeben, wenn dies zur Wahrnehmung seiner Aufgaben erforderlich ist und er seine Aufgaben wahrnehmen möchte.

Erwähnenswert ist in diesem Zusammenhang die Entscheidung des LAG Berlin vom 6.8.1997 – 13 TaBV 3/97, NZA-RR 1999, 144. Der Leitsatz dieser Entscheidung lautet wie folgt:

Beispiel:

»Der Arbeitgeber ist verpflichtet, dem Betriebsrat gemäß § 80 Abs. 2 BetrVG Vertragsunterlagen über die Veräußerung von Betriebsvermögen, die Übertragung von Inbetriebnahme- sowie Gewährleistungspflichten gegenüber Kunden seines Geschäftsbereichs vorzulegen zum Zwecke der Prüfung, ob Beteiligungsrechte des Betriebsrats gemäß §§ 111, 112 BetrVG in Betracht kommen, insbesondere, ob in der Veräußerung ein Betriebs- oder Betriebsteilübergang zu sehen ist sowie Veränderungen in der betriebsverfassungsrechtlichen Organisation vorliegen und diese Auswirkungen auf die Rechtsstellung des Betriebsrats und seiner Mitglieder haben können.«

Exkurs:

In jüngeren Entscheidungen hat das Bundesarbeitsgericht die Rechte des Betriebsrats auf Durchsetzung seiner Auskunftsansprüche verstärkt. So ist der Arbeitgeber verpflichtet, seinen Betrieb so zu organisieren, dass er die Durchführung der geltenden Gesetze, Tarifverträge und Betriebsvereinbarungen selbst gewährleisten kann. Deshalb muss er sich auch über die Arbeitszeiten seiner Mitarbeiter dort vergewissern, wo eine sogenannte »Vertrauensarbeitszeit« eingeführt worden ist.

Er kann daher dem Betriebsrat die entsprechenden Auskünfte nicht mit dem Hinweis verweigern, er verzichte bewusst auf die Erfassung von Arbeitszeiten. Vielmehr hat er den Betriebsrat über die Daten in Kenntnis zu setzen, die sich auf die Einhaltung der gesetzlichen Ruhezeiten, die Wahrung der tariflichen wöchentlichen Arbeitszeit, von Beginn und Ende der täglichen und vom Umfang der tatsächlich geleisteten wöchentlichen Arbeitszeit beziehen. Der Arbeitgeber hat die betreffenden Informationen notfalls auch zu beschaffen, wenn er hierüber nicht über entsprechende Unterlagen verfügt. Zur Wahrung der Überwachungsaufgabe muss er in einem solchen Fall auf geeignete Weise dafür sorgen, dass die objektiv vorhandenen Daten über das Arbeitszeitverhalten der Arbeitnehmer erfasst und dem Betriebsrat mitteilbar gemacht werden (BAG vom 6.5.2003 – 1 ABR 13/02, NZA 2003, 1348).

Umfangreiches Prüfungsrecht

In einer weiteren Entscheidung des ersten Senats vom 21.10.2003 hat das Bundesarbeitsgericht ausgeführt, dass ein Unterrichtungsanspruch des Betriebsrats nicht nur dann besteht, wenn allgemeine Aufgaben oder Beteiligungsrechte des Betriebsrats feststehen. Vielmehr ist auch dann zu unterrichten, wenn dies dem Betriebsrat erst ermöglicht, in eigener Verantwortung zu prüfen, ob sich Aufgaben im Sinne des Betriebsverfassungsgesetzes ergeben und er zu ihrer Wahrnehmung tätig werden muss. Dafür reicht eine gewisse Wahrscheinlichkeit für das Bestehen solcher Aufgaben. Erst dort, wo ein Beteiligungsrecht oder eine sonstige Aufgabe offensichtlich nicht in Betracht kommt, kann ein Auskunftsanspruch möglicherweise ausgeschlossen werden. Im konkreten Fall ging es dem Betriebsrat darum, zu erfahren, ob bei den Zielvereinbarungen, die der Arbeitgeber mit den Beschäftigten abgeschlossen hatte, der Gleichbehandlungsgrundsatz eingehalten wurde. Das begründete den Anspruch des Betriebsrats auf Auskunft über die mit den Arbeitnehmern im Rahmen eines tariflichen Leistungslohnsystems individuell vereinbarten Umsatzziele einschließlich des jeweiligen Zielerreichungsgrades (BAG vom 21.10.2003 – 1 ABR 39/02, DB 2004, 322).

Freiwillige Vereinbarung

Im Übrigen kann es – auf der Grundlage freiwilliger Betriebsvereinbarungen – auch ein Betriebsrat in kleineren Unternehmen erreichen, dass ihm Befugnisse des Wirtschaftsausschusses übertragen werden. Dabei kann es sinnvoll sein, einen solchen, dem Wirtschaftsausschuss in größeren Unternehmen nachgebildeten Ausschuss auch mit der Erörterung solcher Fragen zu befassen, die sich beispielsweise aus den Unterrichtungs- und Beratungsrechten im Zusammenhang mit der Gestaltung der Arbeitsplätze und Arbeitsabläufe i.S.v. § 90 BetrVG und hinsichtlich der Personalplanung, also des gegenwärtigen und künftigen Personalbedarfs i.S.v. § 92 BetrVG, ergeben (zur Vertiefung s. Laßmann/Rupp, Handlungshilfe 31, Personalplanung). Eine solche Zusammenfassung von unterschiedlichen Informationsrechten in einem Gremium nach einvernehmlich vereinbarten Strukturen kann nicht nur für die Betriebsratsseite, sondern auch aus der Unternehmerperspektive sinnvoll sein.

II. Die Arbeitsweise des Wirtschaftsausschusses

1. Organisation des Wirtschaftsausschusses/ Geschäftsordnung

Geschäftsordnung

Das BetrVG selbst enthält nur wenige Angaben über die Geschäftsführung des Wirtschaftsausschusses. Grundsätzlich kommen insoweit die gesetzlichen Grundregeln für den Betriebsrat hinsichtlich seiner Organisation und Geschäftsführung entsprechend zur Anwendung (siehe LAG Berlin-Brandenburg vom 20.1.2015 – 7 TaBV 2158/14; Fitting, § 108 Rn. 3). Die erfolgreiche Arbeit des Wirtschaftsausschusses steht und fällt damit, ob es gelingt, seine Arbeit effektiv zu organisieren. Dem Wirtschaftsausschuss oder aber auch dem ihn bildenden Betriebsrat/Gesamtbetriebsrat steht die **Befugnis** zu, eine **Geschäftsordnung zu beschließen**. Auch ohne Geschäftsordnung kommt es entscheidend darauf an, eine Termin- und Arbeitsplanung des Wirtschaftsausschusses zu installieren, nach der dann auch gehandelt wird.

Inhalt der Geschäftsordnung

Wenn das Gremium beschließt, eine Geschäftsordnung einzuführen, sollte diese zumindest Regelungen darüber enthalten, wie die Tagesordnung zu den Sitzungen festgelegt wird, wer zu welchem Zeitpunkt mit welchen Fristen einlädt, wer den Vorsitz innehat und wie die Protokollführung geregelt wird. Für letzteren Punkt ist allerdings zu beachten, dass einem Wirtschaftsausschuss nicht das Recht zusteht, für die Protokollführung ein weiteres Betriebsrats-/Gesamtbetriebsratsmitglied hinzuzuziehen (vgl. BAG vom 17.10.1990 – 7 ABR 69/89, NZA 1991, 432). Nach dieser Entscheidung hat das BAG zugleich entschieden, dass der Arbeitgeber dem Wirtschaftsausschuss – wie beim Betriebsrat nach § 40 Abs. 2 BetrVG – das erforderliche Büropersonal zur Verfügung zu stellen hat. Wichtig: Sollen auch virtuelle Sitzungen möglich sein, bedarf es zwingend einer dies regelnden Geschäftsordnung (Einzelheiten unter II. 4).

Eckpunkte für eine Geschäftsordnung des Wirtschaftsausschusses sind in Anhang Nr. 2 abgedruckt.

2. Festlegung der Sitzungstermine, Tagesordnung und Einladung

Nach der gesetzlichen Regelung **soll** der Wirtschaftsausschuss **monatlich einmal** zusammentreten; vgl. § 108 Abs. 1 BetrVG. Bei Bedarf kann der Wirtschaftsausschuss auch in kürzeren Abständen tagen. Ebenso kann der Wirtschaftsausschuss auch zu dem Ergebnis kommen, dass längere Zeitabstände zwischen den Sitzungen ausreichen. Es sollte allerdings an der gesetzlichen Vorgabe festgehalten werden, den Wirtschaftsausschuss monatlich einmal einzuberufen. Schließlich wird in der Mehrzahl der Unternehmen die kurzfristige Planung innerhalb eines Geschäftsjahres in monatlichen Abständen überprüft, d.h. die vorgegebenen Planzahlen des abgelaufenen Monats werden mit dem verglichen, was tatsächlich an Zahlen in dem verstrichenen Zeitraum realisiert werden konnte. Danach richten sich eventuell notwendige Korrekturentscheidungen, sodass bei einer monatlichen Sitzung des Wirtschaftsausschusses dieser im Idealfall auch zeitnah die aktuellen Daten erhält und gegebenenfalls schon im Anschluss in Beratungen über die Frage eintreten kann, ob vom Unternehmen vorgesehene Anpassungsentscheidungen auch für die Beschäftigten akzeptabel sind. Wichtig ist in jedem Fall die Einhaltung eines regelmäßigen Turnus für die Wirtschaftsausschusssitzungen.

Langfristige Terminplanung

Die monatlichen bzw. die regelmäßig anberaumten Sitzungstermine sollten dabei möglichst weiträumig im Voraus festgelegt werden. Zwischen den Betriebsparteien sollte insoweit eine Absprache getroffen werden, die Termine so festzulegen, dass möglichst die aktuellen Zahlen des Vormonats/Vorquartals vorliegen – und diese dem Wirtschaftsausschuss in schriftlicher Form einige Zeit vor dem Stattfinden der Ausschusssitzung ausgehändigt werden. Dabei sollten die Sitzungstermine in eine langfristige Terminplanung eingebunden sein, damit nicht immer wieder vom Unternehmen unter Hinweis auf Terminschwierigkeiten das verabredete Zusammentreten des Wirtschaftsausschusses vereitelt werden kann. Anzustreben ist eine langfristige, möglichst zwölf Monate im Voraus stattfindende Terminfestlegung. Ferner sollte mit dem Arbeitgeber verabredet werden (am besten in einer Betriebsvereinbarung – vgl. Anhang Nr. 4), dass jede Verschiebung eines Wirtschaftsausschusstermins – sei es durch Mitglieder des Wirtschaftsausschusses, deren bzw. dessen Vorsitzende/n oder durch den zur Teilnahme verpflichteten Arbeitgeber – nicht nur zwingenden Ausnahmefällen vorbehalten ist, sondern auch, dass eine Absage nur dann zulässig ist, wenn gleichzeitig mit ihr ein baldiger Alternativtermin als Ersatz verabredet wird.

Quartalsbericht

Im Zusammenhang mit der möglichst langfristigen Terminfestlegung bietet es sich an, zugleich auch die anstehenden Termine **im Voraus nach inhaltlichen Schwerpunkten** auszurichten. So ist etwa einmal im Vierteljahr der sog. Quartalsbericht nach § 110 BetrVG durch den Unternehmer vorzulegen, wozu es einer vorherigen Abstimmung mit dem Wirtschaftsausschuss und dem Betriebsrat bedarf. Diesem Quartalsbericht sollte daher in einer der pro Quartal stattfindenden Sitzungen jedenfalls ein Tagesordnungspunkt gewidmet werden. Je nach Zeitpunkt der Fertigstellung des Jahresabschlusses im betreffenden Unternehmen kann es sinnvoll sein, auch im Voraus festzulegen, wann dessen Erläuterung zu erfolgen hat. Auch dies ist dann auf die Tagesordnung für die entsprechende Sitzung zu nehmen. Gleiches gilt für die Unternehmensplanung, die jedes Unternehmen nach seinen konkreten Bedürfnissen zu bestimmten Zeitpunkten betreibt. Sobald solche Planungsergebnisse vorliegen, gehört diese Unternehmensplanung auf die Agenda der entsprechenden Wirtschaftsausschusssitzung.

Muster eines Einladungsschreibens mit Tagesordnung

Vorsitzende/r des Wirtschaftsausschusses

Durchwahl: 9191-108

3.4.2025

An die Unternehmensleitung

An den Betriebsratsvorsitzenden Bruno Sauber

An die Mitglieder des Wirtschaftsausschusses

– im Hause –

Einladung

Sehr geehrte Damen und Herren, liebe Kolleginnen und Kollegen,

zu nächsten regulären Sitzung des Wirtschaftsausschusses lade ich hiermit ein für den 24.4.2025, 4. Stock Hauptgebäude.

Tagesordnung

1. Aktuelle wirtschaftliche und finanzielle Situation des Unternehmens
2. Abstimmung des Vierteljahresberichts gemäß § 110 BetrVG
3. Fortsetzung der Diskussion des Wirtschaftsprüferberichts zur Vorbereitung des Jahresabschlusses
4. Aktuelle wirtschaftliche Lage, Auftragseingang, Umsatz, Produktion, Beschäftigung
5. Personalentwicklung und –planung
6. Unterrichtung zu Aspekten bzgl. Lieferkettensorgfaltspflichten
7. Verschiedenes

Der Einladung ist beigefügt das Protokoll der letzten Wirtschaftsausschusssitzung.

Die Mitglieder des Wirtschaftsausschusses werden gebeten, sich nach Abschluss der Wirtschaftsausschusssitzung für voraussichtlich noch eine weitere Stunde zur Verfügung zu halten, damit die erteilten Informationen kurz ausgewertet werden, auch im Hinblick auf noch bestehenden Fragebedarf und zur Vorbereitung der Information an den Betriebsrat.

Mit freundlichem Gruß

Vor- und Nachbereitungssitzung

Zur genaueren Vorbereitung einer bevorstehenden Wirtschaftsausschusssitzung empfiehlt es sich, die Mitglieder des Wirtschaftsausschusses jeweils zu einer vorbereitenden Sitzung zusammenzurufen. Eine solche **interne Vorbereitung** – ohne dass daran Unternehmervertreter mitwirken – ist ausdrücklich von der Rechtsprechung anerkannt worden (vgl. BAG vom 16.3.1982 – 1 AZR 406/80, AP Nr. 3 zu § 108 BetrVG 1972).

In einer solchen Vorbereitungssitzung sollten zunächst einmal die schriftlichen Vorabinformationen des Unternehmers ausgewertet werden – also das, was der Wirtschaftsausschuss vom Unternehmer bereits angefordert und erhalten hat. Es kann sich dabei um die monatlichen Kennzahlen handeln oder um solche Informationen, die sich aus der zurückliegenden Wirtschaftsausschussarbeit ergeben haben. Die Vorbereitungssitzung **sollte unter Teilnahme des Betriebsrats** bzw. maßgebender Mitglieder dieses Gremiums stattfinden, damit im Hinblick auf die anstehenden Aufgaben des Betriebsrats zunächst möglichst präzise der Fragebedarf für die kommende Sitzung ermittelt wird. Darüber hinaus sollte in diesen Sitzungen der Wirtschaftsausschuss aufgrund seiner Erkenntnisse und den Einschätzungen seiner Mitglieder die wirtschaftliche Lage des Unternehmens analysieren. Dazu ist es sinnvoll, neben den unentbehrlichen Vorbereitungssitzungen auch entsprechende **Nachbereitungssitzungen** durchzuführen, um anhand der ökonomischen Rahmenbedingungen und insbesondere auch anhand der Erkenntnisse aus der Entwicklung der Kennzahlen eine eigenständige Beurteilung der ökonomischen Situation des Unternehmens anzustellen, und diese in die Betriebsratsarbeit einzubringen. Denn letztlich geht es darum, die Tätigkeit des Wirtschaftsausschusses und die Wahrnehmung der Aufgaben des Betriebsrats zu einer möglichst effektiven Einheit zusammenzuführen!

Auf der Grundlage dieser Gespräche bzw. Sitzungen ist die Tagesordnung zu erarbeiten, die schriftlich mit der Einladung zur nächsten Wirtschaftsausschusssitzung dem Arbeitgeber, dem Betriebsrat und natürlich allen Mitgliedern des Wirtschaftsausschusses zugeleitet wird (siehe das vorstehende Muster eines Einladungsschreibens mit Tagesordnung).

3. Durchführung der Ausschusssitzungen, Leitung und Protokollführung und Beschlüsse

Die bereits erwähnten Vorbereitungssitzungen sollten dazu genutzt werden, die Sitzungen des Wirtschaftsausschusses mit dem Arbeitgeber gründlich vorzubereiten. Anhand der Tagesordnung empfiehlt es sich, zu besonders wichtigen Komplexen kleinere oder größere Fragenkataloge zu entwickeln und diese – soweit möglich – dem Unternehmer auch bereits vor der Wirtschaftsausschusssitzung zuzuleiten, damit dieser im Rahmen der regulären Wirtschaftsausschusssitzung in die Lage versetzt wird, die Fragen konkret zu beantworten (etwa anhand einer Liste monatlich zu liefernden Kennzahlen). Vorab übermittelte Fragen sind ein geeignetes Mittel, der Ausrede entgegenzuwirken, für die Beantwortung dieser oder jener Frage müsste erst noch einmal auf der Ebene der Geschäftsführung zeitaufwändig ermittelt werden.

Sitzungsleitung

Generell gilt: Für eine effektive Wirtschaftsausschussarbeit bietet es sich an, eine/n den Vorsitz übernehmende/n Sprecher/in zu benennen, welche/r nicht nur die Sitzungsleitung übernimmt, sondern auch für die Koordination der Wirtschaftsausschusstätigkeit verantwortlich ist. Die Sitzungsleitung soll durch die Tagesordnung führen, das Wort erteilen und notfalls auch entziehen, wenn die Diskussion abschweift, etwa indem statt der angeforderten Antworten zu konkreten Fragen zu ganz nebensächlichen Fragestellungen langatmige, im Ergebnis aber nichtssagende Ausführungen des Unternehmers folgen.

Der Wirtschaftsausschuss sollte genau darauf achten, dass ihr/e Sprecher/in den Fahrplan sowie die inhaltliche Diskussion des Wirtschaftsausschusses bestimmt und sich die Regie hierfür nicht aus der Hand nehmen lässt. Denn die Rollen sind klar verteilt: Der Arbeitgeber ist Gast in der Wirtschaftsauschusssitzung, die Sitzungsleitung obliegt dem Gastgeber. Den damit verbundenen Gestaltungsspielraum gilt es deshalb vom Wirtschaftsausschuss effektiv zu nutzen. Dabei ist es sicherlich nützlich, wenn alle Ausschussmitglieder aktiv eingreifen, wenn es darum geht, konkrete Antworten zu präzise vorher (am besten auf den Vorbereitungssitzungen) erarbeiteten Fragestellungen zu erlangen. Sehr effektiv ist es auch, wenn sich einzelne Wirtschaftsausschussmitglieder gezielt auf bestimmte Tagesordnungspunkte vorbereiten und hierzu dann auch die Diskussion anhand der vorbereiteten Fragen oder Statements gestalten.

Protokoll

Auf alle Fälle sollte in jeder Wirtschaftsausschusssitzung ein Protokoll geführt werden. Es wird sogar teilweise eine Verpflichtung zur Protokollführung angenommen (vgl. GK-BetrVG/Oetker, § 108 Rn. 13; anders die h. M.: vgl. Fitting, § 108 Rn. 8). Statt eines Wortprotokolls sollte sich das Protokoll aber darauf beschränken, die zentralen Aussagen festzuhalten und die überlassenen Unterlagen dem Protokoll als Anlagen beizufügen. Sollte es Beschlüsse geben, sind diese in jedem Fall genau zu dokumentieren. Dies gilt auch, wenn es um konkrete Informationsbegehren geht, bei denen absehbar ist, dass diese nicht »im Selbstlauf« vom Arbeitgeber beantwortet werden; siehe dazu weiter unten nächste Seite zum Zusammenhang zwischen Informationsverlangen und späterer Tätigkeit der Einigungsstelle.

Die Führung des Protokolls darf nicht, schon gar nicht aus purer Bequemlichkeit, dem Arbeitgeber überlassen werden. Erfahrungsgemäß kann es dann leicht passieren, dass wichtige Fragen und Beratungsbeiträge fehlen und sich kein vollständiges Bild über den Inhalt der jeweiligen Wirtschaftsausschusssitzung im Protokoll mehr wiederfindet. Es bietet sich an, dass sich ein Mitglied des Wirtschaftsausschusses, ggf. rollierend, in der Sitzung rein auf die Protokollführung konzentriert.

So ungern die Protokollführung erfahrungsgemäß übernommen wird, umso leichter dürfte diese Aufgabe zu übernehmen sein, wenn in der möglichst zügig nach der Wirtschaftsausschusssitzung stattfindenden Nachbereitung ein kurzer Austausch über die wesentlichen Informationen und Ergebnisse der Sitzung stattfindet. So kann das Protokoll zu einzelnen Tagesordnungspunkten rasch um etwaige fehlende Punkte ergänzt bzw. korrigiert und zur endgültigen Fertigstellung noch einmal alle Mitglieder des Wirtschaftsausschusses in die Erarbeitung des Protokolls einbezogen werden. Wie wichtig die Protokollerstellung ist, erweist sich spätestens dann, wenn es im Zusammenhang mit Rechtsstreitigkeiten erforderlich wird, solche Protokolle in das Gerichtsverfahren einzuführen. Das Protokoll sollte dann in den Räumen des Betriebsrats so aufbewahrt werden, dass es für alle Betriebsratsmitglieder und den Wirtschaftsausschuss zugänglich ist bzw. digital in einem speziellen, nur für diesen Kreis zugänglichen Laufwerk oder sharepoint einsehbar ist.

Achtung! Nach bisheriger Rechtsprechung einiger Landesarbeitsgerichte wurde verlangt, dass Voraussetzung für die Anrufung der Einigungsstelle nach § 109 BetrVG nicht nur eine entsprechende Beschlussfassung des zuständigen Betriebsrats, sondern davor auch des Wirtschaftsausschusses erforderlich ist (LAG Hamm vom 2.11.2015 – 13 TaBV 70/15, BeckRS 2015/73264; LAG Schleswig-Holstein vom 24.11.2016 – 4 TaBV 40/16, BeckRS 2016, 74959 – mit Recht kritisch hierzu Schindele, ArbRAktuell 2017, 29). Dies ist überholt!

Das BAG hat in seiner Entscheidung vom 17. 12. 2019 – 1 ABR 25/18 einer solchen formellen Verfahrensvoraussetzung eine klare Absage erteilt. Ist streitig, ob eine Auskunft über wirtschaftliche Angelegenheiten aufgrund eines entsprechenden Verlangens des Wirtschaftsausschusses ordnungsgemäß erteilt wurde oder nicht, muss vor Anrufung der Einigungsstelle eine Einigung versucht werden, wofür Betriebsrat und Unternehmer zuständig sind. Gelingt es hier zu einer Einigung zu kommen, ist dies auch für die Mitglieder des Wirtschaftsausschusses bindend. Scheitert der Einigungsversuch, ist dann allein der zuständige Betriebsrat berechtigt, darüber zu entscheiden, ob er die Einigungsstelle anruft und trägt dann auch in der Einigungsstelle diesen Konflikt aus; vgl. BAG ebenda, Rn. 30, 31.

Wichtig: **Der Entscheidungsgegenstand der Einigungsstelle wird determiniert durch das vorhergehende inhaltliche Verlangen des Wirtschaftsausschusses.** Dieses steckt den *»Zuständigkeitsrahmen der Einigungsstelle«* ab.
Entscheidend ist also, mit welchem Inhalt und welcher Reichweite bereits das ursprüngliche Auskunftsverlangen des Wirtschaftsausschusses gegenüber dem Unternehmer formuliert wird. Das BAG führt aus: *»Nur ein Verlangen, das hinreichend bestimmt auf die Erteilung einer Auskunft, die Vorlage bestimmter Unterlagen, deren jeweilige Zeitpunkte oder deren sonstige Modalitäten gerichtet ist, vermag ihre Zuständigkeit (der Einigungsstelle) zu begründen«*. Dabei – so das BAG weiter – muss spätestens bei der Beschlussfassung der Einigungsstelle deren Spruchkompetenz gegeben sein, was bedeutet, dass *»zu diesem Zeitpunkt das (erfolglose) Verlangen des Wirtschaftsausschusses hinreichend konkret gefasst«* vorgelegt worden sein sollte.
Merke: Über das konkrete bezeichnete Auskunftsverlangen muss zunächst der Wirtschaftsausschuss formell in einer Sitzung (Einladung mit Tagesordnung!) einen Beschluss fassen. Auf dessen Grundlage ist dann der Arbeitgeber mit Fristsetzung aufzufordern werden, die Auskunft, ggf. unter Vorlage von entscheidungsrelevanten Unterlagen, zu erteilen. Lehnt der Arbeitgeber ab, so ist im Weiteren ein Beschluss des Betriebsrats zu fassen, mit dem Unternehmer eine Einigung herbeizuführen. Scheitert der Einigungsversuch, so beschließt der Betriebsrat die Durchführung eines Einigungsstellenverfahrens (zur Erzwingung der Auskunftserteilung s. X. 1 ff.).

4. Option virtueller Sitzungen

Virtuelle Sitzungen

Betriebsratsgremien wurde aus Anlass der Covid 19 Pandemie die Möglichkeit eröffnet, ihre Sitzungen per Video- oder Telefonkonferenz durchzuführen, gegebenenfalls auch in hybrider Form. Dieser Ansatz findet sich jetzt als Dauerlösung in § 30 Abs. 2 BetrVG und ist dort an eine Reihe von inhaltlichen Anforderungen geknüpft. Während aber die in Coronazeiten gültige Sonderregelung in § 129 Abs. 2 BetrVG ausdrücklich bestimmte, dass diese Regelungen auch für die Einigungsstelle und den Wirtschaftsausschuss gelten, findet sich nunmehr eine entsprechende Regelung nicht mehr im Gesetz.

Gleichwohl geht die h. M. umstandslos davon aus, dass die Regelungen zur virtuellen BR-Sitzung aus **§ 30 Abs. 2 BetrVG auch für den Wirtschaftsausschuss** gelten (vgl. Fitting, § 108 Rn. 11a; ebenso ErfK/Koch, § 30 Rn. 2; GK-BetrVG/Oetker, § 108 Rn. 10, Schaub ArbR-HdB/Koch, § 220 Rn. 26a; a. A. u. a. Boemke/Roloff/Haase, NZA 2021, 827). In der Gesetzesbegründung der Bundesregierung (BT-Drs. 19/28899, S. 20) wird dies ohne nähere Darlegung zugrunde gelegt.

Schon aus pragmatischen Gründen ist der h.M. zu folgen. Warum sollte einem Ausschuss des Betriebsrats versagt werden, virtuell tagen zu dürfen, wenn dies für das Gremium zulässig ist, dass nicht nur diesen Ausschuss bildet, sondern auch sonst über die Entscheidungskompetenz verfügt? Daran schließt sich aber die Folgefrage an, ob es dafür der Einhaltung inhaltlicher Voraussetzungen bedarf. Schließlich verlangt § 30 Abs. 2 BetrVG, dass eine Geschäftsordnung vorliegt, die den Vorrang der Präsenzsicherung festlegt und des Weiteren ein Quorum von einem Drittel der Mitglieder der virtuellen Zusammenkunft nicht widerspricht. Schließlich müssen darüber hinaus bestimmte technische Voraussetzungen erfüllt sein.

Schon bisher war anerkannt, dass es dem Wirtschaftsausschuss unbenommen ist, für seine Tätigkeit eine Geschäftsordnung zu beschließen. Dies dürfte vielfach auch zweckmäßig sein, um die Arbeit zu strukturieren, zu bestimmen, wer zu den Sitzungen einlädt und wer den Vorsitz übernimmt; vgl. oben II. 1 ff.).

Einer solchen Geschäftsordnung bedarf es zwingend, wenn der Wirtschaftsausschuss von der Möglichkeit virtueller Sitzungen Gebrauch machen will. Bei der Formulierung der inhaltlichen Voraussetzungen ist auch hier der Vorrang der Präsenzsitzung abzusichern, wie dies eindringlich § 30 Abs. 2 Nr. 1 BetrVG fordert.

Das virtuelle oder hybride Format ist in aller Regel dann ungeeignet, wenn in den Sitzungen des Wirtschaftsausschusses Nachfragen an den Unternehmer und seine Vertreter Nachdruck bekommen sollen und vor allem auch dann, wenn der Wirtschaftsausschuss die ihm übertragene Aufgabe der Beratung (auch) des Unternehmers wahrnehmen will. Die persönliche Anwesenheit aller Beteiligten ermöglicht oft erst »eine umfassende gegenseitige Wahrnehmung und Interaktion (sowie) vertrauliche Einzelgespräche« am Rande solcher Sitzungen (instruktiv Fitting, § 30 Rn. 23). Die Option virtuellen oder hybriden Zusammenkommens ist daher nur sehr zurückhaltend und unter ausgesprochen engen Voraussetzungen vorzusehen, da anderenfalls die häufig beobachtete Situation eintritt, dass der termingeplagte Unternehmer bzw. seine Vertreter auf einer virtuellen Zusammenkunft beharren und entsprechenden Druck ausüben. Merke: Auch im Hinblick auf die äußeren Bedingungen ist es der Wirtschaftsausschuss, der zur Sitzung einlädt und der die Konditionen und Begleitbedingungen der Ausschussarbeit definiert.

Da der Wirtschaftsausschuss seine Arbeit selbst organisiert und für die notwendigen, möglichst effektiven Rahmenbedingungen Sorge trägt, sollte er die Präferenz des Gesetzgebers für den Vorrang des direkten Zusammentreffens dergestalt berücksichtigen, dass die Durchführung als Video- oder Telefonkonferenz nur in Ausnahmesituationen in Betracht kommt. In der Zusammenarbeit mit dem Unternehmer und seinen Führungskräften stellt es in der Regel eine Erleichterung dar, wenn die denkbaren Ausnahmen für eine Präsenztagung vorab in einer eigenen Geschäftsordnung des Wirtschaftsausschusses beschrieben werden. Dem würde es auch nicht widersprechen, für kurzfristige Absprachen der Wirtschaftsausschuss-Mitglieder untereinander etwa zur Vorbereitung von kommenden Ausschusssitzungen Erleichterungen zu ermöglichen.

5. Teilnehmer/innen an den Sitzungen des Wirtschaftsausschusses

Sinn und Zweck

Sinn und Zweck des Wirtschaftsausschusses ist die **stetige Unterrichtung** der Arbeitnehmervertretung über die **wirtschaftliche und finanzielle Situation** des Unternehmens sowie die ergangenen oder zu erwartenden Entscheidungen des Unternehmers. Deshalb hat das Gesetz festgelegt, dass der Unternehmer selbst, also der Arbeitgeber, nach § 108 Abs. 2 BetrVG, jedenfalls aber sein Vertreter, an den Sitzungen des Wirtschaftsausschusses teilzunehmen hat. Ausgenommen von dieser Teilnahmepflicht sind nur die bereits erläuterten vor- bzw. nachbereitenden Sitzungen des Wirtschaftsausschusses selbst.

Wer ist Unternehmer?

Wer ist nun in diesem Sinne der Unternehmer? – Dies ist bei Einzelfirmen deren Inhaber, bei juristischen Personen das zur gesetzlichen Vertretung befugte Organ (Näheres siehe Teil B.II.1.).

Der Unternehmer im Sinne der §§ 106 ff. BetrVG.	
Rechtsform	**Unternehmer**
Einzelfirma	Inhaber
Personenhandelsgesellschaften (OHG, KG)	Gesellschafter bzw. Geschäftsführer
GmbH	Geschäftsführung
AG	Vorstand
eG	Vorstand

Vertreter des Unternehmers

Besteht die Geschäftsführung bzw. der Vorstand aus mehreren Personen, reicht es in aller Regel, wenn einer von ihnen an der Wirtschaftsausschusssitzung teilnimmt.

Allerdings ist es dem Unternehmer gestattet, auch Vertreter zu entsenden. Dies kann aber nicht »irgendwer« sein, sondern es muss sich dabei um einen Vertreter des Unternehmens handeln, der auch sonst die Befugnis besitzt, den Unternehmer allgemein oder zumindest für einen größeren Teilbereich (auch nach außen hin) zu vertreten und der zudem für die anstehenden Beratungsgegenstände über die notwendige Sachkenntnis verfügt.

Üblicherweise kann dabei nur derjenige als Vertreter des Unternehmers in Betracht kommen, der aufgrund der bestehenden Regelungen im Unternehmen unmittelbar in der Unternehmenshierarchie hinter dem Unternehmer rangiert. Dies werden oft Leitende Angestellte sein, die über Handlungsvollmacht oder Prokura verfügen (vgl. DKW-Däubler, § 108 Rn. 11).

Der Wirtschaftsausschuss braucht sich nicht damit zufrieden zu geben, wenn in den Wirtschaftsausschuss nur »Vertreter« ohne ausreichende Befugnis und inhaltliche Kompetenz entsandt werden. Dies ist ein Verstoß gegen das Gebot der vertrauensvollen Zusammenarbeit i.S.v. § 2 Abs. 1 BetrVG. Wenn infolge dessen auch die vorgesehene vollständige Unterrichtung und Beratung unterbleibt, liegt darin gegebenenfalls auch ein grober Verstoß gegen betriebsverfassungsrechtliche Pflichten i.S.v. § 23 Abs. 3 BetrVG, sodass der Betriebsrat ein entsprechendes Beschlussverfahren beim Arbeitsgericht einleiten kann. Zugleich ist in einem solchen Fall in aller Regel auch eine Ordnungswidrigkeit i.S.v. § 121 BetrVG gegeben, da die nicht rechtzeitige und umfassende Unterrichtung über die Gegenstände des § 106 Abs. 2 BetrVG ausdrücklich den Bußgeldtatbestand des § 121 BetrVG erfüllt und demzufolge mit einer Geldbuße von bis zu 10 000 Euro geahndet werden kann.

Unberührt von der Teilnahmepflicht des Unternehmers (oder seines Vertreters) bleibt die **Möglichkeit**, zusätzlich **besonders sachkundige Arbeitnehmer/innen** hinzuzuziehen, wobei die Entscheidung hierüber dem Unternehmer zusteht.

Gewerkschaftsvertreter

Ferner ist es nach der Rechtsprechung des Bundesarbeitsgerichts zulässig, dass der Arbeitgeber einen Vertreter des Arbeitgeberverbandes hinzuzieht (vgl. BAG vom 18.11.1980 – 1 ABR 31/78, AP Nr. 2 zu § 108 BetrVG 1972). Ohne Weiteres ist es auch **zulässig,** dass ein/e **Gewerkschaftsbeauftragte/r** an den Sitzungen des Wirtschaftsausschusses teilnimmt. Die entsprechende Gewerkschaft muss dabei allerdings in einem der im Unternehmen bestehenden Betriebsräte auch tatsächlich vertreten sein.

Die Teilnahme eines Gewerkschaftsvertreters bzw. einer Gewerkschaftsvertreterin setzt voraus, dass gemäß § 31 BetrVG ein Viertel der Betriebsratsmitglieder dies wünscht oder ein entsprechender **Beschluss des Betriebsrats** bzw. Gesamtbetriebsrats vorliegt. Zulässig ist es aber auch, dass der Betriebsrat dem Wirtschaftsausschuss generell die Ermächtigung erteilt, eine Gewerkschaftsvertreterin bzw. einen Gewerkschaftsvertreter hinzuzuziehen, sodass dann der Wirtschaftsausschuss von Fall zu Fall selbst bestimmen kann, ob ein Gewerkschafter an seinen Sitzungen teilnehmen soll (vgl. BAG vom 18.11.1980 – 1 ABR 31/78, AP Nr. 2 zu § 108 BetrVG 1972).

Nach der Auffassung des BAG bedarf es zur Teilnahme des Gewerkschaftsvertreters aber jeweils einer auf die konkrete Sitzung bezogenen Einladung (vgl. BAG vom 25.6.1987 – 6 ABR 45/85, AP Nr. 6 zu § 108 BetrVG 1972). Diese Entscheidung dürfte aber überholt sein. In einer späteren Entscheidung des Bundesarbeitsgerichts wurde nämlich für Betriebsratssitzungen eine Generaleinladung für die/den Gewerkschaftsvertreter/in als zulässig erachtet (vgl. BAG vom 28.2.1990 – 7 ABR 22/89, AP Nr. 1 zu § 31 BetrVG 1972). Was für den Betriebsrat rechtens ist, kann für den Wirtschaftsausschuss nicht unzulässig sein.

Berechtigt an den Sitzungen des Wirtschaftsausschusses teilzunehmen, ist auch die Schwerbehindertenvertretung (vgl. § 178 Abs. 4 SGB IX).

6. Sachverständige

Externe Sachverständiger

Ebenso wie der Betriebsrat ist grundsätzlich auch der Wirtschaftsausschuss berechtigt, externe Sachverständige hinzuzuziehen (vgl. § 108 Abs. 2 Satz 3 i.V.m. § 80 Abs. 3 BetrVG). Es bedarf hierzu jedoch stets neben einer ordnungsgemäßen Beschlussfassung des zuständigen Betriebsrats einer näheren Vereinbarung zwischen dem Unternehmer und dem Betriebsrat (siehe zu den Anforderungen LAG Berlin-Brandenburg vom 20.1.2015 – 7 TaBV 2158/14, BeckRS 2015, 67407). Die Hilfestellung durch einen Sachverständigen setzt dabei voraus, dass dies zur ordnungsgemäßen Erfüllung der Aufgaben des Wirtschaftsausschusses erforderlich ist. Kommt es hierüber zum Streit, kann der Betriebsrat bzw. der Gesamtbetriebsrat ein Beschlussverfahren einleiten. Nicht nur deshalb ist es sinnvoll, das zuständige Betriebsratsgremium bereits in die Frage, ob ein Sachverständiger hinzugezogen werden soll, von vornherein einzubeziehen.

Voraussetzungen

Das Bundesarbeitsgericht hat durch seine Rechtsprechung sehr strenge Voraussetzungen aufgestellt. So soll der Rückgriff auf einen externen Sachverständigen erst dann möglich sein, wenn alle im Unternehmen vorhandenen Kompetenzen ausgeschöpft sind, wobei das Bundesarbeitsgericht für die erforderliche Sachkenntnis leider auch nicht unterscheidet zwischen Vertretern des Unternehmers (und deren Sichtweise und Darstellung der Dinge) und solchen Sachverständigen, die das Vertrauen des Wirtschaftsausschusses bzw. Betriebsrats genießen.

Da nach Meinung des Bundesarbeitsgerichts die Mitglieder des Wirtschaftsausschusses selbst die fachliche Eignung für die im Wirtschaftsausschuss anstehenden Fragen aufweisen sollten (st. Rspr., vgl. BAG vom 18.7.1978 – 1 ABR 34/75, AP Nr. 1 zu § 108 BetrVG 1972), wird im Regelfall die Heranziehung eines Sachverständigen nur schwierig durchzusetzen sein. Weder zur Erläuterung des Jahresabschlusses noch zu anderen laufend anstehenden Gegenständen soll nach dieser Rechtsprechung ein Sachverständiger nötig sein, es sei denn, es gelingt, im Einzelnen darzustellen, dass es sich um ganz besondere Situationen handelt, für die auch im Unternehmen sonst kein ausreichender Sachverstand gegeben ist. Diese restriktive Betrachtung blendet den doppelten Beratungsauftrag des Wirtschaftsausschusses aus. Soll sowohl der Betriebsrat im Hinblick auf wirtschaftliche Fragestellungen fachkundig beraten als auch mit dem Arbeitgeber ein qualifizierter Dialog über die Geschäftspolitik geführt werden, bedarf es eines tiefgehenden Verständnisses der wirtschaftlichen Daten, das sich oft erst durch Hinzuziehung von externem Sachverstand bilden kann. Daher ist folgerichtig die Beauftragung eines Sachverständigen nur dann einzuschränken, wenn der Wirtschaftsausschuss sich dabei von sachfremden Erwägungen leiten lässt (vgl. DKW-Däubler, § 108, Rn. 25).

Hier geht es um die rechtliche Beurteilung oft komplexer Sachverhalte, sodass das Erfordernis einer juristischen Unterstützung für den Wirtschaftsausschuss wohl unabweisbar sein dürfte.

Sollte es die zu erwartenden Schwierigkeiten bei der angestrebten Vereinbarung zwischen Unternehmer und Wirtschaftsausschuss über die Hinzuziehung von Sachverständigen geben, kann der Wirtschaftsausschuss verstärkt auf sein Recht zurückgreifen, zu den offiziellen Sitzungen Gewerkschaftsvertreter/innen einzuladen. Hierzu bedarf es keiner gesonderten Vereinbarung mit dem Unternehmer, sondern nur eines entsprechenden Antrags bzw. Beschlusses (siehe auch Kapitel II.5.). Selbstverständlich unterliegt auch die/der Gewerkschaftsbeauftragte der Geheimhaltungspflicht.

Sollte der Wirtschaftsausschuss bei seinem Wunsch, einen Sachverständigen hinzuzuziehen, an der **Blockade des Arbeitgebers** scheitern, erscheint es sinnvoll, die Fragestellung an den Betriebsrat/Gesamtbetriebsrat zurückzugeben.

Betriebsänderung

Jedenfalls in Konstellationen, in denen eine **Betriebsänderung** nach § 111

BetrVG ansteht, ist es dem Betriebsrat in Unternehmen mit mehr als 300 Arbeitnehmern auch ohne Einigung über die Hinzuziehung selbst gestattet, zu seiner Unterstützung externe Berater hinzuzuziehen (vgl. § 111 Satz 2 BetrVG). Gerade für die Frage der Nachvollziehbarkeit einer Betriebsänderung, insbesondere der Prüfung des in der Regel zugrundeliegenden Business Case (Businessplans), und zur Entwicklung etwaiger beschäftigungssichernder Alternativen ist die Beiziehung eines in Wirtschaftsfragen bewanderten Sachverständigen für den Betriebsrat unerlässlich.

Tipp:

Bereits vor der Aufnahme von Verhandlungen über Interessenausgleich und Sozialplan wirtschaftlich versierte, arbeitnehmerorientierte – und mit den Belangen und der Interessenlage von Betriebsräten vertraute – Experten hinzuziehen und deren offizielle und vom Arbeitgeber zu finanzierende Tätigkeit zur Voraussetzung machen; und zwar bevor in die Unterrichtungsphase und die späteren Verhandlungen über die Betriebsänderung eingetreten wird.

7. Informationspflichten des Wirtschaftsausschusses – Verknüpfung mit der Betriebsratsarbeit

Sitzungsbericht

Die Arbeit des Wirtschaftsausschusses ist kein Selbstzweck. Sie dient vor allem der möglichst umfassenden Information der betrieblichen Interessenvertretung. Das Gesetz schreibt daher vor, dass unverzüglich nach jeder Sitzung dem zuständigen Betriebsrat bzw. Gesamtbetriebsrat ein vollständiger Bericht über die Sitzung zu geben ist. Die unverzügliche Unterrichtung bedeutet, dass »ohne schuldhaftes Zögern« möglichst bald nach der entsprechenden Sitzung der Bericht zu erstatten ist. Eine vollständige Unterrichtung i.S.v. § 108 Abs. 4 BetrVG ist nur durch einen ausführlichen Bericht sichergestellt, wofür es nicht ausreicht, dass nur einfach die Sitzungsprotokolle unkommentiert dem Betriebsrat bzw. Gesamtbetriebsrat zugeleitet werden oder nur eine einzelne Person des Wirtschaftsausschusses den Gang der Beratungen weitergibt (vgl. Fitting, § 108 Rn. 26 f.).

Grundsätzlich gibt es keine Verschwiegenheitspflicht zwischen Wirtschaftsausschussmitgliedern und den Mitgliedern des Betriebsrats bzw. Gesamtbetriebsrats. **Vielmehr gilt, dass alles das, was der Wirtschaftsausschuss weiß, auch der Betriebsrat wissen muss!**

Zusammenarbeit mit dem Aufsichtsrat

Auch reicht eine Unterrichtung des Gesamtbetriebsrats dann nicht aus, wenn bestimmte Gegenstände, die im Wirtschaftsausschuss beraten wurden, einzelne Betriebe im Unternehmen speziell betreffen. Dann ist es ohne Weiteres zulässig und auch sachgerecht, neben der Information an den Gesamtbetriebsrat auch den betroffenen Betriebsrat durch den Wirtschaftsausschuss direkt zu informieren.

Eine Zusammenarbeit zwischen dem Wirtschaftsausschuss und der betrieblichen Interessenvertretung ist aber auch im Hinblick auf andere Mitbestimmungsgremien geboten, insbesondere bezogen auf die Arbeitnehmer/innenvertreter im Aufsichtsrat (Näheres dazu unter Kapitel IX.1.2) und im Eurobetriebsrat (Kapitel IX.1.3).

8. Verschwiegenheitspflichten der Mitglieder des Wirtschaftsausschusses

Betriebs- und Geschäftsgeheimnisse

Nach § 79 Abs. 2 BetrVG sind auch die Mitglieder des Wirtschaftsausschusses verpflichtet, Betriebs- und Geschäftsgeheimnisse geheim zu halten, die ihnen im Rahmen ihrer Tätigkeit bekannt geworden sind, sofern diese vom Unternehmer ausdrücklich als geheimhaltungsbedürftig bezeichnet wurden (vgl. auch die weiteren Ausführungen im Kapitel VII.). Dafür sind **zwei Voraussetzungen** erforderlich:

Es muss sich um ein **echtes (materielles) Geheimnis** handeln, wobei nach objektiven Kriterien zu beurteilen ist, ob der Arbeitgeber ein berechtigtes Interesse an der Geheimhaltung hat. Der Unternehmer kann also nicht willkürlich, z. B. irgendwelche völlig harmlosen, Informationen als vertraulich bezeichnen und diese somit zum Geschäftsgeheimnis erheben (vgl. Fitting, § 79 Rn. 3).

Ferner muss der Unternehmer durch **ausdrückliche Erklärung** gesondert darauf hinweisen, dass eine bestimmte Angelegenheit als Geschäfts- bzw. Betriebsgeheimnis betrachtet wird und hierüber in jedem Fall Stillschweigen zu wahren ist (formelles Geheimnis).

Informationsaustausch

Auch wenn beide Voraussetzungen erfüllt sind, gilt Folgendes: Die Schweigepflicht erfasst nicht den Informationsaustausch zwischen den Mitgliedern des Wirtschaftsausschusses und auch nicht die Informationspflicht gegenüber den Mitgliedern des Betriebsrats bzw. Gesamtbetriebsrats oder einer anderen betrieblichen Interessenvertretung wie dem Konzernbetriebsrat, der Jugendvertretung oder den Vertreter/innen der Arbeitnehmer im Aufsichtsrat. Da auch die zur Teilnahme an der Wirtschaftsausschusssitzung berufenen Gewerkschaftsbeauftragten der Schweigepflicht unterliegen, können auch ihnen gegenüber Betriebs- und Geschäftsgeheimnisse offenbart werden. Allerdings ist in diesem Zusammenhang immer zu beachten, dass bei der Weitergabe entsprechender Informationen an andere Mitglieder von Interessenvertretungen im Betrieb oder Unternehmen ein deutlicher Hinweis auf die Verpflichtung zur Verschwiegenheit erfolgt. Es schadet nichts, eine solche Belehrung in entsprechende Protokolle aufzunehmen, was späteren Streitfällen vorbeugen kann.

Die Schweigepflicht gilt naturgemäß auch nicht gegenüber beauftragten Vertretern, wenn also beispielsweise Rechtsanwälte für ein Beschlussverfahren oder eine Einigungsstelle als Verfahrensbevollmächtigte hinzugezogen werden.

Regelmäßig versucht die Unternehmensseite, den Wirtschaftsausschuss dadurch an einer effektiven Arbeit zu hindern, dass ohne echten Anlass Informationen als vertraulich und geheimhaltungsbedürftig bezeichnet werden. Dabei gilt: Selbst wenn im Einzelfall ein echtes Geheimnis i.S.v. § 79 BetrVG vorliegt, ist der Wirtschaftsausschuss nicht nur berechtigt, sondern im Rahmen seiner Informationspflichten von Gesetzes wegen angehalten, hierüber die ebenfalls der Schweigepflicht unterliegenden anderen Interessenvertreter/innen ebenso umfassend und vollständig zu unterrichten, wie dies bei allen anderen »normalen« Informationen der Fall ist!

Informationspflicht auch über Betriebs- und Geschäftsgeheimnisse

Der Unternehmer ist mithin verpflichtet, den Wirtschaftsausschuss grundsätzlich auch über Betriebs- und Geschäftsgeheimnisse zu informieren (so nachdrücklich BAG vom 11.7.2000 – 1 ABR 43/99, DB 2001, 598, 600; LAG Köln vom 14.1.2004 – 8 TaBV 72/03, NZA-RR 2005, 32). Die Unterrichtungspflicht einzuschränken, nur weil Betriebs- und Geschäftsgeheimnisse des Unternehmens gefährdet seien, ist unzulässig. Eine solche Gefährdung kann nur dann ausnahmsweise eingewandt werden bei der ganz besonderen Bedeutung einer bestimmten Tatsache für den Bestand oder die Entwicklung des Unternehmens oder wegen persönlicher Umstände eines Mitglieds des Wirtschaftsausschusses (also wenn anhand konkreter Indizien für dieses Mitglied die Befürchtung glaubhaft gemacht werden kann, dass Informationen trotz auferlegter Verschwiegenheitspflicht weitergeben werden könnten).

Einigungsstelle wirksames Mittel

Ein wirksames Mittel, solcher »Geheimniskrämerei« vorzubeugen, ist die Einschaltung der Einigungsstelle. Diese entscheidet verbindlich, ob der Unternehmer die Auskunftserteilung wegen der angeblichen Gefährdung von Betriebs- oder Geschäftsgeheimnissen verweigern durfte. Dafür muss der Unternehmer im Rahmen des Verfahrens der Einigungsstelle konkret darlegen, warum es sich erstens um ein Betriebs- oder Geschäftsgeheimnis handeln und warum zweitens **ausnahmsweise** eine Gefährdung dieses Betriebs- oder Geschäftsgeheimnisses vorliegen soll (vgl. DKW-Däubler, § 109 Rn. 4 m. w. N.; Fitting, § 106 Rn. 44, 45).

9. Kosten der Tätigkeit des Wirtschaftsausschusses

Kostenerstattungspflicht

Alle durch die Arbeit des Wirtschaftsausschusses entstehenden Aufwendungen sind als Kosten der Betriebsratstätigkeit gemäß § 40 BetrVG anzusehen und daher vom Arbeitgeber zu tragen bzw. zu erstatten. Dazu gehört, dass z. B. die Reisekosten, die einem Mitglied für die Teilnahme an der Wirtschaftsausschusssitzung entstehen, zu erstatten sind. Ferner sind dem Wirtschaftsausschuss für die Vor- und Nachbereitung seiner Sitzungen sowie zur Berichterstattung an den Betriebsrat Räume, gegebenenfalls Büropersonal und auch Sachmittel zur Verfügung zu stellen (vgl. BAG vom 17. 10. 1991 – 7 ABR 69/89, NZA 1991, 432). Auch müssen bei Bedarf Gesetzestexte, Kommentare und Fachbücher bereitgestellt werden (vgl. BAG vom 26. 10. 1994 – 7 ABR 15/94, AP Nr. 43 zu § 40 BetrVG 1972).

III. Aufgaben und Rechte des Wirtschaftsausschusses

1. Allgemeine Aufgaben

Beratung und Unterrichtung

Der Wirtschaftsausschuss hat die Aufgabe, die Zusammenarbeit und Information zwischen dem Unternehmer und dem Betriebsrat bzw. Gesamtbetriebsrat in wirtschaftlichen Angelegenheiten zu fördern. Dabei ist der Wirtschaftsausschuss ein Organ der Belegschaft. Insoweit hat er eine Doppelfunktion:

Doppelfunktion

1. Er hat **wirtschaftliche Angelegenheiten** mit dem Unternehmer zu **beraten.**
2. Er hat eine umfassende **Unterrichtungspflicht gegenüber dem Betriebsrat** hinsichtlich aller Beratungen und der dabei erhaltenen Auskünfte.

Auch wenn dem Wirtschaftsausschuss keine eigenen Mitbestimmungsrechte zugewiesen sind, verfügt er doch über selbständige Unterrichtungs- und Beratungsrechte.

Um diese wirksam wahrzunehmen, kann der Wirtschaftsausschuss im Rahmen der ihm zugewiesenen Aufgaben auch relativ eigenständig sowohl sein »Innenleben« als auch den Informationsprozess gestalten.

2. Unterrichtungspflichten des Unternehmers

§ 106 Abs. 2 BetrVG

Es ist der Unternehmer, der nach § 106 Abs. 2 BetrVG verpflichtet ist, den Wirtschaftsausschuss **rechtzeitig** und **umfassend** über die wirtschaftlichen Angelegenheiten des Unternehmens zu unterrichten. Dabei hat sich die Unterrichtungspflicht auch zu beziehen auf die Auswirkungen der wirtschaftlichen Entscheidungen auf die Personalplanung, z. B. im Hinblick auf einen etwaigen Personalabbau.

2.1 Rechtzeitige Unterrichtung

Wann ist die Unterrichtung rechtzeitig?

Rechtzeitig ist eine Unterrichtung nur, wenn sie **vor der endgültigen Entscheidung** des Unternehmers erfolgt. Dabei muss in aller Regel der Wirtschaftsausschuss auch vor dem Betriebsrat unterrichtet werden, weil sonst dessen Beratungs- und Unterstützungsfunktion für den Betriebsrat ins Leere läuft (vgl. Fitting, § 106, Rn. 30f.; DKW-Däubler, § 106 Rn. 43). Die Unterrichtung und die Beratung der Informationen im Rahmen des Wirtschaftsausschusses sind schließlich nur dann sinnvoll, wenn die betrieblichen Interessenvertretungen überhaupt noch Einfluss auf die Entscheidungen ausüben können. Hat der Unternehmer aber bereits abschließend seinen Willen verfestigt und entsprechende Beschlüsse gefasst, so ist sowohl den Mitgliedern des Wirtschaftsausschusses als auch später den Betriebsräten die Möglichkeit genommen worden, Gegenvorschläge, Bedenken und Alternativen einzubringen und zu diskutieren. **Schon der Entschluss zur Planung kann Unterrichtungspflichten auslösen**, weil hiermit wirtschaftliche Entscheidungen vorbereitet werden. So ist z. B. der Betriebsrat bei einer Betriebsänderung nach § 111 Satz 1 BetrVG zu unterrichten, wenn der Unternehmer den entsprechenden Plan fassen will. Der Wirtschaftsausschuss ist allerdings schon in einem früheren Stadium zu unterrichten, wenn nämlich überhaupt eine diesbezügliche Planung eingeleitet wird, d. h. also **bevor** entsprechende Planungsaufträge beispielsweise an externe Unternehmensberater (Roland Berger, McKinsey etc.) oder intern erteilt werden.

Schon der Entschluss des Unternehmens, überhaupt etwas zu planen, löst also Unterrichtungspflichten aus, weil Ziele und Wege zu erörtern sind (DKW-Däubler, § 106 Rn. 44; Fitting, § 106 Rn. 30). Verspätet sind in jedem Fall alle Unterrichtungen, die erst erfolgen, wenn im zuständigen Unternehmensgremium bereits feste Entscheidungen getroffen worden sind.

Für den Fall einer geplanten Unternehmensübernahme hat das BAG diese Gesichtspunkte noch vertieft. Die Unterrichtung hierüber muss so rechtzeitig erfolgen, dass ausreichend Zeit für eine Beratung der Übernahme mit dem Unternehmer nach § 106 Abs. 1 Satz 2 BetrVG verbleibt. Dem Wirtschaftsausschuss steht nämlich ein Beratungsanspruch gegenüber dem Unternehmer zu, wenn es sich bei der wirtschaftlichen Angelegenheit um eine Übernahme des Unternehmens handelt, die nach § 106 Abs. 3 Nr. 9a BetrVG mit dem Erwerb der Kontrolle verbunden ist (vgl. so ausdrücklich BAG vom 22. 3. 2016 – 1 ABR 10/14, NZA 2016, 969). In diesem Fall ist der Wirtschaftsausschuss des betroffenen Unternehmens, unter Vorlage der erforderlichen Unterlagen, insbesondere zu informieren über:

- den potenziellen Erwerber,
- dessen Absichten im Hinblick auf die künftige Geschäftstätigkeit des Unternehmens sowie über
- die sich daraus ergebenden Auswirkungen auf die Arbeitnehmer/innen.

Was an Unterlagen vorzulegen ist, ist auch durch das **Risikobegrenzungsgesetz** erweitert worden. Geht es um die **Übernahme eines Unternehmens** mit dem Ziel des Erwerbs der Kontrolle, sind nach § 106 Abs. 2 Satz 2 BetrVG nun auch

Angaben vorzulegen, die »den potenziellen Erwerber und dessen Absichten im Hinblick auf die künftige Geschäftstätigkeit des Unternehmens sowie die sich daraus ergebenden Auswirkungen auf die Arbeitnehmer« betreffen. Diese Vorschrift erfasst auch die Fälle, wenn »im Vorfeld der Übernahme des Unternehmens ein Bieterverfahren durchgeführt« wurde (Näheres siehe Kapitel I.13.).

Zu konstatieren ist leider, dass dem Wirtschaftsausschuss zwar insofern ein Informations- und Beratungsanspruch zusteht. Häufig läuft das aber ins Leere, da der Unternehmer selbst keine weiteren Informationen zu (potenziellen) Erwerbern hat (es sei denn die Übernahme unterliegt nach wertpapierhandelsrechtlichen Vorschriften einer gewissen Transparenz) und damit dem Wirtschaftsausschuss auch keine umfassenden Informationen zukommen lassen kann. Dennoch sollte sich der Wirtschaftsausschuss damit nicht zufriedengeben.

Sicherlich stellt es für die Vorlage von Unterlagen ein Problem dar, dass die Veräußerung der Gesellschaftsanteile durch die Gesellschafter erfolgt, die in aller Regel nicht der Unternehmer i.S.d. § 106 BetrVG sind (mit Ausnahme des geschäftsführenden Gesellschafters einer GmbH). Hieraus jedoch zu folgern, dass der zu der Unterrichtung verpflichtete Unternehmer nach § 106 BetrVG sich in Fällen der Unternehmensübernahme auf das beschränken darf, was er mehr oder weniger zufällig erfährt, geht fehl (so aber Simon/Dobel, BB 2008, 1955, 1957). Was spricht dagegen, wenn sich die Leitung des Zielbetriebes aktiv darum kümmert, von denen, die sich um die Übernahme der Kontrolle des Unternehmens bemühen, aussagekräftige Unterlagen über deren Absichten und Pläne zu erlangen? Richtig ist auch, dass die Geschäftsleitungen von ganz wenigen Ausnahmefällen abgesehen in rechtlicher wie auch tatsächlicher Hinsicht so dicht in die Veräußerungsvorgänge und deren Vorbereitung eingebunden sind, dass sie ohne Weiteres in der Lage sind, den Wirtschaftsausschuss qualifiziert zu unterrichten (vgl. Fitting, § 106 Rn. 91, 92). Mit Blick auf die gesetzliche Unterrichtungsverpflichtung aus § 106 Abs. 2 Satz 2 BetrVG heraus besteht jedenfalls eine entsprechende Berechtigung und Verpflichtung (so ausdrücklich Fitting, § 106 Rn. 122 i.V.m. Rn. 90ff.), wobei bei Streitigkeiten hierüber auch der Weg in die Einigungsstelle nach § 109 BetrVG eröffnet ist. Mit dem RisikobegrenzungsG wird schließlich das Ziel verfolgt, die Risiken, die oft aus Unternehmensübernahmen folgen, insbesondere wenn es nur um die rasche Kapitalverwertung geht, zu minimieren. Es soll möglichst frühzeitig Klarheit verschafft werden über das, was die an der Übernahme interessierten Kapitaleigner an Absichten und Plänen hegen.

Und eine nach dem Gesetz geforderte Beratung kann sich dann im Weiteren auch dadurch zeigen, dass der Wirtschaftsausschuss beim Abschluss von sog.

»Investorenvereinbarungen« mit dem künftigen Erwerber die betroffenen Betriebsräte und die beteiligten Unternehmen mittels seiner Expertise unterstützt.

2.2 Umfassende Unterrichtung

Wirtschaftliche Situation

Von einer umfassenden Unterrichtung kann nur dann die Rede sein, wenn sich der Wirtschaftsausschuss aufgrund der Mitteilungen ein genaues, zutreffendes und vollständiges Bild über die wirtschaftliche Situation des Unternehmens machen kann (vgl. BAG vom 20.11.1984 – 1 ABR 64/82, AP Nr. 3 zu § 106 BetrVG 1972).

Grundsätzlich ist davon auszugehen, dass der Unternehmer und die Mitglieder des Wirtschaftsausschusses über den gleichen Informationsstand verfügen müssen. Gegenstand der Unterrichtung ist nicht nur die anstehende Maßnahme selbst und deren Auswirkungen, sondern auch die hierfür bestehenden Gründe. Dabei besteht die Pflicht, die Informationen in glaubwürdiger und verständlicher Form zu übermitteln (vgl. BAG vom 17.3.1987 – 1 ABR 59/85, AP Nr. 29 zu § 80 BetrVG 1972).

Beachte:

Sinn und Zweck der dem Unternehmer in § 106 Abs. 2 BetrVG auferlegten Verpflichtung, den Betriebsrat über wirtschaftliche Angelegenheiten unter Vorlage der erforderlichen Unterlagen zu unterrichten, ist es jedoch, dem Wirtschaftsausschuss die erforderlichen Kenntnisse zu vermitteln, damit dieser ebenfalls entsprechend § 106 Abs. 2 BetrVG gleichberechtigt (hervorgehoben mit Hinweis auf die BAG-Rechtsprechung in der Entscheidung LAG Köln vom 14.1.2004 – 8 Ta BV 72/03, NZA-RR 2005, 32) die in seine Zuständigkeit fallenden wirtschaftlichen Angelegenheiten mit dem Unternehmer beraten kann. Sinn dieser Beratung wiederum ist es, auf Entscheidungen des Unternehmers in wirtschaftlichen Angelegenheiten Einfluss nehmen zu können (BAG vom 8.8.1989 – 1 ABR 61/88, AP Nr. 6 zu § 106 BetrVG 1972).

Es gilt der Grundsatz, dass zwischen dem Unternehmer und dem Wirtschaftsausschuss kein Informationsgefälle hinsichtlich des Beratungsgegenstandes bestehen darf.

Erforderliche Unterlagen

Dazu hat der Unternehmer nach § 106 Abs. 2 BetrVG unter Vorlage der erforderlichen Unterlagen zu unterrichten. Das bedeutet, dass eine Bringschuld des Unternehmers besteht. Auch ohne ausdrückliches Verlangen des Wirtschaftsausschusses sind die zur Unterrichtung erforderlichen und im Unternehmen vorhandenen Unterlagen vorzulegen. Dazu zählen: Gutachten einer Unternehmensberatungsfirma, Wirtschaftsprüfungsbericht, Jahresabschluss und dessen Entwurf, Statistiken, Plan- und Istzahlenvergleiche in Form von monatlichen Gegenüberstellungen, monatliche Erfolgsrechnungen, Kostenstellenanalysen, Organisationsmodelle, Bedarfsanalysen, Schaubilder, Investitions- und Finanzierungspläne, Aufstellungen über Anlagen und Warenbestände (vgl. die Aufstellung bei DKW-Däubler, § 106 Rn. 52).

In einer Entscheidung des BAG vom 17.9.1991 – 1 ABR 61/94 heißt es:

Beispiel:

»Angesichts des weit gefassten und nicht abschließenden Katalogs der wirtschaftlichen Angelegenheiten wird es eine seltene Ausnahme darstellen, dass im Unternehmen erstellte, vorhandene und benutzte Unterlagen keinen solchen Bezug aufweisen. (...). Von daher ist im Schrifttum durchweg anerkannt, dass Unterlagen nahezu jeder Art als auf wirtschaftliche Angelegenheiten bezogene Unterlagen für eine Vorlage an den Wirtschaftsausschuss in Betracht kommen (vgl. AP Nr. 13 zu § 106 BetrVG 1972). Danach sind monatliche Erfolgsrechnungen in jedem Fall Unterlagen, die einen Bezug zu wirtschaftlichen Angelegenheiten i.S.v. § 106 Abs. 3 BetrVG haben.«

Oft wird aus der Praxis berichtet, dass dem Wirtschaftsausschuss bestimmte, vom Unternehmer angeforderte Unterlagen vorenthalten werden, weil diese angeblich keinen »Aufgabenbezug« für die Mitbestimmungsgremien aufwiesen. Diese Herangehensweise – so das *BAG* – entspricht nicht der Rechtslage. Anders als bei § 80 Abs. 2 Satz 2 Halbs. 1 BetrVG, wo es in der Tat um die aufgabenbezogene Auskunftserteilung an den Betriebsrat geht, wird in § 106 Abs. 2 Satz 1 BetrVG die Unterrichtung *»über die wirtschaftlichen Angelegenheiten des Unternehmens unter Vorlage der erforderlichen Unterlagen«* geregelt, sodass die Frage der Vorlage von Unterlagen lediglich an die Pflicht zur Unterrichtung und ihrer generellen Eignung für eine Unterrichtung anknüpft. Der Begriff der Erforderlichkeit vorzulegender Unterlagen enthält also *»keine aufgaben-, sondern nur inhaltsbezogene Anforderungen«*, so BAG vom 17. 12. 2019 – 1 ABR25/18, Rn. 46.

Es reicht also aus, dass die Unterlagen für die Unterrichtung des Wirtschaftsausschusses aussagekräftig sind.

Form der Darstellung

In vielen Unternehmen hat sich die Unsitte verbreitet, die Unterrichtung mittels einer **Folienshow** durchzuführen, die zwar optisch viele Reize bietet und grafisch mitunter ansprechend gestaltet ist, selbst aber in der Sache nur oberflächliche Erkenntnisse, Schlagworte und oft ganz banale Erkenntnisse »vermittelt«. Die Wirtschaftsausschüsse sollten darauf dringen, dass eine solche Darstellungsform allenfalls zur Erstinformation taugt. Eine echte Analyse der Veränderungen, deren Beratung und weitere Berichterstattung gegenüber den Gremien erfordert in aller Regel eine ausführliche **schriftliche Darstellung im Fließtext**. Strittig ist in diesem Zusammenhang allerdings, ob der Arbeitgeber verpflichtet werden kann, die Informationen in elektronischer Form zur Verfügung zu stellen, wenn diese Kommunikationsform ansonsten unternehmensüblich ist (verneinend LAG Köln vom 10.3.2017 – 9 TaBV 17/16, BeckRS 2017, 113568). In der Praxis sind letztlich zwei Extreme zu beobachten. Entweder die Überfrachtung des Wirtschaftsausschusses mit Informationen, welche dieser dann kaum aufnehmen und für sich bewerten kann (»Information Overload«) oder – häufiger –, dass der Wirtschaftsausschuss ständig Druck ausüben muss, um die angeforderten bzw. geschuldeten Informationen zu erlangen. Letztlich muss der Wirtschaftsausschuss die Erforderlichkeit für sich selbst definieren und häufig den Arbeitgeber erst dazu »erziehen«, dass er die für den Wirtschaftsausschuss entscheidungsrelevanten Informationen bereitstellt. Was und in welcher Tiefe für den Wirtschaftsausschuss dabei entscheidungsrelevant ist, das definiert er selbst.

Sollte sich der Arbeitgeber nicht zu einer sachgerechten Unterrichtung durchringen, steht dem Wirtschaftsausschuss sein umfassendes Frage- und Erörterungsrecht zur Seite, von dem er dann auch entsprechend Gebrauch machen sollte. Zudem steht bei ungenügender Erfüllung der Weg in die Einigungsstelle nach § 109 BetrVG offen (vgl. dazu Näheres unter Kapitel X.3.).

Die Unterrichtung kann auch nicht deshalb versagt werden, weil es sich beispielsweise um ein Projekt handelt, das zunächst nur einen äußerst geringen Teil der Belegschaft betrifft. Dem Bundesarbeitsgericht lag eine Konstellation zur Entscheidung vor, dass bei der Deutschen Post AG ein **Pilotprojekt** durchgeführt wurde, bei dem Erfahrungen mit der Fremdvergabe der Briefzustellung gesammelt werden sollten. Erfasst wurden im Rahmen dieses Projekts allerdings nur 0,037 % des gesamten Zustellaufkommens der Post AG. Dies ist laut BAG jedoch kein Anlass, die Information über das Projekt und dessen Ergebnisse gegenüber dem Wirtschaftsausschuss zu verweigern. Vielmehr geht das BAG davon aus, dass so ein Pilotprojekt für die Belegschaft gegebenenfalls bedeutsame soziale Auswirkungen zur Konsequenz haben könne (z. B. **Outsourcing** oder **Fremdvergabe**, Näheres siehe Teil B.V.4.), sodass der Spruch einer

Einigungsstelle, dass der Wirtschaftsausschuss z. B. über die entstehenden Kosten im Rahmen des Pilotprojekts, insbesondere über die an die Drittfirmen gezahlten Vergütungen regelmäßig zu unterrichten ist, rechtmäßig ist (BAG vom 11.7.2000 – 1 ABR 43/99, DB 2001, 598 ff.).

Es ist auch völlig gleichgültig, ob diese Unterlagen vom Unternehmer selbst oder durch Dritte (z. B. externe Unternehmensberater) angefertigt wurden (vgl. LAG Hessen vom 19.3.1996 – 4 TaBV 12/96, AiB 1996, 668).

Das LAG Köln hat entschieden, dass selbst sog. »**Vorfeldunterlagen**« vorzulegen sind, die sich auf die sogenannte Mittelfristplanung und auf »**Management-Reports**« erstrecken. Soweit Letztere Überlegungen zur Steuerung der Geschäftsfelder des Unternehmens beinhalten, kann keinesfalls angenommen werden, dass diese für den Geschäftsverlauf keine Relevanz hätten (LAG Köln vom 14.1.2004 – 8 TaBV 72/03, NZA-RR 2005, 32).

Ausnahmen von der Unterrichtungspflicht

Die Verpflichtung zur Unterrichtung betrifft in einer Kommanditgesellschaft (KG, GmbH & Co. KG) auch **Sonderbilanzen** des Komplementärs, also **des persönlich haftenden Gesellschafters** einschließlich der Sonderbetriebseinnahmen, Sondervergütungen und Sonderbetriebsausgaben. Ausgenommen von der Unterrichtungspflicht sind nur die Teile, die den Unternehmer in seiner Person betreffen, also etwa seinen Finanzierungsaufwand, die Belastungen und die konkreten persönlichen steuerlichen Verhältnisse (LAG Hessen vom 30.6.2005 – 9 TaBV 175/04, BeckRS 2008, 54611). Richtigerweise stellt das LAG Hessen fest, dass zu einer umfassenden Unterrichtung des Wirtschaftsausschusses auch gehört, welche Wirtschaftsgüter oder Darlehen der persönlich haftende Gesellschafter der Gesellschaft zur Verfügung gestellt hat, welche Vergütung er hierfür erhält und welche Aufwendungen, z. B. für Instandhaltung verpachteter Grundstücke, er hierfür einbringt.

2.2.1 Unterrichtung in deutscher Sprache

Unternehmensübernahme

Die **Unterlagen** sind auch in **deutscher Sprache** vorzulegen (Fitting, § 80 Rn. 56). Eine immer häufiger vorkommende Unterrichtung insbesondere in englischer Sprache setzt grundsätzlich das Einverständnis aller Betriebsratsmitglieder voraus (LAG Hessen vom 19.8.1993 – 12 TaBV 9/93, NZA 1995, 285). In allen anderen Fällen ist bei fremdsprachigen Unterlagen mindestens eine deutsche Übersetzung vorzulegen.

2.2.2 Umgang mit Unterlagen/Kopien

Die Unterlagen sind auch schon zur Vorbereitung vor der Sitzung durch den Unternehmer vorzulegen und insoweit den Wirtschaftsausschussmitgliedern vorübergehend zu überlassen (so ausdrücklich BAG vom 20.11.1984 – 1 ABR 64/82, AP Nr. 3 zu § 106 BetrVG 1972), insbesondere wenn es sich um umfangreiche Datensammlungen und Zahlenaufstellungen handelt.

Allerdings ist das Bundesarbeitsgericht der Auffassung, dass ohne die Zustimmung des Unternehmers die Wirtschaftsausschussmitglieder nicht berechtigt sind, sich von den in diesem Zusammenhang überlassenen Unterlagen Kopien oder Abschriften anzufertigen (vgl. BAG vom 20.11.1984 – 1 ABR 64/82, AP Nr. 3 zu § 106 BetrVG 1972). Unbenommen bleibt es aber auch nach der Rechtsprechung des BAG, dass sich die Mitglieder des Wirtschaftsausschusses **schriftliche Notizen** machen dürfen, um beispielsweise im Rahmen ihrer Vorbereitungssitzung das Material auch auszuwerten und den entsprechenden Fragebedarf intern zu klären.

Einsichtsrecht

Dabei ist es den Wirtschaftsausschussmitgliedern nicht zuzumuten, diese Unterlagen nur in Gegenwart des Unternehmers einzusehen (vgl. BAG vom 20.11.1984 – 1 ABR 64/82, AP Nr. 3 zu § 106 BetrVG 1972). Vielmehr darf das Einsichtsrecht unbeobachtet ausgeübt werden.

Allerdings sind nach Ansicht des BAG bei entsprechendem Verlangen des Unternehmers die überreichten **Unterlagen** spätestens bei Beendigung der Sitzung **wieder auszuhändigen**. Dies ist leider eine etwas praxisferne Rechtsauffassung, da insoweit auch die Nachbereitung und weitere Auswertung der entsprechenden Unterlagen erheblich erschwert wird.

Auch bei digital gestützter Unterrichtung ist Zugang zu gewähren, also eine entsprechende Berechtigung für den Systemzugang oder ein bestimmtes Laufwerk zu gewähren und mindestens für einen so langen Zeitraum, wie dies erforderlich ist, damit alle Wirtschaftsausschussmitglieder in Ruhe die Unterlagen durchsehen und inhaltlich nachvollziehen können.

Wenn der Unternehmer sich auf die formalen Aspekte der BAG-Rechtsprechung zurückzieht und eine Rückgabe der Unterlagen verlangt oder nur einen kurz bemessenen digitalen Zugang einräumt, kann der Wirtschaftsausschuss seine Unterrichtungs- und Beratungspflichten dadurch effektivieren, dass er seine Mitglieder bereits vor der Sitzung umfassend für die Lektüre der Unterlagen freistellt, wozu er zweifellos berechtigt ist. Ferner sollte dann in umfassender

Weise von der Möglichkeit, schriftliche Aufzeichnungen/Notizen zu fertigen, Gebrauch gemacht werden. Für das Protokoll der Wirtschaftsausschusssitzung gilt, dass dann die Inhalte der – leider wieder abzugebenden oder nicht mehr einsehbaren – Unterlagen im Detail in das Protokoll einfließen müssen. Nur so ist gewährleistet, dass hinterher dem Betriebsrat die Inhalte pflichtgemäß berichtet werden können.

Diese sicherlich arbeitsintensive und zeitraubende Gestaltung der Tätigkeit des Wirtschaftsausschusses ist aber lediglich die logische Konsequenz, wenn dem Wirtschaftsausschuss erforderliche Unterlagen nur kurzfristig zur Einsicht zur Verfügung gestellt werden.

Verletzung der Unterrichtungspflicht

Jede Verletzung der Unterrichtungspflicht kann als Ordnungswidrigkeit gem. § 121 BetrVG geahndet werden (siehe dazu Kapitel XI.).

Kommt es zum Streit über die Unterrichtungspflicht steht das in § 109 BetrVG geregelte Einigungsstellenverfahren zur Verfügung, wie entsprechende Meinungsverschiedenheiten gelöst werden können. Immer dann, wenn trotz seines Verlangens der Wirtschaftsausschuss nicht, nicht rechtzeitig oder nur ungenügend informiert wurde, kann die Einigungsstelle zur Entscheidung hierüber angerufen werden. Der Spruch der Einigungsstelle ersetzt die Einigung zwischen Unternehmer und Betriebsrat. Dabei ist die Einigungsstelle auch zuständig für die Entscheidung der in diesem Zusammenhang anstehenden Rechtsfragen (zu den weiteren Einzelheiten s. IV. 3).

3. Gegenstände der Unterrichtung – Der Katalog der wirtschaftlichen Angelegenheiten

Katalog der wirtschaftlichen Angelegenheiten

Der Wirtschaftsausschuss ist über alle wesentlichen wirtschaftlichen Angelegenheiten zu unterrichten, die die Interessen der Belegschaft betreffen. Beispielhaft (also nicht abschließend) ist in § 106 Abs. 3 BetrVG ein Katalog wirtschaftlicher Angelegenheiten aufgeführt:

3.1 Wirtschaftliche und finanzielle Situation des Unternehmens

Unternehmerische Planung

Zu der wirtschaftlichen und finanziellen Situation des Unternehmens (§ 106 Abs. 3 Nr. 1 BetrVG) gehören **alle Gegebenheiten**, die für die **unternehmerische Planung** von Bedeutung sind. Primär ist das die finanzielle Situation. Hierzu zählen insbesondere Verluste, Gewinne, Eigen- und Fremdkapitalquote (v.a. Rücklagen und Rückstellungen), Umlaufvermögen, Cash-Flow- und Liquiditätsentwicklung, Höhe der Abschreibungen, steuerliche Verpflichtungen, konjunkturelle Entwicklungen, Beteiligungsverhältnisse zu anderen Firmen, Verwaltungs- und Vertriebskosten, Personalkosten, Investitionsbedarf, Auftragsbestand, wirtschaftliche Entwicklung der Branche, Exportsituation sowie Wechselkurse, – kurzum alle Informationen, die auch in Jahresabschluss und Lagebericht Eingang finden (Näheres siehe Teil B.III.3.). Diese Informationen sind umso entscheidungsrelevanter, je aktueller sie sind. Insofern kommt gerade den unterjährigen Berichten, wie monatlichen oder quartalsweisen Erfolgs- und Finanzbetrachtungen, wesentliche Bedeutung zu.

Auch die Auskunft über Kosten, die der Arbeitgeber zur Rechtsverfolgung aufwendet, weist einen Bezug zu den wirtschaftlichen Angelegenheiten des Unternehmens auf. Wenn beispielsweise der Arbeitgeber sich aus tariflichen Bindungen verabschieden will und in der Folge zahlreiche arbeitsgerichtliche Beschluss- und Einigungsstellenverfahren geführt werden, kann der Wirtschaftsausschuss Auskunft darüber verlangen, welche Kosten der Arbeitgeber dabei zu seiner Rechtsverfolgung aufgewendet hat. Der Tatbestand des § 106 Abs. 3 Nr. 1 BetrVG erfasst alle möglichen Kostenbelastungen als auf das Unternehmen einwirkende Gegebenheiten, die für die unternehmerische Planung von Bedeutung sein können (LAG Hamm vom 18.7.2007 – 10 TaBV 71/07, BeckRS 2007, 46755).

Neben den finanziellen Größen werden auch nichtfinanzielle Aspekte mehr und mehr relevant. Standen darunter bislang konkret Fragen des betrieblichen Umweltschutzes in Blickfeld, so sind ab dem Jahr 2023 darunter auch die Aspekte um die unternehmerischen Sorgfaltspflichten in Lieferketten gemäß dem Lieferkettensorgfaltspflichtengesetz explizit als wirtschaftliche Angelegenheit definiert.

Im Ergebnis bleibt festzuhalten, dass es nur wenige geschäftliche Angelegenheiten geben dürfte, die nicht unter die weit gefasste **Generalklausel** des § 106 Abs. 3 Nr. 1 BetrVG fallen.

3.2 Produktions- und Absatzlage

Auslastung

Mit der Absatzlage (§ 106 Abs. 3 Nr. 2 BetrVG) werden alle die für den Vertrieb und Verkauf der Erzeugnisse oder Dienstleistungen bestehenden Rahmenbedingungen einschließlich der externen wirtschaftlichen Faktoren erfasst. In Abhängigkeit von der Absatzlage ist die Produktionslage darzustellen, also die

Auslastung der Kapazitäten des Betriebes, die Frage etwaiger Lagerbestände usw. Vergleichbar mit der Absatzlage eines Produktionsbetriebs sind bei einem Krankenhausbetrieb Statistiken über die Bettenauslastung und z. B. die Budgetabschlüsse mit den Krankenkassen; vgl. ArbG Brandenburg vom 14.12.2017 – 4 BV 14/17.

3.3 Produktions- und Investitionsprogramm

Zukünftige Produktion

Zu dem Produktions- und Investitionsprogramm (§ 106 Abs. 3 Nr. 3 BetrVG) gehören vor allem Fragen der zukünftigen Produktion, ob auf andere und neue Produkte oder Dienstleistungen umgestellt wird oder betriebliche Einschränkungen zu erwarten sind. Im Zusammenhang hiermit stehen Investitionsvorhaben und die Frage, wie diese finanziert werden sollen (Näheres siehe unter Teil B.IV.2.3 und 2.5). Dabei geht es sowohl um die mittel- als auch langfristige Entwicklung im Zusammenwirken von Finanzplanung mit Absatz- und Personalplanung. Zu diesem Komplex gehören ganz zentral Fragen der zukunftsorientierten Unternehmensaufstellung, etwa im Zusammenhang mit Industrie/Arbeit 4.0, also Innovationsaufgaben, die etwa die digitale oder auch KI-gestützte Infrastruktur betreffen (vgl. Fitting, § 106 Rn. 58a).

3.4 Rationalisierungsvorhaben

Steigerung der Wirtschaftlichkeit

Unter dem Begriff der Rationalisierungsvorhaben (§ 106 Abs. 3 Nr. 4 BetrVG) werden solche Maßnahmen zusammengefasst, die dazu dienen, die Wirtschaftlichkeit des Unternehmens zu steigern und zu diesem Zweck die Arbeitsvorgänge umzugestalten. Damit sind nicht nur technologische Vorhaben im Sinne der Einführung neuer Technologien gemeint, sondern auch Veränderungen der Arbeitsorganisation zum Zweck der Leistungsverbesserung (etwa flachere Hierarchien, »lean-production« etc.; Näheres siehe Teil B.II.3.). In diesem Zusammenhang erstellte Gemeinkostenanalysen gehören ebenfalls zu den vorzulegenden Unterlagen. Auch die digitale Steuerung von Produktions- und Dienstleistungsprozessen etwa im Zuge von Industrie 4.0 fällt unter diesen Begriff (vgl. Fitting, § 106 Rn. 60). Auch betriebsorganisatorische Maßnahmen wie z. B. Outsourcing, Offshoring, die Schaffung virtueller Strukturen etwa im Zusammenhang mit der Umsetzung von Matrix-Organisationen zählen hierzu (vgl. Fitting, a.a.O.; Näheres siehe unter Teil B.V.4.).

3.5 Fabrikations- und Arbeitsmethoden

Art und Weise der Produktion

Bei den Fabrikations- und Arbeitsmethoden (§ 106 Abs. 3 Nr. 5 BetrVG) geht es um die Art und Weise der Produktion im weitesten Sinne, also welche Herstellungsverfahren eingesetzt (z. B. Umstellung von Einzel- auf Serienfertigung) oder Arbeitsvorgänge automatisiert werden. Mit den Arbeitsmethoden ist gemeint, wie die menschliche Arbeit gestaltet wird. Hierzu gehören Fragen der Fließbandarbeit ebenso wie die Einführung von Gruppenarbeit oder der Einsatz von Technik bis hin zur KI. Sog. hybride also über elektronische Kommunikation vernetzte Produktionsprozesse – Arbeiten 4.0 – sind hier ebenfalls erfasst (vgl. Fitting, § 106 Rn. 63). Auch der Prozess der Verlagerung der Arbeit vom Betrieb ins Homeoffice und die Einführung von mobilen Arbeitsstätten ist Bestandteil der Arbeitsmethoden im Sinne dieser Vorschrift.

3.6 Fragen des betrieblichen Umweltschutzes

Umweltmanagementsysteme

Bei der Änderung des Betriebsverfassungsrechts im Jahr 2001 ist § 106 Abs. 3 Nr. 5a BetrVG eingefügt worden. Danach ist nunmehr auch zu unterrichten über Fragen des betrieblichen Umweltschutzes, wobei damit die unternehmensbezogenen umweltrelevanten Prozesse gemeint sind (DKW-Däubler, § 106 Rn. 80). Dies berührt sowohl die umweltpolitischen Ziele des Unternehmens als auch die Umweltvorsorge bei Einführung neuer Produkte sowie die Umweltverträglichkeit angewendeter Verfahren. Dazu kann auch die Einführung eines Umweltmanagementsystems (ÖKO-Audit) gehören. Dies kann auch die angewandten technischen Anlagen, Arbeitsverfahren, Arbeitsabläufe und alle Arbeitsplätze betreffende Maßnahmen betreffen, die geeignet wären, dem Umweltschutz zu nutzen (vgl. Däubler, Klimaschutz und Arbeitsrecht, S. 49).

Schließlich wird der Wirtschaftsausschuss zu unterrichten sein bzgl. der Frage, ob die umweltrechtlichen Normen eingehalten werden. § 106 Abs. 3 Nr. 5 a BetrVG bezieht sich inhaltlich auf die Definition in § 89 Abs. 3 BetrVG, wo der Begriff des Umweltschutzes näher ausgeführt wird.

Themen des Umwelt- und Klimaschutzes sind nicht zu vernachlässigen. Der Umgang damit führt oft zur Diskussion mit welchen Anforderungen an die auch umweltbezogene Nachhaltigkeit das Unternehmen sich aufstellt. Selbst im Rahmen des Jahresabschlusses waren bislang schon von kapitalmarktorientierten Unternehmen sogenannte »nichtfinanzielle Erklärungen« abzugeben, wonach zu den Umweltbelangen beispielsweise Treibhausemissionen, Wasserverbrauch, Luftverschmutzung, die Verwendung von erneuerbaren Energien etc. gehören; vgl.

§ 289c Abs. 2 Nr. 1 HGB. Gleichermaßen waren in diese Erklärungen mit aufzunehmen »Arbeitnehmerbelange«, »Sozialbelange«, »Achtung der Menschenrechte«, und »Bekämpfung von Korruption und Bestechung«.

Die Nachhaltigkeitsberichterstattung von Unternehmen hat mittlerweile deutlich an Fahrt aufgenommen. Durch die im November 2022 vom EU-Parlament verabschiedete Richtlinie CSRD (= Corporate Sustainability Reporting Directive), wird für rund 15 000 Unternehmen in Deutschland der Umfang und die Art der Nachhaltigkeitsberichterstattung deutlich erweitert. Diese Richtlinie gilt seit dem 5. Januar 2023 und ist spätestens 18 Monate danach von den Mitgliedstaaten umzusetzen. Die konkrete Umsetzung ins deutsche HGB ist aktuell in der Abstimmung. Schon absehbar ist aber, dass sich damit der Inhalt des Lageberichts, der im Rahmen der Bilanzdiskussion mit dem Wirtschaftsausschuss zu erörtern ist, deutlich um nichtfinanzielle Aspekte erweitert, sofern diese für das Unternehmen wesentlich sind. Diese Deutungshoheit in Fragen der Wesentlichkeit darf nicht dem Unternehmen überlassen werden, vielmehr sollte sich auch der Wirtschaftsausschuss aktiv in die Diskussion einbringen (denn was nicht wesentlich ist wird auch nicht zu berichten sein, und so werden gerade die Fragen um Arbeitnehmer- und Sozialbelange eher nicht im Fokus der Unternehmen liegen).

Es bieten sich damit also hinreichend Ansatzpunkte für kritisches Nachfragen, wie denn die Unternehmensziele und -strategien sich im Hinblick auf die geforderte Nachhaltigkeit verändern und welche Folgen das für das Unternehmen und seine Beschäftigten hat (vgl. Däubler, Klimaschutz und Arbeitsrecht, S. 52, 80 ff.).

3.7 Fragen der unternehmerischen Sorgfaltspflichten in Lieferketten gemäß dem Lieferkettensorgfaltspflichtengesetz (LkSG)

Das Lieferkettensorgfaltspflichtengesetz vom 16.7.2021, in Kraft seit 1.1.2023, normiert unternehmerische Sorgfaltspflichten in meist grenzüberschreitenden Lieferketten, wobei der Geltungsbereich sich auf Unternehmen beschränkt, die **im Inland** mindestens 3000 Arbeitnehmer beschäftigen. Bereits ab 1.1.2024 hat sich der Schwellenwert auf 1000 Arbeitnehmer reduziert. Im Rahmen dieser Gesetzesnovellierung wurde § 106 Abs. 3 Nr. 5b BetrVG ergänzend aufgenommen, sodass daraus resultierende Fragestellungen zur Unterrichtung des Wirtschaftsausschusses zählen. Das Gesetz erfasst neben dem eigenen Geschäftsbereich auch alle zur Lieferkette gehörenden Unternehmen, schließt also auch unmittelbare und mittelbare Zulieferer (in abgestuften Pflichten) mit ein. Dazu können auch Transportunternehmen gehören, sodass es letztlich um die Zuordnung der in- und ausländischen Betriebe in die Wertschöpfungskette des betreffenden in Deutschland ansässigen Unternehmens geht (DKW-Däubler, § 106 Rn. 81d).

Konkret betrifft das Fragen der Einhaltung zentraler Menschenrechte, das Verbot von Kinderarbeit, Sklaverei und Zwangsarbeit, die Unterlassung wesentlicher Sicherheits- und Schutzstandards, das Verbot der Missachtung der Koalitionsfreiheit, des Schutzes vor Ausbeutung und Ungleichbehandlung, die Beeinträchtigung natürlicher Ressourcen wie Boden, Wasser, Luft etc.; vgl. die Begriffsbestimmungen in § 2 LkSG.

Dem Grundsatz der vorhergehenden Unterrichtung des Wirtschaftsausschusses entspricht es, bereits in die Planung der nach dem LkSG geforderten Präventionsmaßnahmen einbezogen zu werden, v.a. etwa im Hinblick auf die vom Unternehmen durchzuführende menschenrechtliche und umweltbezogene Risikoanalyse, dem aus ihr abgeleiteten Entwurf einer Grundsatzerklärung des Unternehmens zur Menschenrechtsstrategie, die personelle Festlegung der betriebsinternen Zuständigkeiten etwa durch Ernennung eines Menschenrechtsbeauftragten, der Gestaltung der Verträge mit Zulieferern etc. (vgl. ausführlich Zimmer, Das Lieferkettensorgfaltspflichtengesetz, S. 61 ff.).

Die umwelt- und damit letztlich klimabezogenen Schutzpflichten scheinen allerdings in § 2 Abs. 3 LkSG auf die extremsten Risiken beschränkt. Was bei Erörterungen dieser Themen im Wirtschaftsausschuss an greifbaren Ergebnissen zu erzielen ist, bleibt abzuwarten (vgl. Däubler, Klimaschutz und Arbeitsrecht, S. 63 f.).

Dennoch: Der unternehmerische Umgang mit diesen neuen gesetzlichen Pflichten kann sich erheblich auf die Reputation eines Unternehmens – etwa auch mit Blick auf die Notierung an der Börse – auswirken. Ein beharrliches Verfolgen des unternehmerischen Handelns kann also unter Umständen die nötige »Sensibilität« fördern. Und absehbar ist schon jetzt eine deutliche Verschärfung des nationalen LkSG mittels einer europäischen Regelung. Ein von der EU am 23. 2. 2022 veröffentlichter Entwurf der EU-Kommission für eine »Richtlinie über Nachhaltigkeitspflichten von Unternehmen« (*Directive of the European Parliament and of the Council on Corporate Sustainability Due Diligence* »CSDD-E«) wird aktuell von EU-Kommission, EU-Ministerrat und EU-Parlament in einem finalen Gesetzestext formuliert (»Trilog-Verfahren«). Anders als das deutsche LkSG sieht das Europarecht auch eine zivilrechtliche Haftung vor, falls Unternehmen ihre Sorgfaltspflicht verletzen. Ferner wird die Grundgesamtheit der verpflichteten Unternehmen durch die europäische Regelung, die voraussichtlich bis 2026 in nationales Gesetz umgesetzt werden muss, weiter vergrößert.

3.8 Einschränkung oder Stilllegung von Betrieben oder Betriebsteilen

§ 106 Abs. 3 Nr. 6 BetrVG (Einschränkung oder Stilllegung von Betrieben oder von Betriebsteilen) ist in Bezug zu setzen zu § 111 Satz 3 Nr. 1 BetrVG als – typisches – Beispiel einer **Betriebsänderung.** Für die Unterrichtung des Wirtschaftsausschusses sind **alle Veränderungen** in diesem Sinne von Bedeutung, ohne dass es wie bei § 111 BetrVG darauf ankommt, ob es sich um wesentliche Betriebsteile handelt und ob insoweit Nachteile für die Beschäftigten zu befürchten sind. So sind diese Unterrichtungspflichten auch zu beziehen auf alle arbeitsorganisatorischen Einheiten, selbst wenn dort weniger als 20 Beschäftigte eingesetzt werden und dort kein Betriebsrat existiert (vgl. BAG vom 9.5.1995 – 1 ABR 61/94, AP Nr. 12 zu § 106 BetrVG 1972).

3.9 Verlegung von Betrieben oder Betriebsteilen

Ebenso wie bei der vorgenannten Regelung kommt es bei der Verlegung von Betrieben oder Betriebsteilen (§ 106 Abs. 3 Nr. 7 BetrVG) nicht darauf an, ob es sich bei den betroffenen Betrieben bzw. Betriebsteilen um »wesentliche« handelt. Dabei geht es sowohl um die Organisation externer Arbeit als auch um Outsourcing-Projekte; vgl. Fitting, Rn. 68.

3.10 Zusammenschluss oder Spaltung von Unternehmen oder Betrieben

Auch die Regelung des § 106 Abs. 3 Nr. 8 BetrVG (Zusammenschluss oder Spaltung von Unternehmen oder Betrieben) findet ihre Entsprechung in § 111 Satz 3 Nr. 3 BetrVG. Hierzu zählen insbesondere Übergänge eines Betriebes bzw. Betriebsteils nach § 613a BGB. Erfasst werden ebenfalls der Zusammenschluss oder die Spaltung von Unternehmen oder Betrieben i.S.d. §§ 5, 123 UmwG. Über solche Vorgänge ist der Wirtschaftsausschuss frühzeitig zu informieren – unabhängig von den zusätzlichen Informations- und Beteiligungsrechten des Betriebsrats im Rahmen der Anwendung des Umwandlungsgesetzes (Zuleitung des Verschmelzungs- bzw. Spaltungs- und Übernahmevertrages und Benennung der Folgen solcher Umwandlungen für die Arbeitnehmer/innen und ihre Interessenvertretungen in dem zur Einreichung beim Handelsregister vorgesehenen Dokument) sowie die Durchsetzung von Vereinbarungen über Interessenausgleich und Sozialplan.

3.11 Änderung der Betriebsorganisation oder des Betriebszwecks

§ 106 Abs. 3 Nr. 9 BetrVG (Änderung der Betriebsorganisation oder des Betriebszwecks) überschneidet sich teilweise mit der Formulierung in § 111 Satz 3 Nr. 4 BetrVG. Ebenso wie bei den anderen Unterrichtungsgegenständen des § 106 Abs. 3 BetrVG sind jedoch alle Änderungen der Betriebsorganisation oder des Betriebszwecks mitzuteilen – also ungeachtet der Frage, ob es sich um »grundlegende« Änderungen handelt, die nach §§ 111 ff. BetrVG interessenausgleichs- und gegebenenfalls sozialplanpflichtig sind. Als Beispiele für solche Änderungen können gelten Neuordnung der Führungsebene unterhalb des Vorstands zur Verbesserung des Frauenanteils oder auch Veränderungen der Betriebsorganisation bei Konzepten zur Realisierung der Industrie 4.0 (vgl. Fitting, § 106 Rn. 79). Auch die Einführung und Gestaltung von betriebs- und unternehmensübergreifenden Matrixstrukturen wäre hier zu thematisieren.

3.12 Übernahme des Unternehmens mit Kontrollerwerb

Durch die in den Katalog des § 106 Abs. 3 BetrVG neu eingefügte Vorschrift Nr. 9a ist nun klargestellt, dass der Unternehmer den Wirtschaftsausschuss nicht erst dann informieren muss, wenn die vollständige Übernahme durch einen neuen Mehrheitsgesellschafter erfolgt, sondern schon dann, wenn mit der beabsichtigten Änderung auf Seiten der Gesellschafter der **Erwerb der Kontrolle** über das Unternehmen verbunden ist. Nicht abschließend entschieden ist bislang, ab welcher Größenordnung diese Unterrichtungspflicht besteht, die zuvor unter den Auffangtatbestand des § 106 Abs. 3 Nr. 10 BetrVG subsumiert wurde. Aus der Rechtsprechung des BAG ergab sich bisher lediglich die Pflicht, die Veräußerung sämtlicher Geschäftsanteile einer GmbH an einen neuen Gesellschafter nach § 106 Abs. 3 Nr. 10 BetrVG mitzuteilen (BAG vom 22.1.1991 – 1 ABR 38/89, NZA 1991, 649). Nach der Kommentierung von Däubler (DKW-Däubler, § 106 Rn. 90) soll die Unterrichtungspflicht in jedem Fall bereits ausgelöst werden bei der Übernahme eines Anteils in einer Größenordnung, der eine faktische Kontrolle ermöglicht.

Die gesetzliche Erweiterung nimmt Bezug auf § 29 Abs. 2 WpÜG. Nach dieser Vorschrift liegt eine Änderung mit dem Erwerb der Kontrolle dann vor, wenn mindestens **30 % der Stimmrechte** an dem Unternehmen erworben werden. Dabei können auch weitere Fallgestaltungen zur Annahme eines Kontrollerwerbs führen, z. B. bei der auch in § 35 Abs. 1 Satz 1 WpÜG angesprochenen Erlangung der mittelbaren Kontrolle über eine Zielgesellschaft (vgl. Düwell, a.a.O., S. 25). Auch bei mittelbarem Kontrollerwerb dürfte es sich um eine unterrichtungspflichtige wirtschaftliche Angelegenheit handeln (vgl. LAG Rheinland-Pfalz vom 28.2.2013 – 11 TaBV 42/12, BeckRS 2013, 717274).

Auch hier gilt: Reichen die Angaben und Informationen nicht aus, um Klarheit über die Absichten des potenziellen Erwerbers im Hinblick auf die Pläne für die künftige Geschäftstätigkeit des Unternehmens zu erlangen und bleibt insbesondere ungewiss, was aus den Beschäftigten wird, sollte bei Streit über Qualität und Aussagefähigkeit der Unterrichtung möglichst zügig das Einigungsstellenverfahren nach § 109 BetrVG (näher beschrieben unter X. 3) eingeleitet werden.

Dies gilt insbesondere in Konzernzusammenhängen, wenn die Geschäftsleitung der betroffenen Tochtergesellschaft keine Kenntnis über die Veräußerungsabsichten der Konzernmutter haben sollte. Richtigerweise ist dann von einer Verpflichtung der Konzernmutter auszugehen, die von ihr kontrollierte Geschäftsleitung mit den entsprechenden Auskünften zu versehen, damit diese die gesetzlich geschuldeten Auskünfte gegenüber dem Wirtschaftsausschuss erteilen kann (so Fitting, Rn. 100, 101 mit Hinweis auf LAG Nürnberg vom 21.2.2002 – 6 TaBV 19/01, NZA-RR 2002, S. 247).

Auch hier gilt, dass der Wirtschaftsausschuss spätestens dann zu unterrichten ist, bevor die entscheidenden Bedingungen und darauf hinwirkenden Handlungen der Geschäftsleitung präjudizierend für das weitere Verfahren bindend festgelegt werden.

3.13 Sonstige Vorgänge und Vorhaben

Generalklausel

§ 106 Abs. 3 Nr. 10 BetrVG (sonstige Vorgänge und Vorhaben, welche die Interessen der Arbeitnehmer/innen des Unternehmens wesentlich berühren) soll gewährleisten, dass der Wirtschaftsausschuss über alles das auf dem Laufenden gehalten wird, was die Interessen der Arbeitnehmer/innen im Unternehmen wesentlich berühren könnte. Diese Vorschrift erfasst als **Generalklausel** z.B. Auskünfte über die wirtschaftliche Lage der Branche, zur Entwicklung der Konjunktur, alle Fragen der Zusammenarbeit mit anderen Unternehmen, die Übertragung und den Erwerb von Betrieben und Betriebsteilen, Veräußerungen von Geschäftsanteilen, Outsourcing, Produktionsverlagerungen. Auch der Wechsel aus der Tarifbindung z.B. in eine sog. OT-Mitgliedschaft im Arbeitgeberverband ist eine dem Wirtschaftsausschuss zu offenbarende Tatsache (vgl. LAG Düsseldorf vom 17.8.2012 – 8 SaGa 14/12, BeckRS 2012, 72513). Pilotprojekte zu neuen Dienstleistungen und Produkten, die Einführung von Matrixstrukturen, Crowdworking, Art und Dotierung von sozialen Leistungen etc. sind weitere hier nicht abschließend aufzuführenden Beispiele, die von der Informationsverpflichtung des Unternehmers gegenüber dem Wirtschaftsausschuss umfasst werden, sollten diese nicht bereits durch die Nr. 1–9a des § 106 Abs. 3 BetrVG abgedeckt sein. **Fazit:** Prinzipiell sind alle Fragen, die das wirtschaftliche Leben des Unternehmens betreffen, erfasst.

Der nicht erschöpfende Katalog des § 106 Abs. 3 BetrVG setzt nicht voraus, dass die Interessen der Arbeitnehmer/innen des Unternehmens auch tatsächlich wesentlich berührt sind. Auch für § 106 Abs. 3 Nr. 10 BetrVG reicht es aus, wenn nur die Möglichkeit besteht, dass Arbeitnehmer/inneninteressen betroffen sein können.

IV. Wirtschaftsausschuss und Konzernbezug

Konzernbezug

Nach der Gesetzeslage ist der Informationsanspruch des Wirtschaftsausschusses sehr weitgehend. Schwierigkeiten bei der Informationsbeschaffung kann es indes geben, wenn Informationen notwendig sind, die über die Ebene des Unternehmens hinausgehen. Dies ist insbesondere bei der Einbettung des Unternehmens in einem Konzern der Fall, wenn es um die wirtschaftliche Lage im Zusammenhang mit der Lage in der übergeordneten Mutter- oder Holdinggesellschaft oder auch um verbundene Schwestergesellschaften geht.

Grundsätzlich richten sich die Informationsrechte des Wirtschaftsausschusses zunächst auf die gesellschaftsrechtliche Einheit (also die jeweilige GmbH, AG, GmbH & Co. KG etc.). Sowohl in nationalen als auch in internationalen Konzernen sind die auf das jeweilige Tochterunternehmen beschränkten Informationen jedoch weit entfernt von den tatsächlich maßgebenden Informationsflüssen und Entscheidungswegen. Gerade die gesellschaftsrechtliche Ausgestaltung eines Konzerns und seiner einzelnen Unternehmen wird zumeist unter steuerlichen Optimierungsgesichtspunkten entschieden.

Rechtlich ist die Reichweite der Auskunftsansprüche umstritten. Dies nicht zuletzt deshalb, weil es der Gesetzgeber versäumt hat, dass auch ein Konzernbetriebsrat einen Wirtschaftsausschuss – auch ohne Zustimmung der Konzernleitung – errichten kann, obwohl an der Konzernspitze die relevanten wirtschaftlichen und strategischen Entscheidungen getroffen werden. Das BAG hat es in einer allerdings älteren Entscheidung abgelehnt, dieses Regelungsdefizit als Gesetzeslücke zu verstehen, die durch Auslegung geschlossen werden könnte (BAG vom 23.8.1989 – 7 ABR 39/88, AP Nr. 7 zu § 106 BetrVG 1972); die Vereinbarung eines Konzernwirtschaftsausschusses ist jedoch möglich.

Klar ist auch, dass das jeweilige Unternehmen, bei dem der Wirtschaftsausschuss gebildet ist, die »Anknüpfungsebene« bildet (vgl. Edenfeld, DB 2015, 679).

Nach richtiger Auffassung schließt dies jedoch keineswegs aus, dass der Wirtschaftsausschuss Ansprüche auf Unterrichtung bezogen auf die im Konzern vorhandenen wirtschaftlichen Fakten durchsetzen kann (wie hier etwa Lerch/Weinbrenner, NZA 2013, 355).

1. Die Rechtsprechung des Bundesarbeitsgerichts

Das Bundesarbeitsgericht hat mit Beschluss vom 17. 12. 2019 – 1 ABR 35/18 die Entscheidung des LAG Berlin-Brandenburg vom 19. 7. 2018 – 21 TaBV 33/18 bestätigt, wonach ein Einigungsstellenspruch unwirksam sei, der die Arbeitgeberin eines Tochterunternehmens verpflichtete, umfangreiche Informationen und Unterlagen für den dort gebildeten Wirtschaftsausschuss zu beschaffen, die sich auf die Vermögens-, Finanz- und Ertragslage sowie eine Reihe weiterer Informationsgegenstände bei der (Konzern-) Muttergesellschaft bezogen.

Sowohl LAG als auch BAG gehen in den Gründen ihrer Beschlüsse von einem konzernrechtlichen Abhängigkeitsverhältnis aus. Gleichwohl – so die Rechtsauffassung beider Instanzen – bleibe es dabei, dass der Wirtschaftsausschuss nur über die wirtschaftlichen Angelegenheiten des Unternehmens zu unterrichten sei, bei dem er gebildet ist. Selbst eine Organschaft wie hier, die dazu führt, dass die Arbeitgeberin als eingebundene Organgesellschaft zur »Betriebsstätte« des herrschenden Unternehmens als Organträger wird, sei nach Auffassung des 1. Senats des BAG unbeachtlich, weil dies nur die steuerrechtliche Rechtslage betreffe. Ein Verlust der rechtlichen Selbstständigkeit sei damit aber nicht verbunden.

Dieses Argument stützt sich darauf, dass die gewählte **gesellschaftsrechtliche Konstruktion** durch die steuerrechtlich anerkannte Organschaft »unberührt« bleibe. Aber warum muss die arbeitsrechtliche Betrachtung stets nur auf der Grundlage gesellschaftsrechtlich bekanntlich beliebig auszuwählender Rechtskonstruktionen stehen bleiben?

Immerhin konstatiert das BAG, dass die bereits oben dargestellte Massenentlassungsrichtlinie durchaus so verstanden werden könne, »dass eine Unterrichtung auch über ›Entscheidungen‹ der Konzernobergesellschaft zu erfolgen hat, die **wesentliche Veränderungen der Arbeitsorganisation** im abhängigen Unternehmen mit sich bringen«, hat dies aber in der fraglichen Entscheidung offengelassen (vgl. BAG, ebenda, Rn. 45). Auch das LAG Berlin-Brandenburg geht davon aus, dass dann, »wenn die Muttergesellschaft **konkrete unternehmerische Maßnahmen plant oder Vorgaben** macht, die Auswirkungen auf das Tochterunternehmen und die Interessen der Beschäftigten des Tochterunternehmens haben können, (...) es zugleich um eine wirtschaftliche Angelegenheit des Tochterunternehmens, über welche der Wirtschaftsausschuss zu unterrichten ist und ihm die erforderlichen Unterlagen vorzulegen sind, (geht)« (vgl. LAG Berlin-Brandenburg, Rn. 39).

Dieser Ansatz der Rechtsprechung geht an den tatsächlich vorzufindenden Merkmalen der Entscheidungswege in Konzernen vorbei und führt dazu, dass die Erfüllung der gesetzlichen Pflicht, den Wirtschaftsausschuss über die wirtschaftliche Lage auch des betreffenden Unternehmens »rechtzeitig und umfassend« zu unterrichten, erschwert oder sogar vereitelt wird.

2. Spezifische Ausgangspunkte bei komplexen Konzernstrukturen

2.1 Betriebswirtschaftliche Ausgangssituation im Konzern

Der Begriff »Konzern« bezeichnet die Fiktion des Zusammenschlusses eines herrschenden (Mutter) und mehrerer von ihr abhängiger Unternehmen (Tochter/Enkel) zu einer wirtschaftlichen Einheit. Während die Konzernunternehmen damit ihre wirtschaftliche Selbstständigkeit ganz oder teilweise aufgeben, bleiben sie rechtlich weiterhin selbstständig. Im engeren Sinne besteht damit der Konzern aus einem Mutterunternehmen und (meist) mehreren sogenannten »verbundenen Unternehmen«, welche mittels der sogenannten Konsolidierung in den Konzernabschluss des Mutterunternehmens einbezogen werden. Anders als der Jahresabschluss der Einzelgesellschaft hat der Konzernabschluss rein informativen Charakter und dient weder der Bemessung der Ausschüttung an die Investoren noch der Steuerbemessung für den Fiskus.

Für die Einbindung in einen Konzern ist typisch, dass die maßgebenden unternehmerischen Entscheidungen nicht mehr in der Tochtergesellschaft getroffen werden, sondern in der Konzernleitung. Folgende Beispiele (Näheres siehe Teil B.II.4.) illustrieren dies:

- Die Auftragsannahme und Entscheidung, was wo in welchen Tochtergesellschaften und deren Betrieben produziert wird, liegt beim Konzern. (Wenn ein Konzern für einen spezifisches Produkt – wie meist – mehrere Produktionsstätten hat, werden Herstellungsort und über den Weg auch der Lieferpreis zentral vorgegeben.)
- Vertrieb und Marketing für Produkte werden vom Konzern gesteuert und ein einheitliches Auftreten durchgesetzt.
- Finanzierung des/der Tochterunternehmen/s liegt durch verschiedene Maßnahmen (z.B. Cash-Pooling, zentrales Kreditmanagement) ausschließlich beim Konzern.
- Forschung und Entwicklung liegen in aller Regel zentral beim Konzern, so dass dem Tochterunternehmen eine eigenständige Zukunftsvorsorge und unabhängige wirtschaftliche Planung entzogen ist.

- Kapazitätsplanung, d. h. die Verteilung der unternehmerischen Aktivitäten und deren jeweiliger Umfang auf die einzelnen Untergesellschaften werden durch den Konzern vorgenommen. Die für die Beschäftigten so immens wichtige Personalplanung wird damit zum Annex, da der Personaleinsatz nur noch den konzerngelenkten Vorgaben zu folgen hat.
- Neben den unverändert unternehmensbezogenen Bilanzierungen nach dem HGB oder den IFRS hat der Konzern ein internes Rechnungswesen (oder auch »Controlling«) mit eigenen Kennzahlen etwa in Form eines »Management-Reporting« eingerichtet. Das bedeutet, dass die von der zentralen Leitung für relevant erachteten Kennziffern nach festgelegten Zeitabständen erhoben und dann z. B. geordnet nach Business Lines (diese meist nach Kostenstellen untergliedert) – also unabhängig von den Rechtsträgern im Konzern – ausgewertet werden. Diese IT-gestützten Auswertungen bilden dann für die Entscheider auf Konzernebene die Grundlage für die operativen und strategischen Entscheidungen.

Die so beschriebene betriebswirtschaftliche Ausgangssituation sollte auch ihre arbeitsrechtliche Entsprechung finden, wenn es um die Unterrichtungsansprüche von Wirtschaftsausschüssen in abhängigen Gesellschaften geht. Dies soll anhand der folgenden Ausführungen nachgewiesen werden.

2.2 Matrix- und Spartenorganisation

In einer Vielzahl von Konzernen verlaufen die tatsächlichen Führungsstrukturen unabhängig von der Aufgliederung in einzelne (nur)als sog. juristische Personen eigenständige Unternehmen. Dazu werden Matrixstrukturen etabliert. Diese bewirken, dass durch die Matrix-Manager betriebliche Prozesse zentral für mehrere oder alle Betriebe – und unternehmensübergreifend! – gesteuert werden. Zur Matrixorganisation s. Teil B.II.3.

Es entsteht ein Mehrliniensystem. Die beim Vertragsarbeitgeber liegenden disziplinarischen Befugnisse trennen sich von den fachlichen Weisungsbefugnissen, die dann meist beim Konzern angesiedelt sind. Die Matrix Manager übernehmen in aller Regel unternehmensübergreifende Führungsaufgaben. Entscheidungsprozesse werden damit von der Unternehmensebene »abgekoppelt«. In der Matrix wird unwesentlich, welcher Rechtsträger gerade betroffen ist, denn es geht um zentrale im Konzern wirkende Kompetenzen; vgl. ausführlich zu den Begrifflichkeiten Witschen, RdA 2016, 38). Ähnliches passiert bei der auch unternehmensübergreifenden Aufgliederung in sog. Business-Units.

Könnte sich die Unternehmensleitung gegenüber den Auskunftsansprüchen, wie etwa diese Strukturen organisatorisch und betriebswirtschaftlich funktionieren, darauf zurückziehen, diese Vorgänge würden die Unternehmensebene überschreiten und kämen deshalb nicht mehr als Gegenstand der Unterrichtung in Betracht, stünde dies in einem Grundwiderspruch zu der Maxime, dass der Wirtschaftsausschuss praktisch über sämtliche relevanten Gegenstände im Sinne von § 106 Abs. 3 BetrVG umfassend zu unterrichten ist. Da die betriebswirtschaftliche Lenkung den Vorgaben aus der Sparten- und/oder Matrixorganisation folgt, erschließt sich erst aus diesem Zusammenspiel der einzelnen (Konzern-)Gliederungen die wirtschaftliche Lage der einzelnen Rechtsträger bzw. Unternehmen. Der Anspruch auf Auskunft über die wirtschaftliche Lage kann daher nur erfüllt werden, wenn analog der Konzernorganisation der Wirtschaftsausschuss im Einzelnen informiert wird.

2.3 Geschäftsbeziehungen zwischen den Konzernunternehmen

Soweit andere zum Konzern gehörende Konzerngesellschaften (was die Regel ist) Geschäfte mit dem Unternehmen machen, für das ein Wirtschaftsausschuss gebildet ist, haben diese Geschäfte natürlich auch Einfluss auf die wirtschaftliche Situation des betreffenden Unternehmens. Hier kann der Wirtschaftsausschuss detailliert Auskunft verlangen. Dies ist schon deshalb wichtig, weil für solche Geschäfte durch die **Gestaltung von Verrechnungspreisen** für den Leistungsaustausch oder die Finanzströme innerhalb eines Konzerns die **Entstehung von Gewinnen und Verlusten** gesteuert wird. Dies wiederum hat nicht nur Einfluss auf die Bilanzpolitik des Unternehmens, sondern auf eine Vielzahl wirtschaftlicher Entscheidungen, die Auswirkungen auf die Beschäftigten haben können. Unter die sonstigen Vorgänge i.S.v. § 106 Abs. 3 Nr. 10 BetrVG fallen daher auch alle Formen der Zusammenarbeit mit anderen Unternehmen (DKW-Däubler, § 106 Rn. 89; BAG vom 22.1.1991 – 1 ABR 38/89, NZA 1991, 649).

2.4 Beteiligungscontrolling und Risikomanagementsysteme

Die **Informationen über Tochtergesellschaften** aber auch über die regelmäßige Zusammenarbeit mit auf gleicher Ebene im Konzern »angehängten« Schwestergesellschaften sind auch im Unternehmen in aller Regel vorhanden und werden insbesondere abgebildet im sog. **Beteiligungscontrolling** oder auch im **Risikomanagementsystem** (siehe dazu auch Teil B.III.3.4). Die dort gewonnenen Erkenntnisse bzw. die daraus abgeleiteten Maßnahmen sind dem Wirtschaftsausschuss regelmäßig zu erläutern (vgl. DKW-Däubler, § 108 Rn. 41).

2.5 Bestehen von Beherrschungs- und/oder Gewinnabführungsverträgen

Die Notwendigkeit der Unterrichtung über die wirtschaftliche Lage auch bei der Konzernmutter sowie über die dort getroffenen Entscheidungen wird insbesondere dann unabweisbar sein, wenn ein Beherrschungs- und/oder Gewinnabführungsvertrag i.S.v. § 291 AktG vorliegt (Näheres siehe Teil B.III.3.1.2.1), also entweder die **Leitung des Unternehmens** selbst **dem Konzern unmittelbar unterstellt ist** oder aber der gesamte Gewinn abgeführt wird. Eine Verweigerung von Informationen bei »engster« Konzernverflechtung wäre treuwidrig (so zutreffend Müller, ArbRAktuell 2010, 23).

2.6 Vorliegen einer steuerlichen Organschaft

Steuerliche Organschaft

Auch bei der sog. **Organschaft** liegt dies entgegen den Annahmen des BAG auf der Hand. Eine steuerliche Organschaft ermöglicht es, innerhalb eines Unternehmenszusammenschlusses Verluste der einen Gesellschaft mit Gewinnen einer anderen Gesellschaft gegenüber dem Finanzamt zu verrechnen. Dies gelingt aber nur, wenn gegenüber den Steuerbehörden dargestellt wird, dass es sich im Grunde nur um eine einzige Gesellschaft handelt, bei der die unternehmerische Tätigkeit nicht mehr selbstständig, sondern nach dem Gesamtbild einheitlich ausgeführt wird, m.a.W. das Unternehmen selbst beim Organträger eingegliedert ist (vgl. § 2 Abs. 2 Nr. 2 UStG). Bestandteil dieser Eingliederung ist auch die organisatorische Eingliederung, die nur dann anerkannt wird, wenn bei der Organtochter sichergestellt ist, dass eine vom Willen des Organträgers abweichende Willensbildung nicht stattfindet (vgl. zu den Einzelheiten Growe/Grüninger, AiB 2001, 582 ff.). Deshalb sollte jeder Wirtschaftsausschuss, der bei einem Konzernunternehmen tätig ist, sich darüber informieren, ob ein Fall der steuerlichen Organschaft vorliegt. Ist dies zu bejahen, sind bei etwaiger tieferer Erörterung dem Wirtschaftsausschuss auch die entsprechenden Verträge vorzulegen.

Auch hier ist offensichtlich, dass durch die gesellschafts- und steuerrechtliche Konstruktion das Unternehmen notwendigerweise in seiner eigenen wirtschaftlichen Betätigung ohne permanente Abstimmung und Anweisung insbesondere mit der Konzernmutter nicht operativ tätig werden kann, sodass die wirtschaftlichen Verhältnisse des Unternehmens sich von denen des Konzerns nicht trennen lassen.

3. Informationsverschaffung im Konzern

Bei konzernverbundenen Unternehmen wird den Wirtschaftsausschüssen oft die notwendige Information vorenthalten mit der Begründung der Unternehmerseite, von der Muttergesellschaft würde man keinerlei Nachrichten erhalten und rechtlich sei die Auskunft nicht geschuldet, weil diese Fragestellung die Unternehmensgrenzen überschreite. Dieses Versteckspiel findet sich sowohl bei in- als auch bei ausländischen Konzernen. Typische Begründungsmuster sehen so aus:

- Die zuständige Geschäftsleitung behauptet – meist wider besseres Wissen –, sie verfüge nicht über Informationen, die über die Unternehmensgrenzen hinweggingen.
- Alternativ besteht die Möglichkeit, dass tatsächlich die relevanten Informationen bei der in- oder ausländischen Konzernspitze »bevorratet« werden.

Hat dies zur Folge, dass die Unterrichtungsansprüche des Wirtschaftsausschusses ins Leere laufen?

Konsequent zu Ende gedacht müssten dann auch alle Mitbestimmungsrechte leerlaufen, wenn der Vertragsarbeitgeber sich darauf beruft, auf die fraglichen Mitbestimmungsgegenstände gar keinen Einfluss ausüben zu können. Dem steht jedoch die zwingende Geltung des nationalen Betriebsverfassungsrechts entgegen. So ist beispielsweise bei einer Mitarbeiterbefragung, die durch eine im Ausland ansässige Konzernmutter (per E-Mail bzw. Intranet) unter Umgehung der Mitbestimmung nach § 94 BetrVG organisiert wurde, die notwendige Beteiligung der inländischen Mitbestimmungsgremien klar bejaht worden (vgl. LAG Hessen vom 5.7.2001 – 5 TaBV 153/00, DB 2001, 2254; zustimmend auch Fitting, § 94 Rn. 36; DKW-Däubler, § 94, Rn. 2) Auch dann, wenn ausländische Vorschriften etwa die Einführung von Ethik-Richtlinien vorsehen, hebelt dies die Mitbestimmung in der deutschen Tochtergesellschaft nicht aus (vgl. BAG vom 22.7.2008, NZA 2008, 1248 – weitere Beispiele bei DKW-Däubler, § 87 Rn. 21).

Das BetrVG gilt in seinem nationalen Anwendungsbereich unbedingt und zwingend. Die für die Unternehmen danach bestehenden Unterrichtungspflichten gelten mithin unabhängig von der jeweiligen Konzernstruktur, sodass der Unternehmer verpflichtet ist, sich diejenigen Informationen zu verschaffen, die notwendig sind, das gesetzliche Anliegen zu erfüllen (vgl. Lerch/Weinbrenner, NZA 2013, 355 ff.). Zwar wird dies von einer Reihe von Autoren (vgl. etwa Kort, NZA 2013, 1318, 1325; Edenfeld, DB 2015, 679 ff.; Diller/Powietzka, DB 2001, 1034 ff.) anders bewertet. Aus der – unstreitig richtigen – Tatsache, dass der Wirtschaftsausschuss auf der Unternehmens- und nicht auf der Konzernebene angesiedelt ist, schließen sie, dass die Auskunfts- und Unterrichtungsansprüche auf die Betriebs- bzw. Unternehmensebene beschränkt seien. Damit wird aber aus der gesetzlichen Gläubiger- bzw. Schuldnerstellung unzutreffend auf den Anspruchsinhalt geschlossen (also das, was dem Wirtschaftsausschuss an Unterrichtung zusteht). Maßstab hierfür ist aber der gesetzlich verankerte Anspruch, über die wirtschaftliche und finanzielle Lage des Unternehmens unterrichtet zu sein, was materiell angesichts der betriebswirtschaftlichen Verflechtung im Konzern (siehe oben) nur funktioniert, wenn auch die relevanten konzernbezogenen Daten und Fakten dem Wirtschaftsausschuss vermittelt werden.

Die Pflicht zur Informationsverschaffung ist der Betriebsverfassung nicht fremd. Dies lässt sich anhand einer Reihe von Beispielen auch mit Blick auf das europäische Recht herleiten:

3.1 Beispiele für Informationsverschaffungspflichten aus dem Betriebsverfassungsgesetz

Betriebsverfassungsgesetz

Bei der Geltung von Vertrauensarbeitszeit in einem Betrieb kann sich der Arbeitgeber nicht darauf berufen, dass er bewusst auf die Aufzeichnung der Arbeitszeitdaten verzichtet, sondern hat dafür zu sorgen, dass die objektiv vorhandenen Daten nicht nur im Betrieb zur Kenntnis genommen, sondern auch dem Betriebsrat auf Anforderung mitgeteilt werden (vgl. BAG vom 6.5.2003 – 1 ABR 13/02, AP Nr. 61 zu § 80 BetrVG 1972).

Geht es um die Einstellung von Leiharbeitnehmern, ist der Arbeitgeber verpflichtet, auch die ihm bis dato unbekannten Namen von Leiharbeitnehmern beim Verleiher zu ermitteln, um insoweit den Anhörungspflichten nach § 99 Abs. 1 BetrVG i.V.m. § 14 AÜG zu genügen (vgl. BAG vom 9.3.2011 – 7 ABR 137/09, NZA 2011, 871).

Wird von einer ausländischen Muttergesellschaft entschieden, auch für Arbeitnehmer von Tochtergesellschaften Aktienoptionen einzuräumen, besteht ein Auskunftsanspruch des Betriebsrats, nicht zuletzt deswegen, weil hier ein Mitbestimmungsrecht nach § 87 Abs. 1 Nr. 10 BetrVG in Betracht kommt (vgl. LAG Nürnberg vom 21.2.2002 – 6 TaBV 19/01, NZA-RR 2002, 247; LAG Baden-Württemberg vom 9.4.2014 – 19 TaBV 7/13; LAG Bremen vom 27.7.2016 – 3 TaBV 2/16). In der Entscheidung des LAG Nürnberg findet sich die Kernaussage, »dass Unterlagen dem Arbeitgeber auch dann zur Verfügung stehen, wenn sie lediglich den Gesellschaftern und nicht den Geschäftsführern zur Verfügung stehen« (vgl. LAG Nürnberg, a.a.O.). Eine Berufung darauf, dass letztlich die Entscheidungen in der (ausländischen) Muttergesellschaft getroffen werden, sei rechtlich unbeachtlich. Ebenfalls bezogen auf Aktienoptionen, die eine ausländische Muttergesellschaft vergibt, hat das LAG Baden-Württemberg eine Informationsbeschaffungsverpflichtung des Arbeitgebers bejaht, da nur so der Betriebsrat seinen Überwachungsaufgaben nach § 75 Abs. 1 Satz 1 BetrVG nachkommen könne; vgl. LAG Baden-Württemberg vom 17.1.2017 – 19 TaBV 3/16, BeckRS 2017, 103514, allerdings wegen fehlenden »Aufgabenbezugs« aufgehoben durch BAG vom 20.3.2018 – 1 ABR 15/17.

Im Bereich der Wirtschaftsausschusstätigkeit selbst belegt der 2008 eingeführte § 106 Abs. 3 Nr. 9a BetrVG, dass bei der Übernahme von Unternehmen, eine Pflicht besteht, über den potenziellen Erwerber und dessen Absichten im Hinblick auf die künftige Geschäftstätigkeit des Unternehmens sowie die sich daraus ergebenden Auswirkungen auf die Arbeitnehmer zu unterrichten. Der reine Rechtsrahmen des Unternehmens wird auch im Zusammenhang mit dem 2023 geschaffenen Tatbestand der Unterrichtung zu Fragen aus der Umsetzung des Lieferkettensorgfaltspflichtengesetzes gem. § 106 Abs. 3 Nr. 5b BetrVG verlassen, da es dabei um die Unterrichtung über fundamentale Zustände bei anderen meist im Ausland angesiedelten Unternehmen innerhalb der Lieferkette geht.

Nach § 108 Abs. 5 BetrVG ist dem Wirtschaftsausschuss unter Beteiligung des Betriebsrats der Jahresabschluss zu erläutern. Dazu gehört nach herrschender Meinung auch der Konzernabschluss (vgl. Fitting, § 108 Rn. 31 m.w.N.; Einzelheiten siehe unter Kapitel V.2.).

3.2 Anknüpfungspunkte im europäischen Recht

Europäisches Recht

Auch das europäische Recht kennt die Pflicht zur Informationsverschaffung.

In Art. 2 Abs. 4 der EU-Richtlinie 75/129 (sog. **Massenentlassungsrichtlinie**) ist definiert, dass die Informations- und Konsultationspflichten »unabhängig davon, ob die Entscheidung über die Massenentlassung von dem Arbeitgeber oder von einem dem Arbeitgeber beherrschenden Unternehmen getroffen wurde«, gelten. Bei Verstößen gegen diese Unterrichtungspflichten findet also der Einwand des Arbeitgebers, das für die Massenentlassung verantwortliche Unternehmen habe ihm die notwendigen Informationen nicht übermittelt, keine Berücksichtigung.

Dies ist im Rahmen der Vorschrift des § 17 Abs. 3a KSchG in nationales Recht übernommen worden. Dort ist Folgendes geregelt:

»Die Auskunfts-, Beratungs- und Anzeigepflichten nach den Absätzen 1–3 gelten auch dann, wenn die Entscheidung über die Entlassungen von einem den Arbeitgeber beherrschenden Unternehmen getroffen wurde. **Der Arbeitgeber kann sich nicht darauf berufen, dass das für die Entlassungen verantwortliche Unternehmen die notwendigen Informationen nicht übermittelt hat.**«

Der Arbeitgeber kann sich also seinen Konsultationspflichten nicht mit der Begründung entziehen, dass über die Entlassungen von einem den Arbeitgeber beherrschenden Unternehmen entschieden werde, das ihm – angeblich – die notwendigen Auskünfte nicht übermittelt habe (vgl. HK-ArbR/Turba/Beck, § 17 KSchG Rn. 12).

Das bedeutet, dass die Unterrichtungs- und Beratungspflichten nach der Massenentlassungsrichtlinie bereits bestehen, wenn innerhalb eines Konzerns der Erlass von strategischen Entscheidungen oder Änderungen der Geschäftstätigkeit »ins Auge gefasst« wird. Diese Verpflichtung entsteht auch dann, wenn der Arbeitgeber selbst noch nicht in der Lage ist, alle Auskünfte so detailliert zu gewähren, wie es Art. 2 III. Abs. 1 Ziffer b. der Richtlinie 98/59/EG fordert. Vielmehr entsteht im Konzern die Pflicht zur Konsultation der Arbeitnehmervertreter in der Tochtergesellschaft bereits dann, wenn diese Tochtergesellschaft, bei der es zur Massenentlassung kommen könnte, vom Konzern benannt worden ist (so ausdrücklich EuGH vom 10.9.2009 – C-44/08, NZA 2009, 1083). Schuldner der Unterrichtung bleibt aber auch im Konzernverbund in aller Regel das jeweilige Konzernunternehmen (vgl. BAG vom 14.4.2015 – 1 AZR 794/13, NZA 2015, 1147).

Nur so kann in einem wirtschaftlichen Umfeld, im dem es immer mehr Konzerne gibt, die effektive Verwirklichung des Richtlinienzwecks, nämlich den Schutz der Arbeitnehmer bei Massenentlassungen zu verstärken, gewährleistet werden. Wird mit der Konsultation erst begonnen, wenn bereits eine definitive Entscheidung der Unternehmens- bzw. Konzernleitung über Massenentlassungen getroffen wurde, kann sich die Konsultation nicht mehr auf die Prüfung etwaiger Alternativen erstrecken, um diese Massenentlassungen zu vermeiden (so zutreffend EuGH vom 10.9.2009, a.a.O. in den Erwägungsgründen unter Rn. 44 und 47, a.a.O.).

So haben belgische Gerichte auf der Grundlage europäischen Rechts im Zusammenhang mit der beabsichtigten Schließung des Renault-Werkes in Vilvoorde/Belgien dahingehend entschieden, dass Arbeitgeber verpflichtet sind, beispielsweise vor Entscheidungen über eine Betriebsschließung bzw. Massenentlassungen, Konsultationen über ihre Planungen im Hinblick auf Beschäftigung, Arbeitsorganisation und Beschäftigungspolitik einzuleiten und hierüber Informationen zu geben. Darüber hinaus soll den Betriebsräten die Möglichkeit gegeben werden, Vorschläge und Bedenken zu artikulieren, mit dem Ziel, Massenentlassungen zu vermeiden sowie deren denkbare Konsequenzen gegebenenfalls zu mildern (vgl. ArbG Brüssel vom 3.4.1997 – AuR 1999, 366).

Nach den EU-Richtlinien, auf die sich das Arbeitsgericht Brüssel stützte, ist der Einwand gegenüber der Arbeitnehmervertretung, die ausländische Muttergesellschaft halte Informationen zurück, unerheblich.

Ebenso fordert Art. 7 IV der EU-Richtlinie 2001/23/EG (sog. **Betriebsübergangsrichtlinie**), dass die dort vorgesehenen Verpflichtungen zur Beratung mit den Arbeitnehmervertretungen unabhängig davon einzuhalten sind, ob die zugrunde liegende Entscheidung nun vom Arbeitgeber oder von einem diesen beherrschenden Unternehmen getroffen wurde.

3.3 Unterrichtungspflichten unabhängig von der Entscheidungsebene

Berufung auf Unkenntnis irrelevant

Der zur Unterrichtung des Wirtschaftsausschusses verpflichtete Unternehmer hat daher auch dann alles zu unternehmen, seinen Informations- und Beratungspflichten zu genügen, wenn die Entscheidungsebene im Konzern angesiedelt ist. Wie dies für Betriebsänderungen völlig zutreffend ausgeführt wird, kann sich das beherrschte Unternehmen gegenüber dem Betriebsrat und seinem Wirtschaftsausschuss nicht auf Unkenntnis oder Unzuständigkeit berufen (vgl. Fitting, § 111 Rn. 104; DKW-Däubler, § 111 Rn. 160). Diese Pflichten zu erfüllen, dürfte – wenn der entsprechende Wille auf Arbeitgeberseite vorhanden ist – auch gar nicht schwerfallen. So gibt es typischerweise jede Menge Kommunikationswege zwischen den Konzerngesellschaften, wobei in der Praxis häufig auch Personenidentitäten auf den höchsten Leistungsebenen anzutreffen sind. Oft rekrutieren sich Geschäftsführer und/oder Vorstände von Tochtergesellschaften aus der Leistungselite der Konzernmutter bzw. entsendet diese regelmäßig »Emissäre« in die Tochtergesellschaften, die dort die gesellschaftsrechtlich abgesicherte Konzernbeherrschung auch personell umsetzen.

Nicht nur vor diesem faktischen Hintergrund, sondern auch in Anbetracht der rechtlichen Verpflichtung, umfassend und rechtzeitig über die vielfältigen Gegenstände des § 106 BetrVG zu unterrichten, kann das angebliche **»Nicht-**

Wissen« des Leitungspersonals im Tochterunternehmen, nur als **rechtlich unbeachtlich** betrachtet werden.

Begehrt der Wirtschaftsausschuss vielmehr Informationen über Vorgänge und Entscheidungen in der übergeordneten Konzernspitze, ist die Auffassung also zutreffend, dass die Unterrichtungspflicht unabhängig davon besteht, ob es um Entscheidungen des Unternehmens selbst oder eines beherrschenden Unternehmens geht (vgl. DKW-Däubler, § 106 Rn. 91).

Für den umgekehrten Fall bejaht das BAG ausdrücklich die Berichterstattung über ein abhängiges Unternehmen im Wirtschaftsausschuss des herrschenden Unternehmens, »weil es dieses bestimmt«. Die Unterrichtung des Betriebsrats über die wirtschaftliche Angelegenheit in einem Gemeinschaftsbetrieb, der sich zusammensetzt aus einem herrschenden und einem abhängigen Unternehmen, sei daher insgesamt gewährleistet (vgl. BAG vom 22. 3. 2016 – 1 ABR 10/14, NZA 2016, 969), sodass laut BAG im abhängigen Unternehmen kein Wirtschaftsausschuss zu bilden ist (krit. Fitting, § 106 Rn. 18c ff.).

4. Rechtsprechung bei Konzernverflechtungen

Konzernverflechtungen

Bei Konzernverflechtungen hat die Rechtsprechung in verschiedenen Konstellationen den unternehmensübergreifenden Charakter der Auskunftsansprüche des Wirtschaftsausschusses anerkannt:

Informationsdurchgriff

- Eine Einigungsstelle ist jedenfalls dann nicht unzuständig, wenn der Wirtschaftsausschuss eines Tochterunternehmens Auskünfte zu Vermögensübertragungen in der Konzernholding verlangt, wenn diese u. a. in Personalfragen »das Sagen« hat und durch Umstrukturierungen und Personalabbau in vielfältiger Weise auf die Tochterunternehmen Einfluss ausübt. Dies rechtfertigt sogar einen sog. **Informationsdurchgriff auf die Konzernobergesellschaft** (so LAG Niedersachsen vom 3. 11. 2009 – 1 TaBV 63/09, NZA-RR 2010, 142).
- Werden in einem Krankenhauskonzern sog. **Benchmarkdaten** darüber erhoben, wie sich in den einzelnen Häusern die Zahl der in der Pflege tätigen Mitarbeiter/innen und die jeweils vereinnahmten Fallpauschalen verhalten, und werden diese durch die Konzernführung auch untereinander mit einer Rangfolge in Beziehung gesetzt, hat der örtliche Betriebsrat Anspruch darauf, dass ihm über den auf Unternehmensebene gebildeten Wirtschaftsausschuss diese Auswertung konzernweit zur Verfügung gestellt wird (allerdings anonymisiert, was die Daten anderer Krankenhäuser im Konzern betrifft). Eine solche Information sei beispielsweise geeignet, die Berechtigung von Überlastungsanzeigen zu verifizieren und die Auswirkungen zukünftiger Per-

sonalplanung einzuschätzen. Der Spruch einer Einigungsstelle, die die Herausgabe der Pflegebenchmarkdaten an den Wirtschaftsausschuss eines einzelnen Konzernunternehmens beschlossen hat, ist demnach juristisch nicht zu beanstanden (vgl. LAG Köln vom 5.10.2011 – 9 TaBV 94/10, BeckRS 2012, 66873).

- Dass die Trennung nach intern und extern zu differenzierenden Ebenen zwischen einzelnen Unternehmen im Konzern nicht stets trennscharf verläuft, zeigt die Diskussion, wenn bei Gemeinschaftsbetrieben mehrerer Unternehmen Wirtschaftsausschüsse zu errichten sind; vgl. die verschiedenen bei Fitting, § 106 Rn. 18 erörterten Konstellationen. Das BAG geht in einer Entscheidung vom 22.3.2016 – 1 ABR 10/14 davon aus, dass es bei einem Gemeinschaftsbetrieb wegen der konzernrechtlichen Verbindung ausreiche, wenn nur beim herrschenden, »führenden« Unternehmen, das zusammen mit einem abhängigen Unternehmen einen Gemeinschaftsbetrieb bildet, ein Wirtschaftsausschuss zu installieren ist. Als Begründung hierfür wird auf das konzernrechtliche Abhängigkeitsverhältnis nach § 17 Abs. 1 AktG verwiesen. Damit wird aber die vom BAG vertretene Begrenzung darauf, dass die Unterrichtungsebene auf das jeweilige Unternehmen beschränkt sei, jedenfalls an dieser Stelle aufgegeben; so zutreffend auf den Widerspruch hinweisend Fitting, § 106 Rn. 18d.

5. Kapitalkonzentration und Informations- und Kommunikationstechnik

Kapitalkonzentration

Noch in der Entscheidung des BAG vom 23.8.1989 (7 ABR 39/88, AP Nr. 7 zu § 106 BetrVG 1972) ging der Senat davon aus, dass es kaum »konzernspezifische Mitwirkungs- und Mitbestimmungsrechte« gäbe, da die mitbestimmungsrechtlich relevanten Entscheidungen »zumeist auf der Ebene der rechtlich selbständigen Unternehmen getroffen« würden. Ob diese Annahme seinerzeit begründet war, sei dahingestellt. Nach einer wissenschaftlichen Untersuchung wurden aus einer Datenbasis von 37 Millionen weltweit erfassten Unternehmen 43 000 relevante international operierende Unternehmen herausgefiltert. Innerhalb dieser Struktur konnten sodann 147 Unternehmen identifiziert werden, die – obwohl sie in Summe weniger als 1 % der untersuchten Unternehmen ausmachen – mehr als 40 % des ökonomischen Werts der 43 000 betrachteten internationalen Unternehmen über ein komplexes Netzwerk von Kapitalbeteiligungen weltweit kontrollieren. Dreiviertel dieser 147 Unternehmen gehören zur Finanzindustrie (Banken, Fondsgesellschaften, Versicherungen); siehe Vitali, Glattfelder, Battiston, The Network of Global Corporate Control, Eidgenössische Technische Hochschule Zürich 2011. Seit der Normsetzung im Jahre

1972 hat sich also die Kapitalkonzentration mit großer Dynamik entwickelt. Es ist kaum vorstellbar, dass heute das BAG noch wie 1989 zu dem Ergebnis kommen könnte, dass es deshalb kaum »konzernspezifische Mitwirkung- und Mitbestimmungsrechte« gäbe, weil die für die Mitbestimmung rechtlich relevanten Entscheidungen »zumeist auf der Ebene der rechtlich selbstständigen UN getroffen« würden; so BAG, ebenda.

IT-Anwendungen konzerneinheitlich

Allein schon die Tatsache, dass nahezu alle neuen IT-Anwendungen nicht mehr in Unternehmenstöchtern dezentral, sondern im Konzern einheitlich eingeführt werden, belegt, dass diese Instrumente der Unternehmenslenkung ein konzernspezifisches Thema darstellen, für das in aller Regel auch der Konzernbetriebsrat als natürlicher Kontrahent der Konzernführung zuständig ist (grundlegend BAG vom 20. 12. 1995 – 7 ABR 8/95; BAG vom 25.9.2013 – 1 ABR 45/11). Die entsprechenden IT-Systeme (etwa SAP Business Warehouse Lösungen) stellen für die Entscheidungsträger im Konzern konzernweite Berichts- und Auswertungsformate zur Verfügung, die es ermöglichen, auch in einer dezentralen Aufbauorganisation Entscheidungen von oben nach unten zu exekutieren. Diese sowohl ökonomischen als auch technischen Veränderungen können für die Beurteilung der Reichweite von Unterrichtungspflichten gegenüber dem Wirtschaftsausschuss nicht übergangen werden.

6. Anspruchsgrundlage

Informationsverschaffung ist wie dargestellt kein Novum für die Betriebsverfassung, sondern stellt in verschiedenen betriebsverfassungsrechtlichen Konstellationen eine anerkannte Lösung dar, sei es ausgestaltet als »Informationsbeschaffungsanspruch« oder als »Informationsdurchgriffsanspruch« (vgl. Fitting, § 106 Rn. 31 m.w.N.; Hjort, Auskunftsrechte von Wirtschaftsausschüssen im Konzern, AuR 2018, 224, 231 ff.).

Schon der Gesetzeswortlaut in § 106 BetrVG ist offen für eine Ausweitung der Unterrichtungspflicht. Zwar spricht § 106 Abs. 2 Satz 1 BetrVG von der Unterrichtung »über die wirtschaftlichen Angelegenheiten *des Unternehmens*«. Ebenso stellt § 106 Abs. 3 Nr. 1 BetrVG auf »die wirtschaftliche und finanzielle Lage *des Unternehmens*« ab. Der Fixpunkt ist also das Unternehmen, womit – insoweit unstrittig – der jeweilige Rechtsträger gemeint sein dürfte. Um dessen »*wirtschaftliche und finanzielle Lage*« geht es.

Das erfordert indes den Mitbestimmungsorganen die realen auf das Unternehmen einwirkenden wirtschaftlichen Parameter zur Verfügung zu stellen (= zu

»verschaffen«), die benötigt werden, um die wirtschaftliche Situation des betroffenen Unternehmens im Konzernverbund analysieren und daraus mögliche Schlussfolgerungen für die Beratung des Unternehmers einerseits und der Mitbestimmungsgremien andererseits ziehen zu können.

Wenn demgegenüber insbesondere in der BAG-Entscheidung vom 17. 12. 2019 – 1 ABR 35/18 (vgl. oben IV. 1) eine dezidierte Rechtsgrundlage vermisst wird, weil es an einem Rechtsverhältnis zwischen dem herrschenden Unternehmen und dem Wirtschaftsausschuss des Tochterunternehmens fehle und auch keine konzernrechtlichen Haftungsansprüche bestünden (vgl. GK-BetrVG/Oetker, § 106 Rn. 150, 154) ist dies zwar zutreffend, stellt nach Meinung des Verfassers aber keinen juristisch überzeugenden Hinderungsgrund dar, weil es im Widerspruch zur Aufgabenstellung des Gesetzes steht, den Wirtschaftsausschuss »**umfassend**« sowohl über interne (insoweit unstrittig), als auch externe Faktoren zu unterrichten; ähnlich Oetker, in: GK-BetrVG, § 106 Rn. 126: Der Unternehmer kann sich bei Angelegenheiten, die von der Konzernobergesellschaft im abhängigen Unternehmen durchgesetzt werden sollen, **nicht darauf berufen, dass das herrschende Unternehmen nicht die notwendigen Informationen bzw. Auskünfte erteilt hat.**

Die einschlägige **Anspruchsgrundlage** für eine unternehmensübergreifend gebotene Unterrichtung und Beratung in Konzernzusammenhängen findet sich also in § 106 BetrVG selbst.

6.1 Unterrichtung in allen relevanten Fragestellungen

In der Grundsatzentscheidung des BAG vom 22. 1. 1991 heißt es: *»Zu den wirtschaftlichen Angelegenheiten gehören nach § 106 Abs. 3 Nr. 10 BetrVG ›sonstige Vorgänge und Vorhaben, die die Interessen der Arbeitnehmer des Unternehmens wesentlich berühren können‹. Die Bestimmung enthält eine beschränkte Generalklausel (...) Es werden mit ihr **alle Fragen erfasst, die das wirtschaftliche Leben des Unternehmens in entscheidenden Punkten betreffen**, jedoch stets unter der Voraussetzung, daß die Interessen der Arbeitnehmer des Unternehmens wesentlich berührt werden können; es muss also möglich sein, daß sie von erheblicher sozialer Auswirkung sein können«;* vgl. BAG unter II.1. der Entscheidungsgründe.

In ähnlicher Weise wird auch bereits die in § 106 Abs. 3 Nr. 1 BetrVG geregelte Informationspflicht über die allgemeine »*wirtschaftliche und finanzielle Lage des Unternehmens*« als Generalklausel verstanden, die alle auf das Unternehmen einwirkenden Gegebenheiten umfasst (vgl. Fitting, a.a.O., Rn. 52 f.; DKW-Däubler, § 106 Rn. 69).

Operative Vorgaben des Konzerns

Nicht zu bestreiten ist, dass bei einer konzerntypischen Unterordnung unter die planerischen und gegebenenfalls ergänzenden operativen Vorgaben des Konzerns, dort die maßgeblichen »Gegebenheiten« liegen – also »Wohl und Wehe« des Unternehmens von insoweit »extern« gesetzten wirtschaftlichen Einflüssen abhängt.

6.2 Pflicht zur rechtzeitigen Unterrichtung

Nur unter Einbeziehung der Konzernpläne und -daten kann auch die in § 106 Abs. 1 BetrVG geforderte »**rechtzeitige**« Unterrichtung gewährleistet werden. Und dabei stellt es keinen juristisch beachtlichen Tatbestand dar, dass diese Pflicht zur Einhaltung der gesetzlichen Bestimmung in der Praxis offenbar höchst defizitär gehandhabt wird (vgl. den Erfahrungsbericht bei Balkenhol, Trendmonitor – Wirtschaftsausschuss, AiB 2023, 20 ff.).

Das Tatbestandsmerkmal der Rechtzeitigkeit kann nur erfüllt werden, wenn die Unterrichtung über wirtschaftliche Angelegenheiten zu einem Zeitpunkt erfolgt, bevor über diese entschieden worden ist (vgl. DKW-Däubler, § 106 Rn. 43; Hjort, Rechtzeitig und umfassend – wichtige Anhaltspunkte für eine ordnungsgemäße Unterrichtung des Wirtschaftsausschusses, AiB 2005, 221).

Vorverlagerung der Unterrichtung

Der Wirtschaftsausschuss darf nicht vor vollendete Tatsachen gestellt werden, sondern muss Zeit und Gelegenheit haben, die Angelegenheit angemessen mit dem zuständigen Betriebsrat und mit dem Unternehmer erörtern zu können. Für die Wahrnehmung seiner Beratungsfunktion bedarf es einer »**Vorverlagerung**« der Unterrichtung in die Phase der Planung, bevor abschließende Entscheidungen getroffen worden sind. Das bedingt das Postulat der rechtzeitigen Unterrichtung in § 106 Abs. 2 Satz 1 BetrVG; vgl. dazu bereits BAG vom 20. 11. 1884 – 1 ABR 64/82.

Diese Vorverlagerung (so zutreffend Fitting, § 106 Rn. 31, 31a) ist auch in Unternehmen sicherzustellen, die in einen Konzern integriert sind. Werden dort Maßnahmen geplant, die u. a. auch das Tochterunternehmen betreffen, so hat dieses, falls seine Geschäftsführung nicht ohnehin direkt in die Planung des Konzerns eingebunden sein sollte, sich die erforderlichen Informationen bei der Konzernspitze zu verschaffen, um diese dann dem bei ihm gebildeten Wirtschaftsausschuss zur Verfügung zu stellen.

Einen derartigen Anspruch auf rechtzeitige Unterrichtung und Beratung mindestens in den Fällen, in denen es sich um Information handelt, die (auch) das Tochterunternehmen betreffen, also »die es angeht« zu verneinen, bedeutet einen erkennbar rechtswidrigen Zustand zu akzeptieren, nämlich die rechtzeitige Einschaltung des Wirtschaftsausschusses zu verhindern.

Weiterhin die »Unwissenheit« der Leitungen von Konzerntöchtern zu tolerieren, deren Aufgabe ansonsten darin besteht, die Entscheidungen und Vorhaben des Konzerns zu exekutieren, bedeutet, den Wirtschaftsausschuss entgegen den gesetzlichen Anforderungen eben nicht »rechtzeitig« und »umfassend« einzubinden.

Dieser dauerhaft rechtswidrige – und auch nach § 121 BetrVG ordnungswidrige – Zustand kann keine Rechtmäßigkeit für sich beanspruchen.

Die Kernfrage sollte daher lauten, ob eine solche Unterrichtung über unternehmensrelevante Vorgänge, die letztlich nicht im Unternehmen selbst, sondern im Konzern verantwortet werden, geschuldet ist und wann aus rechtlicher Sicht eine entsprechende Kenntnis über diese Vorgänge bei den Unternehmensvertretern unterstellt und verlangt werden darf, wenn diese dem Wirtschaftsausschuss Rede und Antwort stehen?

Typische Konzernkonstellationen

Dies ist jedenfalls in folgenden, nicht abschließend beschriebenen, Konstellationen jeweils zu bejahen:

a) bei Organisationsformen im Konzern, die zu unternehmensübergreifender Zusammenarbeit und ggbfs. Personaleinsatz führen, etwa in Sparten- und Matrixorganisationen;

b) in einer Führungsstruktur, bei der die relevanten Entscheidungen und Planungen von der Konzernspitze aus gesteuert werden und als wichtiges Indiz hierfür entsprechende IT gestützte Berichtsfunktionen bestehen;

c) wenn in einer solchen Struktur die relevanten Mitbestimmungsangelegenheiten vom Konzernvorstand und dessen ihm zugeordneten Personalbereich (HR=Human Ressources und Legal) gesteuert werden;

d) bei partieller personeller Identität des Führungspersonals, also Vertreter der Unternehmensleitungen zugleich Funktionsträger in Führungsebenen im Konzern sind (Beispiel: GmbH-Geschäftsführer eines Tochterunternehmens zugleich Mitglied der Führungsebene oder sogar des Vorstands im Konzern);

e) bei konzernweiten Projekten, deren Projektziel mehr als eine Konzerntochter betreffen und deren Projektsteuerung und Projektteambesetzung unternehmensübergreifend angelegt sind;

f) in den Kernbereichen unternehmerischer Entscheidungen, die durch die EU-Richtlinien erfasst werden, namentlich bei der Planung von Massenentlassungen und von Betriebsübergängen, also sog. Outsourcing sowie generell bei Betriebsänderungen.

Lehnt die Unternehmensführung in solchen Konstellationen auf den Konzern und seine Entscheidungsebene sich beziehenden Informations- und Beratungsansprüche des Wirtschaftsausschusses ab, ist es angezeigt, die Frage der Einschaltung einer Einigungsstelle nach § 109 BetrVG zu prüfen (Einzelheiten dazu unter IV.6.3 sowie unter X.3). Es besteht dann ein Unterrichtungs- und Beratungsanspruch, der im Wege der Informationsverschaffung durch die Unternehmensebene zu gewährleisten ist.

Folgende **Einschränkung** ist dabei zu respektieren:

Der Umfang des Informationsrechts des Wirtschaftsausschusses erstreckt sich dabei (nur) so weit wie die aktive Tätigkeit des Unternehmens oder seine passive Betroffenheit etwa im Hinblick auf die Einführung bzw. Realisierung von Matrix-Strukturen reicht (vgl. Kort, NZA 2013, 1319, 1326; Fitting, § 106 Rn. 130a).

Mit dieser Einschränkung müssten sich auch bestehende Befürchtungen auflösen, wonach ansonsten quasi uferlose Auskunftsbegehren zu allen möglichen Konzerndaten um sich greifen würden. Folgerichtig ist es vielmehr, den Informationsverschaffungsanspruch stets zu bejahen in Bezug auf die Daten und Kennziffern sowie darauf aufsetzende Planungen des herrschenden (Konzern-) Unternehmens, die sich auf das beherrschte Unternehmen **auswirken bzw. auswirken können** (so ErfK-Kania, § 106 Rn. 2; Oetker, in: GK-BetrVG, § 106 Rn. 62; Fitting, § 106 Rn. 31a; Lerch/Weinbrenner, NZA 2013, 355 ff.).

Betroffenheit möglich

Das bedeutet, dass ein geltend gemachter Unterrichtungsanspruch hinsichtlich solcher Auskünfte und Unterlagen eines das Unternehmen beherrschenden Rechtsträgers ins Leere geht, wenn diese nicht die eigene Lage des Unternehmens betrifft, bei dem der Wirtschaftsausschuss gebildet ist, wohl aber immer dann, wenn jedenfalls im Sinne von § 106 Abs. 3 Nr. 10 BetrVG eine **Betroffenheit möglich** ist (»...*Interessen... wesentlich berührt (sein)* ***können***«).

6.3 Anrufung der Einigungsstelle

Wenn sich Unternehmens- und Betriebsratsseite wegen der Vorlage angeblich nicht zustehender, aber vom Wirtschaftsausschuss für relevant gehaltene (Konzern-)Daten auf das Zusammentreten der Einigungsstelle nicht verständigen können, stellt § 100 ArbGG ein beschleunigtes Verfahren zur Verfügung, eine Einigungsstelle zu installieren.

Nach § 100 Abs. 1 Satz 2 ArbGG kann ein hierauf gerichteter Antrag nur zurückgewiesen werden, *»wenn die Einigungsstelle offensichtlich unzuständig ist«*. Das könnte bei einer gefestigten höchstrichterlichen Rechtsprechung, wonach solche Auskunftsansprüche, die den Horizont des Unternehmens überschreiten, definitiv nicht bestehen, der Fall sein. Wie dargelegt, gibt es eine Vielzahl von Stimmen in der juristischen Fachwelt, die über die bisherige Rechtsprechung des Bundesarbeitsgerichts hinaus, weitergehende Informationsansprüche bejahen; vgl. oben Kap. IV. 4. Dass die Einigungsstelle in solchen Konstellationen nicht offensichtlich unzuständig ist, belegt auch die Entscheidung des LAG Niedersachsen vom 3. 11. 2019 – 1 TaBV 63/09: Dort wurde für Auskünfte von einer Konzernholdinggesellschaft eine Einigungsstelle zugelassen, nachdem durch Umstrukturierung ein Gemeinschaftsbetrieb mit mehreren Gesellschaften geschaffen wurde und dort die Holdinggesellschaft in Personalfragen »das Sagen« hatte. Die angerufene Einigungsstelle ist also bei Konzernbezug jedenfalls nicht »offensichtlich unzuständig«; so Oetker, in: GK-BetrVG § 106 Rn. 155.

Für die Einigungsstelle selbst könnte es in komplexen Konzernstrukturen hilfreich sein, den Berichtswegen und Entscheidungsstrukturen bzw. -kompetenzen im Konzern im Verhältnis zum Konzerntochterunternehmen nachzugehen, also zu ermitteln, aufgrund welcher Daten und Fakten Managemententscheidungen getroffen und auf welcher Ebene diese vorbereitet, geplant und umgesetzt werden. Die Frage, wie die Einbindung des betreffenden Unternehmens im Konzern erfolgt und warum daraus resultierend für die Erfüllung des gesetzlichen Anspruchs des Wirtschaftsausschusses über das Unternehmen hinausreichende, auf bestimmte sich auf das Unternehmen potenziell auswirkende Daten und Fakten aus dem Konzern benötigt werden, gilt es zu beantworten.

Aufklärungspflicht der Einigungsstelle

Die Einigungsstelle hat das Recht, den für die Entscheidung erheblichen Sachverhalt von Amts wegen aufzuklären. Nach pflichtgemäßem Ermessen kann die Einigungsstelle dazu eigene Ermittlungen vornehmen und zu diesem Zweck etwa Zeugen hören oder – was in wirtschaftlichen Zusammenhängen naheliegend sein könnte – »*Sachverständige anhören*« (so wörtlich § 109 Satz 3 BetrVG); vgl. ausführlich Fitting, § 76 Rn. 65 m.w.N.

Für die Beauftragung eines Sachverständigen für die Einigungsstelle braucht es auch nicht wie sonst eine Vereinbarung zwischen Arbeitgeber und Betriebsrat nach § 80 Abs. 3 BetrVG.

V. Befassung des Wirtschaftsausschusses mit dem Jahresabschluss

Erläuterung des Jahresabschlusses

Nach der Vorschrift des § 108 Abs. 5 BetrVG hat der Unternehmer dem Wirtschaftsausschuss den Jahresabschluss zu erläutern – und zwar in einer gemeinsamen Sitzung zusammen mit dem Betriebsrat bzw. Gesamtbetriebsrat (zum Jahresabschluss und seinen Bestandteilen vgl. insbesondere Teil B.III.3.).

1. Bestandteile des Jahresabschlusses

Zeitpunkt der Erläuterung

Mit dem **Jahresabschluss** gemeint sind die **Handelsbilanz** sowie die **Gewinn- und Verlustrechnung** (vgl. § 242 Abs. 3 HGB). Ergänzende Vorschriften bestehen für **Kapitalgesellschaften** (Näheres siehe Teil B.II.1.) und zwar abgestuft nach deren Größenordnung (§ 267 HGB). Bei diesen ist der Jahresabschluss um einen Anhang zu ergänzen, der die einzelnen Posten der Bilanz und der Gewinn- und Verlustrechnung ergänzt und erläutert (z. B. Bewertungs- und Abschreibungsmethoden, Anlagen- und Verbindlichkeitenspiegel, Mitarbeiterzahlen). Ein weiterer Bericht, der **Lagebericht**, soll auf Vorgänge von besonderer Bedeutung nach Schluss des Geschäftsjahres sowie auf die voraussichtliche Entwicklung der Gesellschaft und auf den Bereich von Forschung und Entwicklung eingehen. Auf Risiken der zukünftigen Entwicklung muss im Lagebericht eingegangen werden (zu Anhang und Lagebericht siehe Teil B.III.3.4). Die Anforderungen an den Lagebericht wurden in der jüngeren Vergangenheit in der Bedeutung stetig aufgewertet. Der Lagebericht ist zwar für sich genommen kein Teil des Jahresabschlusses selbst, er ist jedoch zusammen mit diesem dem Wirtschaftsausschuss als Unterlage zugänglich zu machen. Der Lagebericht gewinnt immer mehr an Bedeutung, ab 2024 wird die Nachhaltigkeitsberichterstattung nach der CSRD als Teil des Lageberichts sukzessive für alle Kapitalgesellschaften verpflichtend sein.

Leider enthält das Gesetz keinen Hinweis darauf, zu welchem **Zeitpunkt** der Jahresabschluss zu erläutern ist. Vielfach beruft sich die Unternehmerseite darauf, dass vor dem Testat durch den Abschlussprüfer und die Zustimmung der Unternehmensorgane hierzu keine Vorlagepflicht bestehe. Der Sinn der Unterrichtungspflicht liegt jedoch generell in einer möglichst frühzeitigen Unterrichtung der Arbeitnehmervertreter/innen. Der Jahresabschluss ist daher auch bereits dann zu erläutern, wenn er nur geprüft, aber noch nicht durch die maßgebenden Organe der Gesellschaft festgestellt worden ist (so ausdrücklich Fitting, § 108

Rn. 33, DKW-Däubler, § 108 Rn. 38; siehe auch LAG Berlin vom 13. 7. 1988 – 1 TaBV 3/88, AiB 1988, 314 ff.).

2. Inhalt der Erläuterungspflicht

Um den Jahresabschluss zu erläutern, reicht es nicht, ihn einfach in der Sitzung des Wirtschaftsausschusses vorzulesen oder durch meistens sehr vereinfachend gestaltete Folien nur plakativ darzustellen. Mitglieder des Wirtschaftsausschusses und des Betriebsrats bzw. Gesamtbetriebsrats haben das auch nach der Rechtsprechung ausdrücklich anerkannte Recht, **Fragen zum Jahresabschluss** zu stellen (vgl. BAG vom 18. 7. 1978 – 1 ABR 34/75, AP Nr. 1 zu § 108 BetrVG 1972) sowie **Notizen und Aufzeichnungen** zu machen. Das setzt aber voraus, dass regelmäßig vor der Wirtschaftsausschusssitzung bereits der Jahresabschluss selbst und die Unterlagen, die dazu gehören, ausgehändigt werden, damit die Sitzung auch im Hinblick auf etwaige Fragestellungen sinnvoll vorbereitet werden kann. Zur Erläuterung des Jahresabschlusses gehört auch die Vorlage und entsprechende Erläuterung des nach § 264 HGB aufzustellenden Lageberichts (DKW-Däubler, § 108 Rn. 35).

»Erläutern« heißt in diesem Zusammenhang das Erklären der einzelnen Positionen und die Darstellung der Zusammenhänge. Fragen aus dem Wirtschaftsausschuss und vom teilnehmenden Betriebsrat sind zu beantworten. Das hat so ausführlich zu geschehen, dass dem Wirtschaftsausschuss ein umfassendes Bild verschafft wird, sodass er im Ergebnis über einen dem Unternehmer vergleichbaren Informationsstand verfügt (vgl. nur Fitting, § 108 Rn. 29, 34).

Richtigerweise ist ein Exemplar des Jahresabschlusses den Mitgliedern des Wirtschaftsausschusses auszuhändigen, unabhängig davon, ob dieser zu veröffentlichen ist, was bei Kapitalgesellschaften stets, freilich in größenklassenbedingten Abstufungen, der Fall ist (Näheres siehe Teil B.III.2.). Immerhin ist die Offenlegung der Jahresabschlüsse und der Lageberichte (auch auf den Konzern bezogen) durch Ordnungsgeld erzwingbar; vgl. § 335 HGB. Auch Betriebsräte könnten beim zuständigen Registergericht (= Amtsgericht) anregen, dass gegen die gesetzlichen Vertreter der Kapitalgesellschaft ein Ordnungsgeld verhängt wird, wenn diese ihre entsprechenden Pflichten zur Veröffentlichung nicht erfüllen.

Wichtig:

Als Teil des Jahresabschlusses gilt auch der Konzernabschluss (vgl. Fitting, § 108 Rn. 31; DKW-Däubler, § 108 Rn. 34). Anders lässt sich der Anspruch auf umfassende Information über die wirtschaftlichen Angelegenheiten des Unternehmens nicht verwirklichen. Ohne Kenntnis des Konzernabschlusses kann bei konzerngebundenen Unternehmen kein zutreffendes Bild von der wirtschaftlichen und finanziellen Lage des Unternehmens und seiner vielfältigen Konzerneinbindung realisiert werden.

3. Vorlage von Wirtschaftsprüfungsberichten und anderen Unterlagen

Vorlage- und Erläuterungspflicht

Der Jahresabschluss mittelgroßer und großer Kapitalgesellschaften i.S.d. § 267 HGB ist prüfungspflichtig durch einen externen und unabhängigen Wirtschaftsprüfer. In manchen Unternehmen wird noch immer die Auffassung vertreten, dass der Wirtschaftsprüfungsbericht nicht zu den dem Wirtschaftsausschuss vorzulegenden Unterlagen gehöre, da dieser Bericht nicht Bestandteil des Jahresabschlusses sei (vgl. LAG Frankfurt vom 19.4.1988 – 4 TaBV 99/87, DB 1988, 1807). Oft wird dies auch mit der möglichen Verletzung von Geschäftsgeheimnissen begründet. Die ganz überwiegende Auffassung in Rechtsprechung und Literatur bezieht jedoch zutreffend den **Wirtschaftsprüfungsbericht** wegen seiner bedeutsamen Aussagekraft hinsichtlich der wirtschaftlichen Verfassung in die Vorlage- und Erläuterungspflicht des Unternehmers ein, weil nur so die umfassende Unterrichtung und Erläuterung des Jahresabschlusses gewährleistet ist (vgl. Fitting, § 106 Rn. 37, § 108 Rn. 32; DKW-Däubler, § 108 Rn. 36; für eine reine Vorlagepflicht nach § 106 Abs. 2 BetrVG unter Ausschluss weiterer Erläuterungen GK-BetrVG/Oetker, § 108 Rn. 65).

Auch das Bundesarbeitsgericht hat den Wirtschaftsprüfungsbericht als eine Unterlage aufgefasst, die wirtschaftliche Angelegenheiten des Unternehmens i.S.v. § 106 Abs. 2 BetrVG betrifft. Daher – so das BAG – ist der Beschluss einer Einigungsstelle wirksam, der den Unternehmer zur Vorlage des Wirtschaftsprüfungsberichts verpflichtet (vgl. BAG vom 8.8.1989 – 1 ABR 61/88, AP Nr. 6 zu § 106 BetrVG 1972). Ein Augenmerk sollte der Wirtschaftsausschuss darauf legen, dass es sich bei den vorgelegten Unterlagen auch tatsächlich um den vollständigen Wirtschaftsprüfungsbericht handelt; werden doch noch immer manche Gremien mit einem nur vordergründig und allenfalls optisch ansprechenden »Testatsexemplar« abgespeist, bei welchem es sich um nichts anderes als um den bloßen Jahresabschluss mit Lagebericht, nebst Bestätigungsvermerk[2] des Abschlussprüfers zum Zwecke der Offenlegung handelt.

Denn gerade den Ausführungen der Wirtschaftsprüfer zu den von ihnen durchgeführten Prüfungshandlungen und ihren daraus abgeleiteten Erkenntnissen und Einschätzungen kommt eine gesteigerte Bedeutung zu. Aufgrund der Erfahrungen mit der »plötzlichen« Pleite großer Unternehmen hat der Gesetzgeber im Jahre 1998 ein Gesetz zur Kontrolle und Transparenz im Unternehmensbereich (KonTraG) erlassen (vgl. BGBl. I S. 786). Danach sind börsennotierte Aktiengesellschaften zumindest verpflichtet, geeignete Maßnahmen zu treffen, insbesondere Überwachungssysteme einzurichten, damit bedrohliche, den Fortbestand der Gesellschaft gefährdende Entwicklungen möglichst früh erkannt werden können. Mit dem am 1.1.2021 in Kraft getretenen »Gesetz zur Regelung von Sanierungs- bzw. Restrukturierungsverfahren« (StaRUG) schaffen **§ 1 Abs. 1 Sätze 1 und 2 StaRUG** eine allgemeine und rechtsformübergreifende Regelung auf alle haftungsbeschränkten Gesellschaften zur Krisenfrüherkennungspflicht der Geschäftsleitung:

»Die Mitglieder des zur Geschäftsführung berufenen Organs einer juristischen Person (Geschäftsleiter) wachen fortlaufend über Entwicklungen, welche den Fortbestand der juristischen Person gefährden können. Erkennen sie solche Entwicklungen, ergreifen sie geeignete Gegenmaßnahmen und erstatten den zur Überwachung der Geschäftsleitung berufenen Organen (Überwachungsorganen) unverzüglich Bericht [...].«

Ziel des Gesetzgebers ist es, dass in den Unternehmen Fehlentwicklungen bis hin zur Insolvenz noch so rechtzeitig erkannt werden, dass noch gegengesteuert werden kann. Der Wirtschaftsausschuss kann sich also darauf berufen, dass die Geschäftsleitung ein solches Früherkennungssystem zur rechtzeitigen Erkennung einer Insolvenzgefahr implementiert hat und sollte sich regelmäßig von dessen Wirksamkeit überzeugen.

Vor diesem Hintergrund sind die Wirtschaftsprüfer wiederum verpflichtet, in ihren Berichten gesondert auf die **Risiken der künftigen Entwicklung** einzugehen. In § 321 HGB ist darüber hinaus normiert, dass die Abschlussprüfer sich zu befassen haben mit der »Beurteilung des Fortbestandes und der künftigen Entwicklung des Unternehmens«. In den Bericht sind ferner gegebenenfalls festge-

---

2 Bei Aktiengesellschaften ergänzt um den Bericht des Aufsichtsrats, bei börsennotierten Aktiengesellschaften zusätzlich noch die Entsprechenserklärung zum Deutschen Corporate Governance Kodex.

stellte Tatsachen aufzunehmen, wonach der »Bestand des geprüften Unternehmens oder des Konzerns (...) oder seine Entwicklung« gefährdet oder wesentlich beeinträchtigt ist.

»Frühwarnsystem«

Die Schaffung eines solchen **Frühwarnsystems auf Unternehmensebene** kann den Betriebsräten nur recht sein. Sie haben daher allen Anlass, auch die in diesem Zusammenhang stehenden Informationen und Bewertungen zu erhalten und für die Tätigkeit der betrieblichen Interessenvertretung zu verwerten und diesbezügliche Informationen aus nicht-börsennotierten Gesellschaften entsprechend nachzufragen.

Neben dem Wirtschaftsprüfungsbericht gehören zu den vorzulegenden und zu erläuternden Unterlagen auch die **Steuerbilanzen**. Diese sind jedenfalls dann zu übergeben, wenn sie von der Handelsbilanz abweichen – was praktisch immer der Fall ist – oder sie zur Berichtigung der Handelsbilanz dienen (DKW-Däubler, § 108 Rn. 37; Fitting, § 108 Rn. 32).

VI. Arbeit mit einem Kennziffern-Informationssystem

Ziel des Kennzahlensystems

Viele Betriebsräte und Wirtschaftsausschüsse arbeiten mittlerweile mit einem sog. **Kennzahlensystem**. Wesentliches Ziel eines solchen Kennziffernsystems ist im Hinblick auf die Früherkennung von Unternehmenskrisen die **laufende Erhebung und Verarbeitung** von immer wiederkehrenden Fragestellungen, die die wirtschaftliche Lage des Unternehmens, insbesondere aber auch die Auswirkungen der Unternehmenspolitik auf die Beschäftigten betreffen. Sie reichen von Angaben zum Personalbestand, deren Struktur, Qualifikation und Einkommenssituation, Arbeitsbedingungen, Arbeitszeitregelungen über Umweltbelastungen bis hin zum Auftragseingang, Lagerbestand, Umsatz, Jahresüberschuss sowie zur Gewinnausschüttung und Arbeitsproduktivität.

Umstritten ist, ob der Wirtschaftsausschuss das Recht hat zu verlangen, dass der Unternehmer in regelmäßigen Zeitabständen nach den Vorgaben eines Kennziffernkatalogs konkrete Auskünfte in Form von Zahlen erteilt. Das LAG Baden-Württemberg hatte dies ursprünglich abgelehnt (vgl. Beschluss vom 22.11.1985 – 5 TaBV 6/85, DB 1986, 334). Diese Entscheidung dürfte überholt sein. In praktisch allen Unternehmen ist aufgrund vielfältiger Anwendung von Informationstechnik von dem Vorhandensein solcher Informationen, sei es in Form von Rohdaten oder bereits in aufbereiteter Form, auszugehen. **Management-Informationssysteme** gehören in aller Regel zum betrieblichen Alltag.

Management-Report

Da in praktisch allen Unternehmen relevante Kennziffern vorhanden sind, etwa im Rahmen des internen **Rechnungs- und Berichtswesens**, ist es selbstverständlich, dass der Wirtschaftsausschuss den Anspruch hat, über diese Daten ebenfalls zu verfügen. Dabei ist der Unternehmer verpflichtet, die bei ihm vorhandenen Informationen gegebenenfalls in überschaubarer Form für die Zwecke des Wirtschaftsausschusses aufzubereiten, so dass es im Grunde genommen nur darum geht, vorhandene Informationen weiterzugeben bzw. diese neu zu strukturieren. Durch die regelmäßige, möglichst IT-gestützte Abfrage zu immer wiederkehrenden Kennziffern kann daraus im Laufe der Zeit ein eigenes Frühwarnsystem beim Wirtschaftsausschuss bzw. Betriebsrat entstehen. Sinn und Zweck solcher Informationssysteme ist es schließlich, auch Klarheit und Ordnung in die Fülle der vorhandenen Daten zu bringen und eine schnelle Auswertung (auf einen Blick) zu ermöglichen. Dazu sollte aus dem Kreis des Wirtschaftsausschusses ein **Kennziffernkatalog, möglichst orientiert an dem für die Vorstände entwickelten Management-Report,** entwickelt werden, dessen

Struktur dann auch für die regelmäßige Informationsbeschaffung beibehalten wird. So lassen sich Aussagen treffen über Planabweichungen und – wenn vorhanden – Abweichungen der Ist-Daten von den Daten vergangener Bilanzzeiträume. Dabei sollte sich der Kennziffernkatalog auf die spezifischen Problemstellungen der jeweiligen Unternehmensbereiche beziehen. Entsprechend dem im Unternehmen vorhandenen internen Berichtswesen, also in aller Regel monatlich, sollten dann die im Kennziffernkatalog festgelegten Anforderungen von der Unternehmensleitung erfüllt werden.

VII. Betriebs- und Geschäftsgeheimnisse – Mittel zur Beschränkung der Unterrichtungspflicht?

Unterrichtungspflicht

Der Unternehmer ist verpflichtet, den Wirtschaftsausschuss rechtzeitig und umfassend über praktisch alle relevanten wirtschaftlichen Angelegenheiten zu unterrichten. Nach § 106 Abs. 2 BetrVG ist diese Unterrichtungspflicht aber eingeschränkt, nämlich »soweit dadurch nicht die Betriebs- und Geschäftsgeheimnisse des Unternehmens gefährdet werden«.

Stünde es im Belieben des Unternehmers, Informationen und entsprechende Unterlagen als Gefährdung von Geschäftsgeheimnissen zu deklarieren, würde die gesetzliche Informationspflicht zur reinen Farce werden. Es fragt sich also, welche Bedeutung die Vorschrift des § 106 Abs. 2 BetrVG hat.

Geheimnisschutz

Nach richtiger Auffassung entbehrt diese Vorschrift einer eigenständigen rechtlichen Bedeutung. Der Unternehmer hat nämlich gemäß § 79 BetrVG die Möglichkeit, einzelne Informationen, den Inhalt von Unterlagen oder Unterlagen selbst als geheimhaltungsbedürftig zu bezeichnen. Die Vorschrift des §79 BetrVG sichert also – wo nötig – die Verschwiegenheitspflicht (vgl. Fitting, § 106 Rn. 43). In einem solchen Fall, ein echtes Betriebs- oder Geschäftsgeheimnis vorausgesetzt, sind nicht nur die Betriebsratsmitglieder zum Schweigen verpflichtet – auch nach ihrem Ausscheiden aus dem Betriebsrat. Nach § 79 Abs. 2 BetrVG gilt diese Vorschrift ausdrücklich auch für die Mitglieder und Ersatzmitglieder des Wirtschaftsausschusses. Durch diese Regelung des BetrVG ist der eigentliche Sinn von § 106 Abs. 2 BetrVG entfallen. Es handelt sich um ein »**Redaktionsversehen**«. Trotz der Ausdehnung der Schweigepflicht auf Wirtschaftsausschussmitglieder im Rahmen von § 79 BetrVG wurde die bereits früher im BetrVG 1952 enthaltene besondere Schweigepflicht für Wirtschaftsausschussmitglieder bei der Gesetzesnovellierung im Jahre 1972 beibehalten (so zutreffend GK-Fabricius, 6. Auflage 1997, § 106 Rn. 79 ff.).

1. Voraussetzungen für die Anerkennung als Geheimnis

Insgesamt unterliegt der Geheimnisschutz erheblichen **Einschränkungen:**

Geheimnisschutz Voraussetzungen

1. Die angeblich geheimhaltungsbedürftige Information muss in unmittelbarem Zusammenhang mit dem Betrieb oder der wirtschaftlichen Betätigung des

Unternehmens stehen. Dabei kommen als Betriebs- bzw. Geschäftsgeheimnisse etwa vertrauliche Patente, spezielle Herstellungsverfahren, Mixturen, Lizenzen oder interne Unterlagen über zukünftige technische Produktionsweisen in Betracht. Unter Umständen können als Geschäftsgeheimnisse auch Kunden- bzw. Vertriebslisten oder interne Kalkulationsunterlagen (z. B. über Rabattsätze) gelten. Ein Geschäftsgeheimnis kann natürlich auch die Absicht darstellen, neue Unternehmensbeteiligungen zu erwerben. Solche Tatbestände betreffende Informationen sind aber nur dann geheimhaltungsbedürftig, wenn zusätzlich die im Weiteren erläuterten Voraussetzungen erfüllt sind.

2. Die Information ist nur einem eng begrenzten Personenkreis im Unternehmen (z. B. dem Vorstand oder Führungskräften) bekannt. Sobald die Information – und sei es als Gerücht – im Betrieb oder in der Öffentlichkeit kursiert, ist im Regelfall kein Geheimnis mehr gegeben.
3. Es muss auch ein objektives Interesse an der Geheimhaltung dadurch begründet sein, dass ansonsten der Bestand oder die Entwicklung des Unternehmens gefährdet wäre. Es bedarf also des Nachweises, dass bei Bekanntwerden des Geschäftsgeheimnisses für das Unternehmen der Eintritt eines Vermögensschadens zu erwarten ist.
4. Zusätzlich gilt, dass die durch Tatsachen begründete Besorgnis bestehen muss, dass Mitglieder des Wirtschaftsausschusses ihnen anvertraute vertrauliche Informationen an Außenstehende weitergeben, obwohl eine Verletzung ihrer Schweigepflicht nach § 120 BetrVG sogar mit strafrechtlichen Mitteln geahndet werden kann (vgl. DKW-Däubler, § 106 Rn. 62; Fitting, § 106 Rn. 45). Eine solche Unzuverlässigkeit kann vom Unternehmen nur eingewandt werden, wenn beispielsweise in der Vergangenheit einzelne Mitglieder des Wirtschaftsausschusses gegen ihre Geheimhaltungspflichten verstoßen haben. Dabei zählt der immer zulässige Informationsaustausch zwischen den Wirtschaftsausschussmitgliedern und den Betriebsratsgremien nicht dazu, weil zwischen diesen Gremien – wie erläutert – keine Schweigepflicht existiert.

Vom Grundsatz bleibt es also dabei, dass der Wirtschaftsausschuss auch über solche Vorgänge zu unterrichten ist, die Betriebs- und Geschäftsgeheimnisse beinhalten (vgl. OLG Karlsruhe vom 7. 6. 1985 – 1 Ss 68/85, NZA 1985, 570 ff.).

2. Insidertatsachen und Wirtschaftsausschuss

Von Unternehmensseite wird die Informationsverweigerung gegenüber dem Wirtschaftsausschuss manchmal auch mit dem Verbot sog. Insidergeschäfte Insidertatsachen begründet, also insbesondere Geschäfte mit Wertpapieren, die auf der Kenntnis von internen, nicht öffentlich bekannten Tatsachen beruhen. Daneben besteht das Verbot, Insidertatsachen unrechtmäßig offenzulegen. Diese Verbote fanden ursprünglich ihre Grundlage in § 14 WpHG. Diese und andere Normen des WpHG wurden abgelöst durch die die unmittelbar geltende Verordnung (EU) Nr. 596/2014 (Marktmissbrauchsverordnung [MAR]).

Vor allem in börsennotierten Unternehmen wird damit argumentiert, dass bei Informationen an den Wirtschaftsausschuss dessen Mitglieder vor der allgemeinen Öffentlichkeit Kenntnis von geschäftlich relevanten Vorgängen erhalten und daher in die Lage versetzt würden, durch den Erwerb oder die Veräußerung von Wertpapieren solche Insiderkenntnisse zu nutzen. Damit wird dann begründet, dass ein Verstoß gegen die MAR vorliegen soll.

»Unrechtmäßig«

Dieser Einwand ist rechtlich unzutreffend. Grundsätzlich ist die Offenlegung von Insiderinformationen gegenüber dem Wirtschaftsausschuss nach § 106 Abs. 2 BetrVG zulässig. Begrenzt werden könnte dies allenfalls durch den Schutz von Unternehmens- und Geschäftsgeheimnissen. Dabei kann nicht so vorgegangen werden, dass nur dann, wenn die Gefährdung von Unternehmens- und Geschäftsgeheimnissen ausgeschlossen ist, eine Offenlegung erfolgen darf. Eine Abwägung zwischen dem Offenlegungsinteresse einerseits und dem Informationsgeheimhaltungsinteresse andererseits, muss als entscheidendes Kriterium für die Offenlegungsbefugnis berücksichtigen, dass bei solchen Insiderinformationen eine Pflicht der Ausschussmitglieder zur Geheimhaltung besteht, die gesetzlich in § 79 BetrVG verankert ist. Eine Mitteilung nach Art. 17 Abs. 8 MAR ist in diesem Zusammenhang aus dem gleichen Grund (gesetzliche Geheimhaltungspflicht) nicht erforderlich.

Zugunsten einer Offenlegung gegenüber dem Ausschuss spricht darüber hinaus, dass dadurch eine vertrauensvolle Zusammenarbeit zwischen der Geschäftsleitung und dem Ausschuss gewährleistet wird. (Schwark/Zimmer-Kumpan/Grütze, 5. Aufl. 2020, VO (EU) 596/2014 Art. 10 Rn. 61).

Schließlich scheidet ein Verstoß gegen Art. 14 MAR schon deshalb aus, weil dort nur das unrechtmäßige Offenlegen von Insidertatsachen verboten ist. Das Merkmal »**unrechtmäßig**« ist nämlich dann nicht gegeben, wenn eine **gesetzliche Verpflichtung zur entsprechenden Informationsgewährung** besteht. Genau darum handelt es sich aber, wenn entweder der Betriebsrat im Rahmen seiner Rechte oder aber der Wirtschaftsausschuss nach § 106 Abs. 2 BetrVG informiert wird (so DKW-Däubler, § 106 Rn. 59, 60; Fitting, § 106 Rn. 32, 35;

Oetker, in: GK-BetrVG, § 106 Rn. 124 zur identischen Rechtslage bei § 14 WpHG a.F.: Kappes, NJW 1995, 2832 f.)

Dem kann auch nicht die Entscheidung des EuGH vom 22.11.2005 – C-384/02, WM 2008, 612 entgegengehalten werden, die den Fall betraf, dass ein Arbeitnehmervertreter im Verwaltungsrat einer dänischen Gesellschaft Insiderinformationen an einen externen Dritten – verbotenerweise so der EuGH – weitergab. Innerhalb der Aufgabenstellung des Wirtschaftsausschusses und verbleibend im Kreise der Arbeitnehmervertretung sind Insiderinformationen ebenso wie Betriebs- und Geschäftsgeheimnisse zulässiger – und geschützter – Gegenstand der internen Unterrichtung und Beratung.

Deswegen besteht die Informationspflicht gegenüber dem Wirtschaftsausschuss auch unabhängig von der sog. Ad-hoc-Publizitätsverpflichtung nach Art. 17 MAR und besteht ggbfs. bereits zu einem früheren Zeitpunkt (vgl. Fitting, § 106 Rn. 32. Spätestens mit Information der Öffentlichkeit, aber auch ohne weiteres früher ist der Wirtschaftsausschuss zu unterrichten; vgl. Oetker, in: GK-BetrVG, § 106 Rn. 122).

Insiderinformationen verbleiben auch sonst nicht in den Köpfen nur weniger Entscheidungsträger. Innerhalb des Unternehmens ist notwendigerweise eine Reihe von Personen beteiligt, von den Mitgliedern des Aufsichtsrates bis hin zu Mitarbeiter/innen, die z. B. mit entsprechenden Vertragsentwürfen befasst sind. So soll es unerlässlich sein, Insiderinformationen zur Prüfung an die Compliance- und Rechtsabteilung weiterzuleiten (vgl. Assmann/Schütze/Buck-Heeb, Handbuch des Kapitalanlagerechts, § 8 Rn. 256). Auch werden üblicherweise externe wie interne Berater, Anwälte, Steuerfachleute etc. eingeschaltet, welche allesamt einer spezifischen Geheimhaltungsverpflichtung unterliegen. Wenn aber eine solche sachlogische Weitergabe keine unzulässige Verbreitung darstellt, kann nichts anderes für die Organe der Betriebsverfassung gelten, da sie im Rahmen der Betriebsverfassung befugt sind, diese Informationen zu einem möglichst frühen Zeitpunkt zu erhalten (Fischer, Betriebsverfassungsrechtliche Informationsansprüche bei Börsennotierung des Unternehmens in den USA, DB 1998, 2606, 2607). Dass insiderrelevante Tatsachen regelmäßig bis zur Bekanntgabe an die Öffentlichkeit ein Geschäftsgeheimnis darstellen, entbindet wie auch sonst bei Betriebs- und Geschäftsgeheimnissen das Unternehmen nicht von der geschuldeten Unterrichtung gegenüber Wirtschaftsausschuss und Betriebsrat.

Bei der also grundsätzlich als zulässig angesehenen Offenlegung ist aber anerkannt, Vorkehrungen gegen eine unkontrollierte Weiterverbreitung der Insiderinformationen zu treffen. Diese bestehen vor allem in der Belehrung des Empfängers über die insiderrechtlichen Vorschriften und dessen Verpflichtung zur Vertraulichkeit – was in der Praxis meist miteinander verbunden wird. Das ergibt sich letztlich aus dem Zusammenspiel der Regelungen der MAR und anderen Bestimmungen des Insiderrechts. So müssen die, die Wertpapiere ausgeben (Emittenten) und alle für sie handelnden Personen dafür sorgen, dass alle von ihnen auf einer Insiderliste zu erfassenden Personen die für sie geltenden insiderrechtlichen Pflichten anerkennen, einschließlich der bei Verstößen geltenden Sanktionen.

Ergebnis: Der Arbeitgeber verstößt also nicht etwa gegen gesetzliche Pflichten, wenn er den Wirtschaftsausschuss informiert – und zwar so umfassend, wie dies in § 106 BetrVG gesetzlich vorgeschrieben ist. Im Gegenteil: Ein Arbeitgeber, der aufgrund des angeblichen Verbots der Weitergabe von Insiderinformationen seinen Wirtschaftsausschuss oder Betriebsrat unzureichend informiert, handelt rechtswidrig.

3. Anwendungsbereich des Geschäftsgeheimnisgesetzes

Mit Gesetz vom 18.4.2019 wurde die EU-Richtlinie 2016/943 umgesetzt und der Begriff des Geschäftsgeheimnisses im Rahmen des nationalen Rechts definiert. Danach soll ein Geschäftsgeheimnis eine Information sein, die weder allgemein bekannt noch ohne Weiteres zugänglich ist, aber wirtschaftlichen Wert aufweist, die vom berechtigten Inhaber durch Geheimhaltungsmaßnahmen geschützt wird und für die ein berechtigtes Interesse an der Geheimhaltung besteht; vgl. § 2 Abs. 1 GeschGehG.

Dadurch werden aber nach allgemeiner Auffassung weder der Schutzbereich des § 79 BetrVG erweitert noch sonst Beteiligungsrechte des Betriebsrats berührt. Dies ergibt sich insbesondere aus § 1 Abs. 3 Nr. 4 GeschGehG, wonach »*die Rechte und Pflichten aus dem Arbeitsverhältnis und* ***die Rechte der Arbeitnehmervertretungen***« unberührt bleiben. Dass Gesetz unterstreicht ferner positiv in § 3 Abs. 1 Nr. 3 GeschGehG, dass »*ein Geschäftsgeheimnis erlangt werden (darf) durch (...) ein Ausüben von Informations- und Anhörungsrechten der Arbeitnehmer oder Mitwirkungs- und Mitbestimmungsrechte der Arbeitnehmervertretung*«.

Dem Unternehmer ist es also nicht gestattet, sich mit Hinweis auf ein Geschäftsgeheimnis von seiner Informationsverpflichtung gegenüber dem Betriebsrat und natürlich auch nicht gegenüber dem Wirtschaftsausschuss zu befreien (vgl. Fitting, § 79 Rn. 3a).

4. Einigungsstelle entscheidet über Vorliegen eines Geschäftsgeheimnisses

Anrufung der Einigungsstelle

Ferner ist für die Handlungskompetenz des Wirtschaftsausschusses und des dahinterstehenden Betriebsrats entscheidend, dass die Deklaration von Informationen als Geschäftsgeheimnis – mit der Konsequenz der Vorenthaltung gegenüber dem Wirtschaftsausschuss – keineswegs wehrlos zur Kenntnis genommen werden muss. Ist nämlich der Wirtschaftsausschuss ganz anderer Auffassung als die Unternehmensleitung, kann der Wirtschaftsausschuss unverzüglich den Betriebsrat bzw. Gesamtbetriebsrat einschalten. Wird in Gesprächen zwischen Betriebsrat bzw. Gesamtbetriebsrat und Unternehmensleitung kein Einvernehmen über das Bestehen eines Geschäftsgeheimnisses hergestellt, so kann der Betriebsrat bzw. Gesamtbetriebsrat unverzüglich die Einigungsstelle gemäß § 109 BetrVG anrufen. Nach der Rechtsprechung des BAG besteht insoweit eine sog. **Primärzuständigkeit** der Einigungsstelle, d. h. diese ist berechtigt, zu entscheiden, ob bestimmte Unterlagen vorgelegt werden müssen oder nicht. Hierüber hat die Einigungsstelle abschließend zu entscheiden (vgl. ausdrücklich BAG vom 8.8.1989 – 1 ABR 61/88, AP Nr. 6 zu § 106 BetrVG 1972; BAG vom 11.7.2000 – 1 ABR 43/99, DB 2001, 598 ff.).

Primärzuständigkeit der Einigungsstelle

Eine extensive Ausweitung der Geheimhaltungspflicht – wie von manchen Unternehmen angestrebt – widerspricht auch der Rechtslage. Gerade bei interessensausgleichspflichtigen Betriebsänderungen ist eine Deklarierung der dazu gehörenden Vorgänge zum Geschäftsgeheimnis unzulässig; allenfalls für einzelne bestimmte Tatsachen, für die der Arbeitgeber ein konkretes und berechtigtes wirtschaftliches Interesse darlegt, ist dies möglich (vgl. LAG Schleswig-Holstein vom 20.5.2015 – 3 TaBV 35/14, NZA-RR 2016, 77; LAG Hessen vom 20.3.2017 – 16 TaBV 12/17, FA 2017, 202).

VIII. Unterrichtung der Arbeitnehmer/innen über die wirtschaftliche Lage und Entwicklung des Unternehmens

Vierteljährliche Unterrichtung

In allen Unternehmen, in denen mehr als 20 wahlberechtigte Arbeitnehmer/innen beschäftigt werden, ist der Unternehmer verpflichtet, die Beschäftigten mindestens einmal im Quartal über die wirtschaftliche Lage und Entwicklung des Unternehmens zu unterrichten. Wenn dem Unternehmen mehr als 1000 Arbeitnehmer/innen ständig angehören, muss diese vierteljährliche Unterrichtung sogar schriftlich erfolgen.

Abstimmung des Berichts

Die Unterrichtung muss nach dem eindeutigen Gesetzeswortlaut des § 110 Abs. 1 BetrVG mindestens **einmal** in jedem **Kalendervierteljahr** erfolgen. Die genaue Bestimmung des Termins ist dabei allerdings Sache des Unternehmers. Sein Bericht ist vorher mit dem Wirtschaftsausschuss und dem Betriebsrat abzustimmen. Es besteht also eine **Beratungspflicht!** Ihr Sinn liegt darin, es Wirtschaftsausschuss und Betriebsrat zu ermöglichen, auf die Inhalte des Berichts Einfluss zu nehmen. Wenn auch der Unternehmer für den Inhalt seiner Berichterstattung verantwortlich bleibt (so BAG vom 1.3.1966 – 1 ABR 14/65, AP Nr. 1 zu § 69 BetrVG), so soll die vorherige Abstimmung es dem Wirtschaftsausschuss und dem Betriebsrat ermöglichen, die von ihnen für wichtig gehaltenen Gesichtspunkte in den Bericht aufzunehmen.

Aufnahme ihrer Sichtweise

Allerdings folgt aus dieser Beratungspflicht nach der Rechtsprechung des Bundesarbeitsgerichts nicht, dass der Betriebsrat auch direkt Einfluss nehmen kann, welche Angaben in den Quartalsbericht aufzunehmen sind. Trotz der Beratungspflicht bleibt es alleinige Sache des Unternehmens, über die wirtschaftliche Lage und die Entwicklung des Unternehmens in eigener Verantwortung zu informieren (so BAG vom 14.5.2013 – 1 ABR 4/12, NZA 2013, 1223 ff.). Die Auffassung, wonach dann, wenn keine Einigung über den Inhalt des Berichtes erzielt wird, Betriebsrat bzw. Gesamtbetriebsrat und Wirtschaftsausschuss das Recht hätten, die Aufnahme ihrer Sichtweise in den Quartalsbericht oder die Verteilung eines »Alternativberichts« zu verlangen (vgl. Fitting, § 110 Rn. 4; DKW-Däubler, § 110 Rn. 12; ErfK-Kania, § 110 Rn. 6: nur Alternativbericht möglich; a.A. GK-BetrVG-Oetker, § 110 Rn. 22 f.), dürfte nach der BAG-Entscheidung vom 14.5.2013 nicht mehr durchsetzbar sein.

Eigene Berichte zulässig

Unabhängig davon können aber die Betriebsräte selbst gegenüber den Beschäftigten einen eigenen Bericht etwa in Form eines Flugblatts, einer Betriebsratszeitung oder als Aushang am Schwarzen Brett zukommen lassen. Der Arbeitgeber hat hierfür in aller Regel die Kosten zu tragen (vgl. BAG vom 21.11.1978 – 6 ABR 85/76, BB 1979, 523). Inhalt eines solchen schriftlich gegenüber den Beschäftigten abgegebenen Berichts kann auch eine Darstellung des Wirtschaftsausschusses über die aus seiner Sicht gegebene wirtschaftliche Entwicklung des Unternehmens sein, wobei natürlich keine Geschäftsgeheimnisse offengelegt werden dürfen.

Interessant ist, dass die Berichtspflicht in kleineren Unternehmen bereits einsetzt, sobald mehr als 20 wahlberechtigte Arbeitnehmer/innen ständig beschäftigt werden. Es besteht also die Berichtspflicht auch dort, **wo kein** Anspruch besteht, einen **Wirtschaftsausschuss** zu bilden. Mangels Wirtschaftsausschusses ist hier der Vierteljahresbericht direkt mit dem Betriebsrat bzw. Gesamtbetriebsrat abzustimmen. Geeignetes Forum für die Abgabe des Vierteljahresberichts sind Betriebs- bzw. Abteilungsversammlungen.

Betriebsrat bzw. Gesamtbetriebsrat haben wirksame Möglichkeiten, die gesetzlich vorgeschriebenen Berichte zu erzwingen. Weigert sich ein Unternehmer, einen solchen Bericht abzugeben oder hält er den vorgeschriebenen Quartalsrhythmus nicht ein, kann der Betriebsrat – zweckmäßigerweise nach vorheriger schriftlicher Abmahnung – hierzu ein Beschlussverfahren beim Arbeitsgericht wegen eines groben Verstoßes gegen betriebsverfassungsrechtliche Pflichten nach § 23 Abs. 3 BetrVG einleiten. Dies gilt auch, wenn die Arbeitnehmervertretungen vor der Unterrichtung nicht ordnungsgemäß beteiligt waren und keine Abstimmung des Berichts über die wirtschaftliche Lage und Entwicklung des Unternehmens stattgefunden hat (so ausdrücklich BAG vom 14.5.2013 – 1 ABR 4/12, NZA 2013, 1223 ff.). Nach rechtskräftiger Verurteilung und wiederholter Unterlassung können dann schnell umfangreiche Ordnungs- bzw. Zwangsgelder fällig werden.

Ordnungswidrigkeit

Schließlich handelt ein Unternehmer ordnungswidrig, wenn er nicht rechtzeitig, wahrheitswidrig oder nur unvollständig unterrichtet. Dies ergibt sich aus § 121 Abs. 1 BetrVG. In dieser zentralen Bußgeldvorschrift des Betriebsverfassungsgesetzes ist die Pflicht aus § 110 BetrVG ausdrücklich aufgeführt worden, sodass hier im Falle einer festgestellten Ordnungswidrigkeit eine Geldbuße bis zu 10 000,00 Euro verhängt werden kann (vgl. § 121 Abs. 2 BetrVG).

Die Feststellung einer Ordnungswidrigkeit setzt den Nachweis des Vorsatzes auf Unternehmerseite voraus. Eine fahrlässige Begehung reicht nicht. Der Arbeitgeber wird sich regelmäßig darauf berufen, die gesetzlichen Aufklärungs- und Auskunftspflichten nicht zu kennen. Dieser Einwand ist jedoch unbeachtlich (vgl.

Fitting, § 121 Rn. 6). Hilfreich – und für den Nachweis des Vorsatzes von großer praktischer Bedeutung – kann es sein, den Unternehmer durch den Betriebsrat in schriftlicher Form abzumahnen, indem dieser die Erfüllung der betriebsverfassungsrechtlichen Auskunftspflichten einfordert. Wer hierauf als Unternehmer nicht reagiert und sich spätestens dann nicht über seine gesetzlichen Pflichten informiert, sondern sie in der Folgezeit weiter missachtet, wird kaum eine Chance vor den Gerichten haben, sich auf mangelnden Vorsatz zurückzuziehen.

Stets ist sehr sorgsam von Betriebsratsseite zu prüfen ist, ob ein Bußgeldverfahren eingeleitet werden soll. In aller Regel ist dies nur dann zu empfehlen, wenn vorher alle anderen gesetzlichen Möglichkeiten ausgeschöpft wurden.

Meinungsverschiedenheiten

Darüber hinaus gilt auch hier, dass Meinungsverschiedenheiten zwischen dem Betriebsrat bzw. Gesamtbetriebsrat und dem Wirtschaftsausschuss einerseits und der Unternehmensleitung andererseits bzgl. der Pflicht zur Berichterstattung selbst, über Art und Umfang der Einbeziehung von Betriebsrat bzw. Gesamtbetriebsrat und Wirtschaftsausschuss sowie über die Inhalte des Berichts durch ein vom Betriebsrat bzw. Gesamtbetriebsrat eingeleitetes Beschlussverfahren geklärt werden können. So ist beispielsweise der Betriebsrat berechtigt, im Beschlussverfahren den Antrag zu stellen, den Unternehmer zur Erstattung des Berichts zu verpflichten (vgl. DKW-Däubler, § 110 Rn. 17; GK-BetrVG-Oetker, § 110 Rn. 33 f.).

Aus Betriebsratssicht ist die vierteljährliche Unterrichtungspflicht in der Bedeutung nicht zu unterschätzen, geht es doch darum, dass die Belegschaft über diesen Weg Informationen über den wirtschaftlichen Stand des Unternehmens und die einzuschlagende Entwicklung erhält.

IX. Zusammenarbeit des Wirtschaftsausschusses mit Arbeitnehmervertretern

1. Zielsetzung: Verbesserung der Einflussmöglichkeiten für eine arbeitnehmerorientierte Interessenvertretung

Effektive Interessenvertretung

Die Tätigkeit des Wirtschaftsausschusses ist **kein Selbstzweck**. Seine Bedeutung wird offensichtlich, wenn sich die an einer effektiven Interessenvertretung interessierten Arbeitnehmer/innen verdeutlichen, dass die Betriebsverfassung keine Mitbestimmung über wirtschaftliche Angelegenheiten kennt. Beteiligungsrechte bestehen insoweit nur in den Fällen, wenn der Unternehmer Betriebsänderungen, die in der Regel mit erheblichen Nachteilen für die betroffenen Arbeitnehmer/innen verbunden sind, durchführt. Auch hierbei ist allerdings lediglich der Sozialplan erzwingbar, nicht aber ein Interessenausgleich (also das »Ob« und »Wie« einer Betriebsänderung, vgl. §§ 111–113 BetrVG). Klar ist auch: Der Wirtschaftsausschuss kann fehlende Beteiligungsrechte der Betriebsräte nicht kompensieren. Er kann aber zumindest gewährleisten, dass die für die Wahrung der Beschäftigteninteressen im Betrieb und Unternehmen verantwortlichen Funktionsträger möglichst umfassend über die wirtschaftliche Situation und Entwicklung des Unternehmens informiert sind. Nur eine **umfangreiche und zutreffende Unterrichtung** über den Stand der Dinge und die mutmaßlichen Planungen des Unternehmens können eine Einflussnahme überhaupt ermöglichen – sei es durch eine **gezielte betriebliche Öffentlichkeitsarbeit** oder durch die Ausübung von Beteiligungsrechten in anderen betriebsverfassungsrechtlichen Fragestellungen.

Beispiel:

Erzwingbare Mitbestimmungsrechte

Der Unternehmer weigert sich, aussagefähige Unterlagen zur Produktions- und Absatzlage vorzulegen (vgl. § 106 Abs. 3 Nr. 2 BetrVG). Der Betriebsrat befürchtet, dass die voraussichtliche Entwicklung das Unternehmen entweder zu betriebsbedingten Entlassungen oder zur Durchführung von Kurzarbeit veranlassen könnte. In einer solchen »offenen« Situation wird der zuständige Betriebsrat ernsthaft die weitere Zustimmung von Überstunden nach § 87 Abs. 1 Nr. 3 BetrVG ebenso überprüfen müssen wie beispielsweise die Ausweitung von Arbeitszeiten durch zusätzliche Schichten am Wochenende im Rahmen von § 87 Abs. 1 Nr. 2 BetrVG.

Hierbei handelt es sich um erzwingbare Mitbestimmungsrechte mit der Chance zur Durchsetzung der Betriebsratspositionen, also um ein »Mehr« gegenüber sonstigen Beratungs- und Beteiligungsrechten.

Aufgabe eines verantwortungsbewussten Betriebsrats ist es, die verschiedenen Ebenen und Durchsetzungschancen von Beteiligungsrechten zusammenzuführen. Das Ziel dabei ist: Möglichst effektive Interessenvertretung!

Auch wenn im Wirtschaftsausschuss, insbesondere wenn er auf Gesamtbetriebsratsebene gebildet wird, ein kleinerer Kreis von Betriebsräten und gegebenenfalls anderen sachkundigen Arbeitnehmer/innen zusammentrifft, muss deutlich werden, dass die Wirtschaftsausschusstätigkeit dazu dient, die Betriebsratsarbeit zu optimieren, nämlich dem Betriebsrat bzw. Gesamtbetriebsrat die für seine erfolgreiche Tätigkeit unabdingbare Information über die wirtschaftliche Situation des Unternehmens zur Verfügung zu stellen.

Es hieße aber die strategische Tätigkeit des Wirtschaftsausschusses als »verlängerter Arm des Betriebsrats« zu unterschätzen, sähe man ihren Sinn allein darin, rechtzeitig problematische Unternehmensentwicklungen zu erkennen. Durch die systematische Informationseinholung (siehe Kapitel VI.: Kennzahlensystem) können gerade auch solche Informationen erworben werden, die dazu dienen, Verteilungsspielräume aufzudecken, welche dann zugunsten der Belegschaft genutzt werden können. Dies kann beispielsweise nützlich sein für die Ausstattung der Systeme der betrieblichen Altersversorgung, bei Verhandlungen zum Personalabbau, für die Gestaltung außertariflicher Sonderzahlungen oder auch bei Auseinandersetzungen in Tarifrunden.

2. Abstimmung mit den Betriebsräten

Regelmäßige Abstimmung mit Betriebsrat

All das setzt allerdings eine regelmäßige Abstimmung zwischen Wirtschaftsausschuss und Betriebsrat bzw. Gesamtbetriebsrat voraus. Es ist in diesem Zusammenhang wichtig, dass auch der Betriebsrat bzw. Gesamtbetriebsrat als Ganzes mit den wirtschaftlichen Informationen eigenständig umgehen kann, insbesondere sich mit dem ausgearbeiteten Kennzahlensystem auskennt und es anwenden kann. Die Auswertung der wirtschaftlichen Informationen sollte daher auch gemeinsam zwischen Wirtschaftsausschuss und Betriebsrat erfolgen, wobei die Form der Zusammenarbeit, die Zeitabstände der einzelnen Sitzungen und die Aufgaben des Wirtschaftsausschusses in einer speziellen Geschäftsordnung für den Wirtschaftsausschuss festgehalten werden sollten (vgl. die Eckpunkte hierzu in Anhang Nr. 2).

3. Einbeziehung der Arbeitnehmervertreter in den Aufsichtsräten

Zusammenarbeit mit Aufsichtsrat

Die Aufsichtsratsmitglieder der »Arbeitnehmerbank« sollten in die Zusammenarbeit mit einbezogen werden, wenn es sich von der Größenordnung her um ein Unternehmen handelt, dass der Unternehmensmitbestimmung unterliegt. Für Kapitalgesellschaften gilt, dass ab 501 Arbeitnehmer/innen der Aufsichtsrat im Umfang von einem Drittel mit Arbeitnehmer/innen zu besetzen ist (vgl. Drittelbeteiligungsgesetz). Bei Kapitalgesellschaften mit mehr als 2 000 Beschäftigten sind nach dem Mitbestimmungsgesetz 1976 genauso viele Arbeitnehmervertreter wie Anteilseigner im Aufsichtsrat vertreten. Eine echte paritätische Mitbestimmung ist allerdings auch hier ausgeschlossen, da der stets aus der Gruppe der Anteilseigner stammende Aufsichtsratsvorsitzende bei Stimmengleichheit eine zusätzliche Stimme einsetzen kann; vgl. § 29 Abs. 2 MitbestG.

Etwas weitergehende Einflussmöglichkeiten bietet die Montan-Mitbestimmung in ihrem Geltungsbereich.

Die Arbeitnehmerbank im Aufsichtsrat ist im Rahmen ihrer Funktion jedoch in der Regel in vielfältiger Weise mit wirtschaftlichen Entscheidungen auf Unternehmensebene und ihren Hintergründen vertraut. Vorgänge, die im Aufsichtsrat erörtert werden, sollten, sofern hier relevant, nach Möglichkeit auch in die Betriebsratsarbeit einfließen. Ein ständiger Austausch zwischen den Aufsichtsratsmitgliedern und dem Wirtschaftsausschuss kann gewährleisten, dass das Niveau der erteilten Informationen vereinheitlicht wird, ohne dass das eine Gremium gegen das andere ausgespielt wird.

Umgekehrt kann ein sachkundiger Wirtschaftsausschuss der Arbeitnehmerbank im Aufsichtsrat wichtige Anregungen für deren Ausübung von Frage- und Antragsrechten geben.

Die Zusammenarbeit zwischen Arbeitnehmer/innenvertretern im Aufsichtsrat, Wirtschaftsausschuss und Betriebsrat ist indes nicht unproblematisch. Nach h. M. gilt die Verschwiegenheitspflicht nach § 116 AktG i.V.m. § 93 Abs. 1 Satz 3 AktG gleichermaßen für Aufsichtsratsmitglieder der Arbeitnehmer- wie der Anteilseignerseite (vgl. Wißmann/Kleinsorge/Schubert, Mitbestimmungsrecht, § 25 Rn. 333 m.w.N.).

Aufsichtsratsmitglieder dürfen so lange offen über ihre Tätigkeit berichten, solange nicht Inhalte betroffen sind, die der Geheimhaltungspflicht unterliegen.

Ist allerdings Letzteres der Fall, können vertrauliche Informationen nicht wie im Geltungsbereich des § 79 BetrVG unter den Betriebsräten bzw. mit den Mitgliedern des Wirtschaftsausschusses intern beraten werden, sondern dürfen von Arbeitnehmer/innenvertretern im Aufsichtsrat auch dann nicht an Gremien der Arbeitnehmer weitergegeben werden, wenn sie selbst deren Mitglied sind. Eine unbefugte und gesetzeswidrige Weitergabe vertraulicher Informationen an das eigene Betriebsratsgremium kann daher zur Abberufung eines Arbeitnehmervertreters im Aufsichtsrat führen (vgl. OLG Stuttgart vom 7.11.2006 – 8 W 388/06, NZG 2007, 72ff.). Zwar scheiterte die außerordentliche Kündigung dieses Arbeitnehmervertreters im vorliegenden Fall höchstrichterlich, weil nach seiner Abberufung aus dem Aufsichtsrat keine Wiederholungsgefahr mehr angenommen werden konnte (vgl. BAG vom 23.10.2008 – 2 ABR 59/07, DB 2009, 1131ff.). Gleichwohl hat das BAG in dieser Entscheidung festgestellt, dass die Verschwiegenheitspflicht von Aufsichtsratsmitgliedern auch gegenüber dem Betriebsrat – und damit auch gegenüber dem Wirtschaftsausschuss – gilt. Natürlich gilt dies wie im Bereich der Betriebsverfassung nur für tatsächliche Betriebs- und Geschäftsgeheimnisse sowie für vertrauliche Berichte und Beratungen des Aufsichtsrats.

Zu überlegen ist in solchen kritischen Konstellationen, die Wirtschaftsausschusssitzungen möglichst zeitnah nach Aufsichtsratssitzungen durchzuführen, um dann durch spezifische Fragestellungen die vertraulichen Informationen zu erlangen, die das der Arbeitnehmerseite zugehörige Aufsichtsratsmitglied sonst ggf. nicht preisgeben dürfte. Denn letztlich kann der Wirtschaftsausschuss durch gezieltes Fragen auch an alle wirtschaftlichen Informationen kommen, die auch der Aufsichtsrat erhält. Der Wirtschaftsausschuss informiert im Anschluss dann den Betriebsrat. Mindestens ein Mitglied der Arbeitnehmerbank im Aufsichtsrat sollte zudem auch Mitglied im Wirtschaftsausschuss sein. So kann es in der Wirtschaftsausschusssitzung die »richtigen« Fragen stellen, ohne seine aufsichtsrätliche Verschwiegenheitspflicht zu verletzen.

In diesem Zusammenhang ist es ferner nützlich, z. B. die Presseverlautbarungen zu den Sitzungen des Aufsichtsrats und Wirtschaftspresse durchzusehen und dortige Hinweise auf betrieblich brisante Sachverhalte für die weitere Kommunikation nach außen wie nach innen aufzugreifen. Gleiches ist möglich, wenn im Betrieb bereits angeblich vertrauliche Informationen »gehandelt« werden (»Flurfunk«), auf die dann die betriebliche Interessenvertretung Bezug nehmen kann (dies ggf. verbunden mit der Aufforderung an Vorstand/Geschäftsführung, solchen »Informationen« unmittelbar und entschieden entgegenzutreten, sofern diese nicht haltbar sein sollten).

4. Eurobetriebsrat

Informationsanspruch

Im Zuge der Ausweitung der Europäischen Union und der Internationalisierung der Wirtschaftsbeziehungen kommt dem Europäischen Betriebsrat besondere Bedeutung zu. Der Eurobetriebsrat, der zwar keine eigenständigen Mitbestimmungsrechte hat, ist allerdings wie der Wirtschaftsausschuss umfangreich zu informieren und zwar in ähnlicher Weise. Die einzelnen Informationsansprüche ergeben sich aus den §§ 29, 30 EBRG. Die Informationsansprüche des Eurobetriebsrats sind unternehmensübergreifend, d.h. konzernbezogen. Diese Informationsmöglichkeiten sind in jedem Fall zu nutzen.

X. Erzwingung der Auskunftserteilung

Wie ist vorzugehen, wenn der Unternehmer einem Verlangen des Wirtschaftsausschusses auf Auskunftserteilung nicht nachkommt?

1. Konkretes schriftliches Auskunftsverlangen

Schriftliche Auftragserteilung

Zunächst ist dem Wirtschaftsausschuss zu empfehlen, den Informationsbedarf entweder im Rahmen eines Protokolls einer Wirtschaftsausschusssitzung oder aber in einem gesonderten Schreiben an die Unternehmensleitung schriftlich niederzulegen. Die Formulierung dieses Auskunftsbegehrens ist von großer strategischer Bedeutung! Durch dessen Inhalt wird der spätere **Entscheidungsgegenstand der Einigungsstelle** determiniert, also der *»Zuständigkeitsrahmen der Einigungsstelle«* abgesteckt (so BAG vom 17. 12. 2019 – 1 ABR 25/18 Rn. 28, 31).

Der Wirtschaftsausschuss muss also von Beginn an festlegen, mit welchem Inhalt und mit welcher Reichweite eine Auskunft zu einem klar umrissenen Gegenstand verlangt wird. Das BAG führt aus:

»Nur ein Verlangen, das hinreichend bestimmt auf die Erteilung einer Auskunft, die Vorlage bestimmter Unterlagen, deren jeweilige Zeitpunkte oder deren sonstige Modalitäten gerichtet ist, vermag ihre Zuständigkeit (der Einigungsstelle) zu begründen«; BAG Rn. 28.

Dabei – so das BAG weiter – muss spätestens bei der Beschlussfassung der Einigungsstelle deren Spruchkompetenz gegeben sein. Das bedeutet, dass *»zu diesem Zeitpunkt das (erfolglose) Verlangen des Wirtschaftsausschusses hinreichend konkret gefasst«* sein muss*;* vgl. ebenda.

Nach dieser vom BAG entwickelten Konzeption muss also bereits das Verlangen des Wirtschaftsausschusses hinreichend bestimmt sein, dieses kann aber noch in dem hierdurch vorgegebenen Rahmen konkretisiert und ausformuliert werden für die Antragstellung in der Einigungsstelle.

Es empfiehlt sich also bei sich anbahnenden Konflikten um Auskunftserteilung zu ganz konkreten Themen zwischen dem Wirtschaftsausschuss und dem zuständigen Betriebsrat eine möglichst **genaue Bestimmung des Auskunftsbe-**

gehrens vorzunehmen, da die daraufhin vorgenommene Formulierung auf allen weiteren Eskalationsstufen die inhaltliche Vorgabe bildet.

Im Rahmen einer so konkretisierten Aufforderung zur Auskunftserteilung sollte bereits dem Unternehmer eine datumsmäßig bestimmte Frist zur Erfüllung seiner Auskunftspflicht gesetzt werden.

2. Einigungsversuch durch den Betriebsrat

Einschaltung des Betriebsrats

Kommt es dann nicht zur Auskunftserteilung, hat der Wirtschaftsausschuss den Betriebsrat bzw. Gesamtbetriebsrat einzuschalten.

Nach § 109 BetrVG hat in einer solchen Situation zunächst der Betriebsrat zu versuchen, mit dem Unternehmer eine Einigung über die Frage der Informationserteilung herbeizuführen. Erst wenn ein solcher gütlicher Einigungsversuch scheitert, wird die Einleitung eines Einigungsstellenverfahrens zulässig (vgl. GK-BetrVG/Oetker, § 109 BetrVG Rn. 24). Um im Rahmen dieser Verhandlung zusätzlich die Position des Betriebsrats zu stärken, kann es von Fall zu Fall sinnvoll sein, hierüber die Belegschaft zu informieren und gegebenenfalls in mitbestimmungspflichtigen Angelegenheiten so lange die Zustimmung zu verweigern, bis die vom Wirtschaftsausschuss geforderten Auskünfte vorliegen.

Beispiel für eine Regelungsabrede:

Zwischen der Geschäftsleitung und dem Betriebsrat wird Folgendes vereinbart:

1. Die Geschäftsleitung verpflichtet sich, den Jahresabschluss 2023 zusammen mit dem Wirtschaftsprüferbericht spätestens bis zum 30.4.2024 dem Wirtschaftsausschuss vorzulegen.
2. In der darauffolgenden Wirtschaftsausschusssitzung im Mai 2024 wird unter der Beteiligung des Betriebsrats der Jahresabschluss ausführlich erläutert werden.
3. Dem Wirtschaftsausschuss werden beginnend mit dem Monat Juni 2024 sämtliche Kostenstellenberichte vorgelegt. Diese Daten werden elektronisch zur Verfügung gestellt.

(Geschäftsführer) (Betriebsratsvorsitzende/r)

Regelungsabrede

Erklärt sich der Unternehmer im Rahmen der Verhandlung bereit, die entsprechenden Informationen zu erteilen, kann es sinnvoll sein, diese Einigung etwa in einer Regelungsabrede schriftlich festzuhalten. Eine solche Regelungsabrede ist immer dort zweckmäßig, wo sich die Betriebsparteien schuldrechtlich dazu verpflichten wollen, wie eine dem Beteiligungsrecht des Betriebsrats unterliegende Angelegenheit konkret gestaltet und umgesetzt werden soll (z. B. welche Informationen dem Wirtschaftsausschuss zu erteilen sind, wann dies geschieht und welches Verfahren die Betriebsparteien hierzu verabreden). Auch eine solche Regelungsabrede setzt zu ihrer Wirksamkeit auf Seiten des Betriebsrats einen ordnungsgemäßen Beschluss voraus. Auch wenn die Regelungsabrede selbst an eine bestimmte Form nicht gebunden ist, sollte zweckmäßigerweise die Verabredung schriftlich abgefasst und das Papier beiderseits unterzeichnet werden.

3. Anrufung der Einigungsstelle/Beschlussfassung

Ordnungsgemäßer Beschluss

Kommt auch eine solche Einigung nicht zustande, ist der Betriebsrat bzw. Gesamtbetriebsrat berechtigt – vorausgesetzt ein vorheriger Einigungsversuch hat stattgefunden –, die Einigungsstelle anzurufen. Hierüber ist ein ordnungsgemäßer Beschluss im zuständigen Betriebsrat zu fassen.

Entgegen wenig nachvollziehbaren Entscheidungen von Instanzgerichten (vgl. LAG Schleswig-Holstein vom 24.11.2016 – 4 TaBV 40/16, ArbRAktuell 2017, 29; LAG Düsseldorf vom 26.2.2016 – 4 TaBV 8/16, BeckRS 2016, 67519) braucht der Wirtschaftsausschuss darüber keinen eigenen Beschluss zu fassen. Das BAG hat einer solchen formellen Verfahrensvoraussetzung eine klare Absage erteilt (vgl. BAG vom 17. 12. 2019 – 1 ABR 25/18, Rn. 30 ff.). Der Wirtschaftsausschuss ist selbst nicht Träger von Mitbestimmungs- oder Beteiligungsrechten. Ist also streitig, ob eine Auskunft über wirtschaftliche Angelegenheiten aufgrund eines entsprechenden Verlangens des Wirtschaftsausschusses ordnungsgemäß erteilt wurde oder nicht, muss vor Anrufung der Einigungsstelle eine Einigung versucht werden, wofür Betriebsrat und Unternehmer zuständig sind. Gelingt es hier zu einer Einigung zu kommen, ist dies auch für die Mitglieder des Wirtschaftsausschusses bindend. Scheitert der Einigungsversuch, hat allein der zuständige Betriebsrat die Kompetenz darüber zu entscheiden, ob er die Einigungsstelle anruft und trägt dann auch in der Einigungsstelle diesen Konflikt aus; vgl. BAG a.a.O., Rn. 31.

Auf der Grundlage eines entsprechenden Beschlusses des Betriebsrats ist es sinnvoll, zunächst eine Einigung mit dem Arbeitgeber über die Einsetzung der

Einigungsstelle herbeizuführen, also über die Frage, wer den Vorsitz der Einigungsstelle übernimmt und durch wie viele Beisitzer jede Seite in der Einigungsstelle vertreten sein soll. Dies kann sinnvollerweise auch bereits in dem vorgeschalteten gütlichen Einigungsversuch thematisiert werden.

Die Anrufung der Einigungsstelle ist weiterhin ein probates Mittel, die Informationsansprüche auch dort durchzusetzen, wo das Unternehmen sich darauf zurückzieht, dass die wirtschaftlichen Daten unternehmensübergreifend anfallen und verarbeitet werden.

Insgesamt ist nach § 109 BetrVG die Einigungsstelle zuständig zur Beilegung von Meinungsverschiedenheiten über folgende Fragen:

- Rechtzeitigkeit der Unterrichtung des Wirtschaftsausschusses, also den Zeitpunkt der zu erteilenden Informationen;
- Umfang der Unterrichtung, also welche Informationen sind in welcher Form dem Wirtschaftsausschuss zu erteilen;
- Darf der Arbeitgeber die Unterrichtungspflicht einschränken, weil ansonsten Betriebs- und Geschäftsgeheimnisse gefährdet wären?
- Auch die rechtliche Existenz bzw. die wirksame Bildung des Wirtschaftsausschusses ist von der Einigungsstelle als Bestandteil ihrer Zuständigkeitsprüfung mit zu behandeln (LAG Köln vom 27.5.2016 – 10 TaBV 28/16, BeckRS 2016, 72528).

Stets hat der Wirtschaftsausschuss ein konkretes Auskunftsverlangen in den Mittelpunkt der Anrufung der Einigungsstelle zu stellen.

4. Recht auf fortlaufende, regelmäßige Auskünfte

In einer weiteren Entscheidung des BAG ging es um die Anfechtung eines Einigungsstellenspruchs, der die »Lieferung« laufender monatlicher betriebswirtschaftlicher Kennziffern zum Gegenstand hatte (etwa zur Vorlage der monatlichen betriebswirtschaftlichen Auswertung, dem aktuellen Auftragsbestand, Auftragseingang sowie zur Plan-Bilanz und dem jeweils aktuellen Forecast). Die arbeitgeberseitige Anfechtung wurde unter anderem mit der Begründung versehen, dies würde nicht in die Zuständigkeit der Einigungsstelle nach § 109 BetrVG gehören, da diese nicht über regelmäßig wiederkehrende Auskunfts- bzw. Vorlageverpflichtungen befinden könne.

Fortlaufende Unterrichtung

Anders das BAG: Schon der Wortlaut lasse eine solche Auslegung nicht zu. Eine »Nicht«-Erteilung einer Auskunft liege auch dann vor, wenn das bis dato erfolglos gebliebene Auskunftsverlangen »*sich auf eine regelmäßig wiederkehrende Unterrichtung über eine bestimmte Angelegenheit – gegebenenfalls unter Vorlage bestimmter Unterlagen*« bezogen hat (vgl. BAG vom 17. 12. 2019 – 1 ABR 35/18, Rn. 24).

Dies wird auch der systematischen Stellung des Wirtschaftsausschusses innerhalb der Betriebsverfassung gerecht. Dieser soll regelmäßig – einmal monatlich – zusammentreten und wie u.a. einzelne Katalogtatbestände in § 106 Abs. 3 Nr. 1 und Nr. 2 BetrVG *(»Lage«)* belegen, sich über dauerhaft bestehende Sachverhalte unterrichten lassen (vgl. BAG a.a.O., Rn. 25).

Dies entspricht den Praxisanforderungen für die Arbeit von Wirtschaftsausschüssen. Sollen sie ihre Beratungsfunktion vernünftig wahrnehmen, brauchen sie die fortlaufende Unterrichtung über die wirtschaftliche Entwicklung in den wichtigsten Kennziffern. Das ist das »Salz in der Suppe«, um in die Lage versetzt zu werden, zu verstehen, wie es dem Unternehmen nicht nur aktuell geht, sondern was die zukünftigen Herausforderungen mit sich bringen und welche Pläne die Unternehmensführung verfolgt. Und laut BAG hat eine Einigungsstelle zu diesem Thema auch die Kompetenz über laufende, regelmäßige Auskünfte zu entscheiden.

5. Beispielhaftes Vorgehen

Um der Unternehmerseite deutlich zu machen, dass es »ernst« wird, ist es angeraten, insoweit die Unternehmerseite schriftlich letztmalig zur Erfüllung der gesetzlichen Auskunftspflichten aufzufordern und zugleich einen Vorschlag zu unterbreiten, wie die Einigungsstelle zusammengesetzt sein soll (siehe das folgende Beispiel).

Beispiel für ein Aufforderungsschreiben an die Unternehmerseite:

Betriebsratsvorsitzende/r

Durchwahl: 9191-140

An die Unternehmensleitung

– im Hause –

6.6.2025

Betr.: Auskunftspflichten gegenüber dem Wirtschaftsausschuss

Sehr geehrte Damen und Herren,
im Auftrag des Gesamtbetriebsrats wende ich mich an Sie.

Anlass ist die unzureichende Information des Wirtschaftsausschusses. Nach den vorliegenden Unterlagen bzw. Berichten hat der Wirtschaftsausschuss immer wieder sowohl mündlich als auch schriftlich Anforderungen an die Geschäftsleitung gerichtet, die jedoch ganz überwiegend nicht erfüllt wurden.

- So wurden Sie im Mai 2025 ausdrücklich aufgefordert, die monatlich erstellten Kostenstellenberichte, ergänzt durch die in SAP vorhandene Kostenartenaufstellung, dem Wirtschaftsausschuss jeweils unverzüglich zur Verfügung zu stellen. Ferner hat der Wirtschaftsausschuss Sie bereits schriftlich aufgefordert, den Jahresabschluss für das Geschäftsjahr 2024 einschließlich des Wirtschaftsprüfungsberichts vorzulegen. Auch ist dem Wirtschaftsausschuss trotz mehrmaliger Aufforderung noch immer nicht der Investitionsplan für das laufende Geschäftsjahr zur Verfügung gestellt worden. Es ergeben sich danach folgende nicht erfüllte Anforderungen des Wirtschaftsausschusses: rechtzeitige und unaufgeforderte Vorlage der so genannten Monatsergebnisse und monatlichen Kostenstellenberichte;
- regelmäßiger, mindestens quartalsweise erfolgender Bericht über die Entwicklung der Geschäftstätigkeit, insbesondere der Auftragslage, geordnet nach Produktionsbereichen und Kostenstellen in überschaubarer und von Bericht zu Bericht kontinuierlich nachzuverfolgender Struktur (z. B. in Form eines Kennzahlensystems);
- regelmäßiger, d. h. monatlicher und unaufgefordert dem Wirtschaftsausschuss zuzuleitender Bericht über organisatorische Veränderungen (z. B. Veränderungen in der Kostenstellenzuordnung und -verantwortung);
- regelmäßiger (monatlicher) unaufgefordert zuzuleitender Bericht über technische Veränderungen (z. B. Einführung neuer Softwareprogramme);
- regelmäßige Unterrichtung über die wirtschaftliche Situation der Tochtergesellschaft sowie der wirtschaftlichen Situation und den Zielen und Planungen des Holdingunternehmens;
- Vorlage der jeweiligen Jahresplanung mit den aus den Bereichen kommenden Planzahlen sowie die darauf beruhende revolvierende Planung einschließlich der geplanten Umsatzzahlen, Investitionen und Personalkosten;
- Vorlage und Erläuterung des Jahresabschlusses, auch im Entscheidungsentwurfsstadium vor Erteilung des endgültigen Wirtschaftsprüfertestats;
- Vorlage der Jahresbilanz und des Wirtschaftsprüfungsberichts unmittelbar nach dessen Erstellung;
- Vorlage der Steuerbilanz nach deren Erstellung.

In unserem letzten Gespräch am 20.5.2025 haben wir nochmals versucht, über diese Informationsverpflichtung mit Ihnen eine gütliche Einigung zu erzielen. Leider haben Sie sich auch nach dem Beschluss des Wirtschaftsausschusses, nun die Einigungsstelle anzurufen, nicht bereit erklärt, diesen Informationspflichten nachzukommen. Der Betriebsrat fordert Sie auf, die gewünschten Informationen spätestens bis zum

20.6.2025

zu erteilen. Der Betriebsrat beabsichtigt, die Einigungsstelle anzurufen, sofern bis zu diesem Datum nicht die gewünschten Informationen vorliegen. Als Vorsitzende/r der Einigungsstelle wird vorgeschlagen die/der Vorsitzende Richter/in ... am Arbeitsgericht ... Jede Betriebspartei sollte in der Einigungsstelle mit vier Beisitzern vertreten sein. Neben meiner Person als Gesamtbetriebsratsvorsitzende/r sollten wenigstens zwei sachkundige Mitglieder des Wirtschaftsausschusses in der Einigungsstelle tätig werden. Darüber hinaus wird der Betriebsrat einen juristischen Sachverständigen für die Einigungsstelle hinzuziehen.

Bitte äußern Sie sich innerhalb der von mir gesetzten Frist auch dazu, die Einigungsstelle nach Maßgabe dieser Vorschläge einzusetzen.

Mit freundlichem Gruß

6. Gerichtliche Einsetzung einer Einigungsstelle

Einsetzen der Einigungsstelle

Stimmt der Arbeitgeber der Einrichtung einer Einigungsstelle nicht zu, kann der Betriebsrat bzw. Gesamtbetriebsrat die Einigungsstelle durch das Arbeitsgericht einsetzen lassen. Dazu hat der Betriebsrat einen entsprechenden Antrag beim Arbeitsgericht zu stellen. Spätestens jetzt ist es sinnvoll, wenn der Betriebsrat hierfür auf professionellen Rechtsrat zurückgreift. Die bei der Einleitung und Durchführung eines Beschlussverfahrens entstehenden Anwaltskosten sind nach § 40 Abs. 1 BetrVG vom Arbeitgeber zu erstatten.

Im Einigungsstelleneinsetzungsverfahren hat das Arbeitsgericht nach § 100 ArbGG nur zu prüfen, ob die Einigungsstelle offensichtlich unzuständig ist. Dazu gehört neben der stets möglichen Prüfung der ordnungsgemäßen Beschlussfassung auch die Frage, ob eine **bestimmte konkrete Auskunft** vor der Einleitung des Einigungsstellenverfahrens vergeblich vom Betriebsrat verlangt wurde (LAG Hamburg vom 12.6.2013 – 6TaBV 9/13, BeckRS 2014, 65029).

Die konkreten Auskunftsverlangen selbst sind dann in aller Regel nicht von dem zur Einsetzung der Einigungsstelle angerufenen Arbeitsgericht zu prüfen, da dies nur bei offensichtlicher Unzuständigkeit der Einigungsstelle der Fall wäre. Da kaum Fälle denkbar sind, in denen entsprechende Informationen keinen Bezug zu den in § 106 Abs. 3 BetrVG genannten wirtschaftlichen Angelegenheiten aufweisen, wird in aller Regel das Arbeitsgericht die Einigungsstelle auch einsetzen.

Hier ist auch die sog. **Primärzuständigkeit** der Einigungsstelle gem. § 109 BetrVG von Bedeutung. Mit diesem Begriff wird erfasst, dass allein die Einigungsstelle den Streit entscheiden soll, ob eine bestimmte Unterrichtung oder eine entsprechende Vorlage von Unterlagen geschuldet ist. Handelt es sich dabei um eine wirtschaftliche Angelegenheit im Sinne von § 106 Abs. 3 BetrVG, unterliegt die Entscheidung der Einigungsstelle keiner weiteren Rechtskontrolle (LAG Köln vom 10.3.2017 9 TaBV 17/16, ArbRAktuell 2017, 350 mit Hinweis auf BAG vom 8.8.1989 – 1 ABR 61/88, AP Nr. 6 zu § 106 BetrVG 1972). Auch die Frage, ob eine bestimmte Auskunft aus Gründen des Geheimnisschutzes verweigert werden darf oder nicht, gehört in die Entscheidungskompetenz einer Einigungsstelle nach § 109 BetrVG.

7. Beispiele aus der Rechtsprechung

Beispiele aus der Rechtsprechung

Es gibt praktisch kaum betriebliche Veränderungsvorgänge, die vom Informationsanspruch des Wirtschaftsausschusses ausgenommen werden können. Wenn beispielsweise arbeitsgerichtlich bestätigt wurde, dass eine Schulung über das Thema »Qualitätsmanagement – Bedeutung der ISO-Normen 9000-9004« sowie über Inhalte und Methoden der Zertifizierung den erforderlichen Bezug zur Betriebsratsarbeit aufweist (so ArbG Wetzlar vom 22.11.1995 – 2 BV 8/95, AiB 1996, 188 f.), so liegt auf der Hand, dass selbstverständlich auch über sämtliche Inhalte und die einzelnen Maßnahmen im Rahmen einer solchen Zertifizierung der Wirtschaftsausschuss entsprechend zu unterrichten ist. Hält der Arbeitgeber entsprechende Informationen zurück, ist daher der Weg in die Einigungsstelle offen.

Ebenso hat im Zusammenhang mit dem Mitbestimmungsrecht über das betriebliche Vorschlagswesen im Sinne von § 87 Abs. 1 Nr. 12 BetrVG das Arbeitsgericht eine Einigungsstelle zur unmittelbaren Durchsetzung der Mitbestimmung über eine Betriebsvereinbarung zum Thema »Kontinuierlicher Verbesserungsprozess (KVP)« für nicht offensichtlich unzuständig erachtet (vgl. ArbG Elmshorn vom 24.4.1995 – 1b BV 33/95, AiB 1995, 675 f.). Die **Einführung neuer Managementmethoden** fällt also offenkundig in den Bereich von Beteiligungsrechten und damit auch unter den Informationsanspruch des Wirtschaftsausschusses.

Gleiches gilt für das Konzept der sogenannten »**Balanced Scorecard**« (BSC). Auch dies gehört zu den wirtschaftlichen Angelegenheiten, die mit dem Wirtschaftsausschuss zu beraten sind und worüber der Betriebsrat zu unterrichten ist. Hinter dem BSC-Konzept steckt die Idee eines »ausgewogenen Kennzahlensystems«, mit dem eine unternehmerische Gesamtstrategie erfasst und umgesetzt werden soll (vgl. ausführlich Däubler, Balanced Scorecard – Ein Problem für Wirtschaftsausschuss und Betriebsrat?, DB 2000, 2270ff.). Ein solches Konzept ist geeignet, die Interessen der Arbeitnehmer in vielfältiger Hinsicht zu beeinflussen und fällt daher auch unter § 106 Abs. 3 Nr. 10 BetrVG.

Eine 2001 bei einer Tochter eines US-amerikanischen Automobilherstellers durchgeführte Einigungsstelle, die einberufen worden war, weil die Form der seinerzeitigen monatlichen Berichterstattung und ihr Umfang streitig waren (insbesondere auch deshalb, weil die Erfassung der Kennziffern nicht mehr auf die einzelnen Unternehmen, sondern nach spezifischen Geschäftsfeldern auch länderübergreifend erfolgte), ergab insoweit eine pragmatische Einigung, als dass der Wirtschaftsausschuss zukünftig entsprechend diesen Geschäftsfeldern in regelmäßigen, meist monatlichen, Abständen zu unterrichten ist. Die Betriebsparteien haben sich in ihrer Einigung sogar darauf verständigt, die Gliederungstiefe und den Informationsgehalt der im Einzelnen spezifizierten Berichte entsprechend der Weiterentwicklung des Controlling-Systems im Konzern anzupassen. Darüber hinaus verständigten sich die Betriebsparteien darauf, dass die Unterlagen online auf einem bestimmten Server dem Wirtschaftsausschuss zur Verfügung zu stellen sind.

Bei einem im Verkaufsprozess stehenden Unternehmen rief der Betriebsrat die Einigungsstelle an, weil die Fragen des Wirtschaftsausschusses zum due diligence-Prozess, ob es konkrete Kaufinteressenten und darunter Favoriten gäbe, was diese für die Geschäftstätigkeit für den Fall der Übernahme planen würden, ob Tarifbindung bestünde etc., unbeantwortet blieben. Das Arbeitsgericht Hamburg setzte mit Beschluss vom 20. 12. 2021 – 17 BV 20/21 die Einigungsstelle ein, weil der Verkauf des Unternehmens, die Frage nach einer möglichen Abspaltung von Betriebsteilen und nach den »Interessenten« als Auskünfte über wirtschaftliche Angelegenheiten mindestens im Sinne der Generalklausel des § 106 Abs. 3 Nr. 10 BetrVG zu verstehen sei. In II. Instanz wurde dann ein pragmatischer Vergleich zur Beantwortung wesentlicher Fragen abgeschlossen.

Hintergrund für die Anrufung der Einigungsstelle bildet in der Regel der Streit über ein bestimmtes Auskunftsverlangen im konkreten Fall. Streitet man sich demgegenüber mit dem Arbeitgeber z.B. darum, dass er nicht zu den Sitzungen des Wirtschaftsausschusses erscheint oder darüber, ob das Unternehmen Tendenzcharakter aufweist, sodass ein Wirtschaftsausschuss nicht zu bilden wäre, sind solche Fragestellungen im üblichen arbeitsgerichtlichen Beschlussverfahren, also nicht in einer Einigungsstelle nach § 109 BetrVG, zu klären (LAG Hessen vom 1.8.2006 – 4 TaBV 111/06, NZA-RR 2007, 199ff.).

8. Tätigkeit der Einigungsstelle

Erste Sitzung

Hat das Arbeitsgericht die Einsetzung der Einigungsstelle beschlossen, wird sich der/die Einigungsstellenvorsitzende in der Regel kurzfristig um das Zusammentreten der Einigungsstelle bemühen. Ganz oft wird in der ersten Sitzung von der Arbeitgeberseite die Zuständigkeit der Einigungsstelle bestritten (etwa mit der Begründung, dass die verlangten Informationen nicht den erforderlichen Bezug zu den in § 106 BetrVG genannten wirtschaftlichen Angelegenheiten aufweisen). Die Einigungsstelle hat dann über ihre Zuständigkeit zu beschließen. Dabei hat sich zunächst bei der Beschlussfassung der/die Vorsitzende der Stimme zu enthalten. Kommt hierbei, weil naturgemäß Betriebsrat und Arbeitgeberseite unterschiedliche Auffassungen vertreten, eine Mehrheit für die eine oder andere Seite nicht zustande, so hat der/die Einigungsstellenvorsitzende an der Abstimmung teilzunehmen. Dessen/deren Stimme entscheidet also im Zweifelsfall, ob die Einigungsstelle zuständig ist.

Herbeiführen einer Einigung

Eine Entscheidung über die Zuständigkeit der Einigungsstelle wird jedoch in aller Regel seitens des/der Einigungsstellenvorsitzenden vorübergehend zurückgestellt, um zunächst den Versuch zu unternehmen, eine **Einigung** zwischen den Betriebsparteien **herbeizuführen**. Aus der Sicht des Betriebsrats ist es sinnvoll, ein entsprechendes Bemühen des/der Einigungsstellenvorsitzenden auch dadurch zu unterstützen, dass beispielsweise der **Entwurf einer Betriebsvereinbarung oder Regelungsabsprache** vorgelegt wird, wie zukünftig die Information des Wirtschaftsausschusses gestaltet werden soll. Vor diesem Hintergrund ist es von großer Bedeutung, dass Wirtschaftsausschuss und Betriebsrat in ihrem vorgerichtlichen Informationsverlangen nicht nur auf einzelne konkrete Unterrichtungsgegenstände bezogen Forderungen nach Unterrichtung erheben, sondern auch generell die regelmäßige Vorlage möglichst detailliert beschriebener Unterlagen und Informationen verlangt wird. Ist dies der Fall, sollte der Betriebsrat versuchen, die Verhandlungen in der Einigungsstelle mit dem Ziel zu führen, hierüber mit dem Arbeitgeber mit Hilfe der/des Einigungsstellenvorsitzenden eine möglichst umfassende einvernehmliche Regelung zustande zu bringen.

Die Einigungsstelle ist wie dargelegt (vgl. X.4.) auch zuständig für den Abschluss einer dauerhaft geltenden Regelung, in der die Pflichten des Unternehmers im Einzelnen festgeschrieben sind. Das Bestreben des Betriebsrats/Gesamtbetriebsrats, eine generelle Regelung mit dem Arbeitgeber zu vereinbaren, wie die Informations- und Unterrichtungsverpflichtung zu organisieren ist, kann durchaus mit einem konkreten Auskunftsverlangen nach §§ 106, 107 BetrVG verbunden werden (damit auch in Zweifelsfällen die Zuständigkeit der Einigungsstelle begründet werden kann).

Sowohl der Beschluss der Einigungsstelle über ein ganz konkretes Informationsverlangen als auch über eine Vereinbarung zu regelmäßigen Auskünften ist für den Unternehmer bindend. Nach § 77 Abs. 1 BetrVG hat der Arbeitgeber Vereinbarungen zwischen ihm und dem Betriebsrat, auch soweit sie auf einem Spruch der Einigungsstelle beruhen, durchzuführen.

Geschieht dies nicht, kann die Einhaltung des Spruchs bzw. der Vereinbarung aus der Einigungsstelle im Wege eines Beschlussverfahrens durchgesetzt werden.

9. Weitere Durchsetzungsmöglichkeiten

Beschlussverfahren

Weigert sich der Unternehmer trotz Einigung mit dem Betriebsrat oder entgegen dem Spruch der Einigungsstelle, die betreffenden Auskünfte zu erteilen, kann der Betriebsrat bzw. Gesamtbetriebsrat, **nicht aber der Wirtschaftsausschuss**, beim zuständigen Arbeitsgericht ein Beschlussverfahren einleiten. In diesem Verfahren ist dann die Verurteilung des Unternehmers zur Auskunftserteilung zu beantragen.

Innerhalb dieses Verfahrens wird das Gericht in aller Regel die Rechtmäßigkeit des Einigungsstellenspruchs als Vorfrage zu prüfen haben. Diese volle Nachprüfbarkeit des Spruchs der Einigungsstelle ergibt sich daraus, dass diese im Rahmen des § 109 BetrVG eben auch über Rechtsfragen zu befinden hat, z. B. hinsichtlich des Vorliegens der Gefährdung eines Geschäfts- bzw. Betriebsgeheimnisses. Das BAG hat zunächst erwogen, die Überprüfung des Spruchs der Einigungsstelle darauf zu beschränken, ob diese rechtlich zuständig war, es im Übrigen aber bei der Ermessenskontrolle nach § 76 Abs. 5 Satz 4 BetrVG belassen, wie dies bei Einigungsstellensprüchen sonst allgemein der Fall ist (vgl. BAG vom 8. 8. 1989 – 1 ABR 61/88, AP Nr. 6 zu § 106 BetrVG 1972). In seiner Entscheidung vom 11. 7. 2000 hat das BAG verbindlich entschieden, dass die Entscheidung der Einigungsstelle darüber, ob, wann, in welcher Weise und in welchem Umfang der Unternehmer den Wirtschaftsausschuss zu unterrichten hat, der Rechtskontrolle der Arbeitsgerichte unterliegt. Dies bezieht sich auch auf die Frage, ob eine Gefährdung von Betriebs- oder Geschäftsgeheimnissen der Auskunft entgegensteht (BAG vom 11. 7. 2000 – 1 ABR 43/99, DB 2001, 598 ff.).

Zwangsvollstreckung

Hat das Arbeitsgericht (oder in zweiter Instanz das Landesarbeitsgericht) rechtskräftig über die Unterrichtungspflicht des Unternehmers entschieden, so kann der Betriebsrat gemäß § 85 Abs. 1 ArbGG die Zwangsvollstreckung betreiben. Diese richtet sich nach den Vorschriften der Zivilprozessordnung. Da eine Auskunftserteilung als eine sog. unvertretbare Handlung gilt, kann das Arbeitsgericht den Unternehmer durch die Festsetzung eines Zwangsgeldes zur Erteilung der Auskunft anhalten. Nach § 888 ZPO kann ein solches Zwangsgeld bis zur Höhe von 25 000 Euro festgesetzt werden. Hilft auch das nicht und kann das Zwangsgeld nicht beigetrieben werden, kann in letzter Konsequenz sogar Zwangshaft angeordnet werden.

Die Vorgehensweise, im arbeitsgerichtlichen Verfahren einen Beschluss über die Auskunftserteilung zu erwirken, gilt im Übrigen auch für den Fall, dass sich der Unternehmer nicht an eine freiwillig abgeschlossene Betriebsvereinbarung oder Regelungsabsprache über die Information des Wirtschaftsausschusses hält.

Unabhängig von diesem Vorgehen des Betriebsrats kann der Unternehmer ein Verfahren zur Anfechtung eines Einigungsstellenspruchs beim Arbeitsgericht einleiten. Ein solches Verfahren zur Überprüfung des Einigungsstellenspruchs ist allerdings nur wirksam, wenn es binnen einer Frist von zwei Wochen vom Tage der Zuleitung des Beschlusses der Einigungsstelle an gerechnet beim Arbeitsgericht anhängig gemacht worden ist, vgl. § 76 Abs. 5 Satz 4 BetrVG. Die Anrufung des Arbeitsgerichts zur Anfechtung des Spruchs der Einigungsstelle setzt allerdings diesen nicht vorläufig außer Kraft. Auch vor einer Entscheidung des Gerichts hierüber ist der Spruch der Einigungsstelle sowohl für den Arbeitgeber als auch für den Betriebsrat verbindlich, und daher auszuführen (vgl. Fitting, § 76 Rn. 164).

XI. Bußgeld- und Strafverfahren/ Behinderung der Betriebsratsarbeit

Weitere Durchsetzungsmöglichkeiten

Dem Betriebsrat stehen noch weitere Möglichkeiten zur Verfügung, den Informationsanforderungen des Wirtschaftsausschusses Nachdruck zu verleihen:

1. Bußgeldverfahren nach § 121 BetrVG

Ein Unternehmer, der seine Unterrichtungspflicht gegenüber dem Wirtschaftsausschuss nicht, wahrheitswidrig, unvollständig oder verspätet erfüllt, verhält sich ordnungswidrig.

Nach § 121 Abs. 2 BetrVG kann eine solche Ordnungswidrigkeit mit einer Geldbuße bis zu 10 000 Euro geahndet werden.

Für ein solches Verfahren sinnvoll – und auch betriebspolitisch anzuraten – ist mindestens eine einmalige nachdrückliche Aufforderung des Betriebsrats, in welcher er die mangelhafte Erfüllung der Auskunftspflichten gegenüber dem Unternehmer abmahnt – allein schon deshalb, um den Nachweis des beim Unternehmer gegebenen Vorsatzes führen zu können.

Ordnungswidrigkeiten

Eine entsprechende Ordnungswidrigkeitsanzeige kann sowohl vom Betriebsrat bzw. Gesamtbetriebsrat als auch von einer im Betrieb vertretenen Gewerkschaft gestellt werden. Zuständig ist in aller Regel die oberste Arbeitsbehörde des jeweiligen Bundeslandes. In einigen Bundesländern ist diese Aufgabe dem Regierungspräsidenten bzw. Bezirksregierungen übertragen. In Bayern ist die Zuständigkeit bei den Kreisverwaltungsbehörden gegeben. Näheres lässt sich sicherlich bei der zuständigen Gewerkschaft am Ort oder bei fachkundigen Rechtsanwälten in Erfahrung bringen.

Da die Festsetzung einer Geldbuße bei einem entsprechenden Antrag auch gegen den Unternehmer bzw. einen Geschäftsführer oder entsprechend verantwortliche Vorstandsmitglieder persönlich erfolgen kann, hat dies zur Konsequenz, dass bei der Verhängung einer Geldbuße diese aus dem Privatvermögen zu begleichen ist, was die Sache dann noch wirksamer macht.

2. Straftaten nach § 119 BetrVG

Stellen eines Strafantrags

In besonders eklatanten Fällen kann der Betriebsrat bzw. Gesamtbetriebsrat oder die im Betrieb vertretene Gewerkschaft einen Strafantrag stellen. In § 119 Abs. 1 Nr. 2 BetrVG ist ausdrücklich die Behinderung oder Störung der Tätigkeit des Wirtschaftsausschusses in den Tatbestand der Norm aufgenommen. Eine solche Behinderung wird man insbesondere dann annehmen müssen, wenn sich der Unternehmer beharrlich weigert, überhaupt mit dem Wirtschaftsausschuss zusammenzuarbeiten (vgl. Fitting, § 119 Rn. 7 für die Verweigerung der Zusammenarbeit mit dem Betriebsrat). Eine Bestrafung kommt auch dann in Betracht, wenn Mitglieder des Wirtschaftsausschusses wegen ihrer Tätigkeit benachteiligt oder begünstigt werden.

Benachteiligung ist jede tatsächliche, persönliche oder wirtschaftliche Diskriminierung im Verhältnis zu anderen Arbeitnehmer/innen, für die es keine sachlichen oder in der Person der/des Betroffenen liegende Gründe gibt. Beispielsweise wird eine solche Bestrafung in Betracht zu ziehen sein, wenn der Arbeitgeber grundsätzlich den Mitgliedern des Wirtschaftsausschusses die Fortzahlung des Entgelts für die Arbeitszeit verweigert, die wegen der Tätigkeit des Wirtschaftsausschusses ausgefallen ist.

Eine rechtswidrige Begünstigung kann vorliegen, wenn einzelnen Mitgliedern des Wirtschaftsausschusses insbesondere wirtschaftliche Vorteile zugewandt werden, um damit z. B. zu erreichen, dass keine unangenehmen Fragen gestellt werden.

Der für die Einleitung eines Strafverfahrens erforderliche Strafantrag ist binnen drei Monaten zu stellen, wobei die Frist mit dem Tag beginnt, an dem der Betriebsrat bzw. Gesamtbetriebsrat von der Straftat und von der Person des Täters Kenntnis erhalten hat. Zuständig für die Behandlung des Strafantrags ist die Staatsanwaltschaft, wobei die Anzeige schriftlich oder zu Protokoll beispielsweise einer Polizeidienststelle gestellt werden kann. Wird das Ermittlungsverfahren von der Staatsanwaltschaft eingestellt, so ist richtigerweise der Betriebsrat bzw. Gesamtbetriebsrat hiervon schriftlich seitens der Anklagebehörde zu informieren. Auch wird man dem Betriebsrat das Recht einräumen müssen, gegen eine solche Einstellung Beschwerde einzulegen und ggf. sogar ein Klagerzwingungsverfahren zu betreiben. In diesem Sinne beschwerdeberechtigt wäre auch jede im Unternehmen vertretene Gewerkschaft.

3. Beschlussverfahren auf Unterlassung von Behinderungen nach § 23 Abs. 3 BetrVG

Die fortgesetzt unvollständige und verspätete Information des Wirtschaftsausschusses stellt nach richtiger Auffassung eine Behinderung der Betriebsratsarbeit i.S.v. § 23 Abs. 3 BetrVG dar. So sind als grobe Pflichtverletzungen die ungenügende Unterrichtung des Wirtschaftsausschusses in wesentlichen Fragen sowie die wiederholte Unterlassung des Berichts nach § 110 BetrVG anerkannt (vgl. die Beispiele bei Fitting, § 23 Rn. 66). So hat das LAG Berlin-Brandenburg in seinem Beschluss vom 30.3.2012 (10 TaBV 2362/11, BeckRS 2012, 69525) folgendes ausgeführt:»... *grundsätzlich handelt es sich bei der Unterrichtungspflicht nach § 106 Abs. 2 BetrVG um eine Bringschuld der Unternehmerin unabhängig von einem etwaigen Verlangen des Wirtschaftsausschusses. Soweit eine Unternehmerin ihren Verpflichtungen im Rahmen ihrer Bringschuld überhaupt nicht, nicht rechtzeitig oder nicht umfassend nachkommt, handelt es sich um eine Pflichtverletzung. Diese kann allein oder im Zusammenhang mit mehreren anderen Pflichtverletzungen eine grobe Pflichtverletzung entsprechend § 23 Abs. 3 BetrVG darstellen, die von den Gerichten für Arbeitssachen zu verfolgen ist.*«

Verfahren auf Unterlassung

Hat der Betriebsrat bzw. Gesamtbetriebsrat den Unternehmer vorher bereits wegen seines betriebsverfassungswidrigen Verhaltens »abgemahnt« – was zu empfehlen ist –, kann spätestens im Wiederholungsfall ein gerichtliches Verfahren eingeleitet werden. Wird durch rechtskräftigen arbeitsgerichtlichen Beschluss dann dem Unternehmer aufgegeben, eine bestimmte Handlung zu unterlassen oder eine bestimmte Handlung vorzunehmen, hat dies gleichzeitig zur Folge, dass bei jeder weiteren Zuwiderhandlung die Zwangsvollstreckung durch den Betriebsrat eingeleitet werden kann, wobei dann für jeden Fall der Zuwiderhandlung ein Ordnungsgeld in Höhe von bis zu 10 000 Euro verhängt werden kann. Auch dies kann sich als außerordentlich wirksam erweisen, die berechtigten Forderungen des Wirtschaftsausschusses durchzusetzen.

Teil B: Betriebswirtschaftliche Grundlagen

I. Einführung

Der Wirtschaftsausschuss hat weitreichende Informationsrechte, die für den Schutz und die Förderung der Interessen von Beschäftigten unerlässlich sind. Besonders wichtig ist dabei, Veränderungen frühzeitig zu erkennen, die zu Risiken für Arbeitsplätze führen können.

Um allerdings frühzeitig Risiken zu erkennen, ist es notwendig, dass der Wirtschaftsausschuss betriebswirtschaftliche Daten verarbeitet. Dies geschieht in den Vor- und Nachbereitungen der Sitzungen des Wirtschaftsausschusses. Zu den wesentlichen betriebswirtschaftlichen Daten zählen der Jahresabschluss und unterjährige Ergebnisrechnungen. Informationen zur finanziellen Lage und der Entwicklung der Beschäftigung geben weitere wichtige Erkenntnisse. Ebenso relevant ist die Planung des Unternehmens mit Blick auf Absatz, Umsatz, Ergebnis, Personalbedarfe und Investitionen.

Der Wirtschaftsausschuss hat die Aufgabe, dem (Gesamt)Betriebsrat entscheidungsrelevante Informationen zu liefern (s. Teil A.III.), d. h. betriebswirtschaftliche **Informationen** zu **beschaffen** und **aufzubereiten**. Dies umfasst sowohl Informationen über wiederkehrende als auch über einmalige Ereignisse, die Auswirkungen auf die Beschäftigten haben können. Außerdem sollte der Wirtschaftsausschuss als Gremium zur Informationsbeschaffung genutzt werden, damit diese dann als Grundlage für die Entscheidungen des Betriebsrats dienen. So können Informationen für eigene betriebswirtschaftliche Vorschläge des Betriebsrats eingeholt werden. Zur Unterstützung der Arbeit des Wirtschaftsausschusses kann es sich als sinnvoll erweisen, eigene Kennzahlensysteme zu erstellen.

Aufgaben des Wirtschaftsausschusses

Die Arbeit des Wirtschaftsausschusses ist demnach darauf ausgerichtet, Informationen systematisch zu sammeln, auszuwerten und mit der Geschäftsführung, insbesondere unter dem Aspekt der Auswirkung auf die Beschäftigung, zu beraten. Dies ist keine zweckfreie Veranstaltung: der Wirtschaftsausschuss arbeitet dem Betriebsrat oder (soweit vorhanden) dem Gesamtbetriebsrat zu. Die Arbeit des Wirtschaftsausschusses unterstützt insofern den Betriebsrat dabei, seine Ziele zu erreichen, im Wesentlichen sind das:

- die Sicherung von Standort und Arbeitsplätzen,
- eine angemessene Entwicklung der Einkommen sowie
- gute und umweltverträgliche Arbeitsbedingungen.

Der Wirtschaftsausschuss hat eine vergleichbare Rolle in der Interessenvertretung wie das **Controlling** für die Unternehmensleitung. Das Controlling hat die Aufgabe, betriebswirtschaftliche Daten für die Unternehmensleitung aufzubereiten. Diese Daten sollen dabei unterstützen, wirtschaftlich »richtige« Entscheidungen, im Sinne der jeweiligen Unternehmensstrategie, zu treffen. Oft werden Informationen, die für den Wirtschaftsausschuss relevant sind, vom **Controlling** auf Basis von Unternehmensdaten für die Unternehmensleitung zusammengestellt.

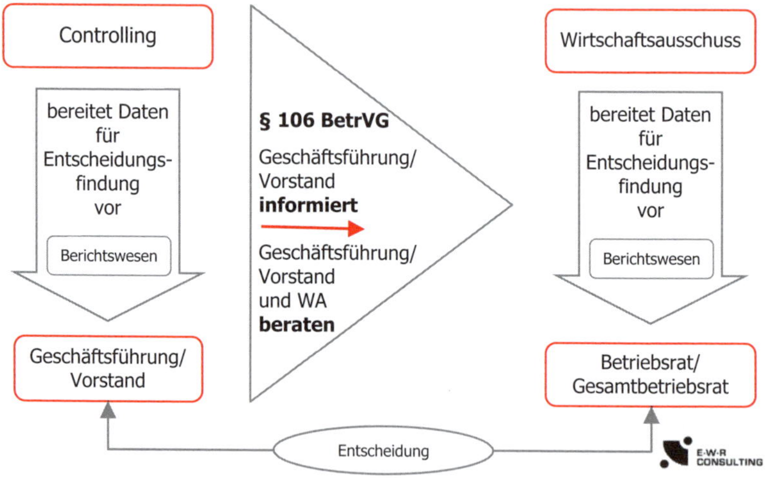

Abbildung 1: Aufgaben des Wirtschaftsausschusses

Die folgenden Kapitel erläutern wesentliche betriebswirtschaftliche Grundlagen, die für ein Verständnis betriebswirtschaftlicher Daten relevant sind.

Die »Rahmenbedingungen« eines Unternehmens werden im folgenden Kapitel (Kapitel II. »Rahmenbedingungen«) beschrieben. Hierzu gehören im Wesentlichen die Rechtsform, die Eigentümerstruktur und Fragen der Unternehmensorganisation. Diese Rahmenbedingungen ändern sich in der Regel nicht oder nur selten.

Im dritten und vierten Kapitel werden die regelmäßigen, wiederkehrenden wirtschaftlichen Informationen erläutert. Dazu gehören der Jahresabschluss und die

Monatsabschlüsse (Kapitel III. »Wirtschaftliche Situation: Ertrags-, Vermögens- und Finanzlage«) sowie die Informationen aus der strategischen und operativen Planung (Kapitel IV. »Planung«).

Im fünften Kapitel werden die Grundlagen von Kostenrechnung und Controlling behandelt (Kapitel V. »Kostenrechnung«). Außerdem werden Beispiele vorgestellt, darunter eine Verlagerungsrechnung, welche die Anwendungsmöglichkeiten von Kostenrechnungen verdeutlicht. Zudem wird gezeigt, wie ein Wirtschaftsausschuss mit geplantem Outsourcing umgehen kann.

Schließlich wird an geeigneten Stellen das Krisenmanagement im Rahmen einer Sanierung[3] kurz beleuchtet. Zum Abschluss dieser Kapitel sind jeweils konkrete Handlungsmöglichkeiten des Wirtschaftsausschusses aufgezeigt.

3 Siehe dazu ausführlich die Handlungshilfe 24, Krise, Sanierung, Insolvenz.

II. Rahmenbedingungen

Für die Interessenvertretung ist es zentral, die jeweiligen Rahmenbedingungen zu verstehen, unter denen das Unternehmen handelt.

Dazu zählt die Rechtsform, die entscheidend für die Unternehmensmitbestimmung und die Aufstellung des Jahresabschlusses (Kapitel III.) ist. Eigentumsstrukturen können sich sehr unterschiedlich auf die Unternehmensstrategie auswirken (Kapitel IV.1.1). Des Weiteren sind mögliche Varianten der Aufbauorganisation von Unternehmen dargestellt. An dieser Stelle wird auf damit zusammenhängende Entscheidungsstrukturen hingewiesen. Anschließend sind, ergänzend für konzerngebundene Unternehmen, die Auswirkungen der unterschiedlichen rechtlichen und organisatorischen Strukturen in Konzernen beschrieben.

1. Rechtsformen und ihre Auswirkungen

Rechtsform kennen

Die Rechtsform eines Unternehmens wird von den Eigentümern bestimmt. Grundsätzlich wird zwischen Kapital- und Personengesellschaften unterschieden, zusätzlich existieren Mischformen. Weiter gibt es besondere Rechtsformen, wie z. B. eingetragene Genossenschaften oder Stiftungen.

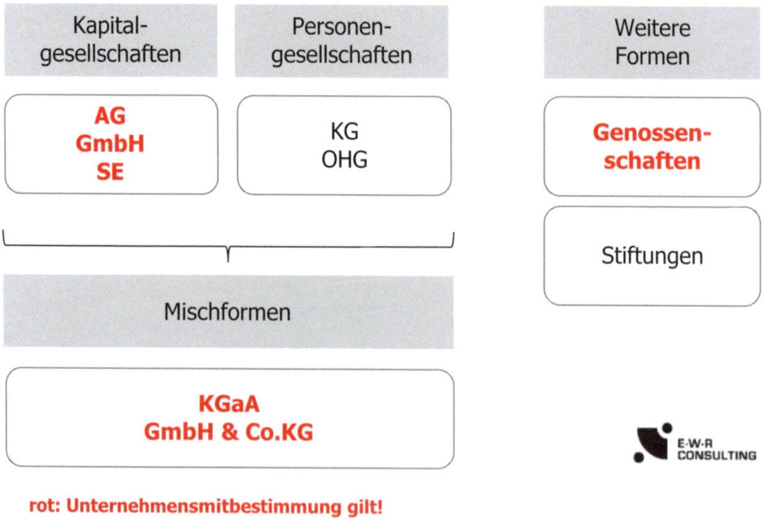

Abbildung 2: Überblick Rechtsformen

Die Rechtsform entscheidet nicht nur darüber, welche gesetzlichen Bestimmungen bei der Erstellung des Jahresabschlusses (Kapitel III.2.) Anwendung finden. Auch die Verpflichtung zur Unternehmensmitbestimmung (= Mitbestimmung im Aufsichtsrat) sind durch die Rechtsform beeinflusst.

Nachfolgend sind wesentliche Kriterien für die Wahl der Rechtsform und deren mögliche Ausprägung dargestellt:

Kriterien der Rechtsformwahl	Mögliche Ausprägungen
Unternehmerische Initiative und Unternehmensleitung	eine/r / wenige Inhaber/in / Manager/in
Haftungsverhältnisse	unbeschränkt / beschränkt unmittelbar / mittelbar solidarisch / einzeln
Kapitalaufbringung	eine/r / wenige / viele Eigenfinanzierung / Fremdfinanzierung
Rechnungslegung	streng / erleichtert
Prüfung und Publizität des Jahresabschlusses	freiwillig / obligatorisch
Rechtsformaufwand	gering / hoch
Gewinn- und Verlustbeteiligung	vertragliche / gesetzliche Regelungen
Besteuerung	Einkommensteuer / Körperschaftssteuer
Mitbestimmung	auf Betriebs- und Unternehmensebene
Anonymität der Beteiligung	gewahrt / aufgehoben
Unternehmenskontinuität	personenabhängig / objektiviert
Flexibilität	gering / hoch

Abbildung 3: Kriterien Rechtsformwahl

Bei **Kapitalgesellschaften** bleibt die Haftung beschränkt auf das Gesellschaftsvermögen. Zu den Kapitalgesellschaften zählen Kapitalgesellschaft

- AG: Aktiengesellschaft
- SE: Societas Europaea (Europäische Aktiengesellschaft)
- GmbH: Gesellschaft mit beschränkter Haftung
- UG: Unternehmergesellschaft (haftungsbeschränkt), sogenannte »kleine GmbH«

Das Grundkapital einer **Aktiengesellschaft (AG)** liegt in Form von übertragbaren Aktien vor, deren Anzahl bekannt ist. Der Mindestnennbetrag des Grundkapitals, das sogenannte »Gezeichnete Kapital«, beträgt 50000 Euro. Eigentümer der Aktiengesellschaft sind die Aktionäre, die natürliche Personen, Gesellschaften oder auch Institutionen sein können. Bei einer börsennotierten Aktiengesellschaft sind deren Anteile (= Aktien) teilweise oder vollständig zum Handel an einem Handelsplatz (Börse) zugelassen. Die Anzahl der an der Börse gehandelten Aktien eines Unternehmens ist der sogenannte »Streubesitz«. Eine Aktiengesellschaft muss nach dem in Deutschland vorherrschenden dualistischen Prinzip der Trennung zwischen Leitung und Kontrolle zwingend einen Aufsichtsrat bilden, welcher das Leitungsorgan, den Vorstand, überwacht.

Eigentümer einer **Gesellschaft mit beschränkter Haftung (GmbH)** sind die Gesellschafter. Das können natürliche oder juristische Personen sein. Das Mindestkapital bei Gründung, das sogenannte Stammkapital, beträgt 25000 Euro. Ein notariell beurkundeter Gesellschaftsvertrag regelt die Rechte und Pflichten der Gesellschafter. Die Gesellschafter bestellen einen oder mehrere Geschäftsführer/innen, die nach außen die Geschäfte der Gesellschaft führen.

Nur der Vollständigkeit halber sei auf die **UG** (haftungsbeschränkte Unternehmergesellschaft) als Variante der GmbH hingewiesen. Ihre Gründung ist mit einem Stammkapital zwischen 1 Euro und 24.999 Euro möglich. Hierbei besteht jedoch die Verpflichtung zur Bildung einer gesetzlichen Rücklage in Höhe von einem Viertel des jeweiligen (ggf. um den Verlustvortrag aus dem Vorjahr geminderten) Jahresüberschusses. Die Bonität einer solchen stammkapitalbeschränkten Gesellschaft wird im Rechtsverkehr natürlich regelmäßig kritisch eingeschätzt.

Der **Aufsichtsrat** in der GmbH ist grundsätzlich fakultativ, das heißt das GmbH-Gesetz schreibt den Aufsichtsrat nicht als Pflichtorgan vor. Erst bei mehr als 500 regelmäßig Beschäftigten ist ein Aufsichtsrat (obligatorisch) nach den Mitbestimmungsgesetzen zu bilden. Die Anzahl der Mandate im Aufsichtsrat ist abhängig von der Anzahl der Beschäftigten und gesetzlich geregelt. Bei mehr als 500 Beschäftigten ist gemäß Drittelbeteiligungsgesetz das Verhältnis der Arbeitnehmerbank zu Arbeitgeber (Kapitalseite) 1:2. Bei mehr als 2000 Beschäftigten gilt gemäß Mitbestimmungsgesetz eine paritätische Besetzung (1:1), wobei die Stimme des/der Vorsitzenden in Pattsituationen doppelt zählt (»Quasi-Parität«). Eine Ausnahme bilden die Kapitalgesellschaften der Montanindustrie mit mehr als 1000 Beschäftigten. Hier ist der Aufsichtsrat wirklich paritätisch zuzüglich einer neutralen Person besetzt (siehe auch Teil A.IV.1.2). Die genannten Mitbestimmungsgesetze greifen auch bei der AG, allerdings nicht bei der europäischen Variante der Aktiengesellschaft, der **Societas Europaea** (**SE**). Diese wurde 2004 auf Europaebene eingeführt. Der Sitz einer SE muss in einem EU-Mitgliedstaat liegen. Eigentlich erfolgt die SE-Gründung mittels Umwandlung einer bestehenden Aktiengesellschaft in eine SE. In der Praxis werden allerdings SE's auf Vorrat gegründet, um diese dann bei drohender Überschreitung der o.a. Grenzen der Mitbestimmungsgesetze aus dem Hut zu ziehen. Die SE ist ein beliebtes Instrument zur Verhinderung der Unternehmensmitbestimmung. Ein Hineinwachsen in diese Mitbestimmung wird umgangen, indem vor Überschreitung der Schwellenwerte (500 für DrittelbG; 2000 für MitbestG) die Rechtsform der SE gewählt wird und der Status der Unternehmensmitbestimmung quasi zementiert (»eingefroren«) wird. Denn anders als bei GmbH und AG ist die Unternehmensmitbestimmung in der SE nicht gesetzlich geregelt, sondern vor Eintragung der SE mit der Interessenvertretung zu verhandeln. Die Beteiligung der Beschäftigten wird dabei über ein sogenanntes betriebliches Verhandlungsgremium berücksichtigt. Im dualistischen System führt dies häufig zur Verkleinerung des Aufsichtsrats.

Personengesellschaften

Bei **Personengesellschaften** haftet mindestens eine natürliche Person mit ihrem Privatvermögen. Personengesellschaften fallen außerdem nicht unter die gesetzlichen Regelungen der Unternehmensmitbestimmung. Zu den Personengesellschaften zählen:

- OHG: Offene Handelsgesellschaft
- KG: Kommanditgesellschaft
- GbR: Gesellschaft bürgerlichen Rechts (»BGB-Gesellschaft«)
- StG: Stille Gesellschaft

OHG und KG sind genau genommen Personen**handels**gesellschaften. Die beiden Letztgenannten (GbR und StG) sind im Weiteren nicht betrachtet, da sie nicht dem Handelsrecht unterliegen beziehungsweise handelsrechtlich nicht nach außen auftreten. Sowohl GbR als auch StG können jedoch im Rahmen von Mitarbeiterkapitalbeteiligungen praktische Relevanz auch für die Arbeitnehmervertretung erlangen.

In einer **Offenen Handelsgesellschaft (OHG)** schließen sich mindestens zwei natürliche oder juristische Personen zusammen, um gemeinsam unter einer Firma ein Handelsgewerbe (§§ 1 und 2 HGB) zu betreiben. Alle Gesellschafter haften hierbei persönlich und unbeschränkt mit ihrem gesamten Vermögen. Die OHG wird durch die Gesellschafter vertreten.

Wesentliches Merkmal der **Kommanditgesellschaft (KG)** ist die Zusammensetzung der Gesellschafter. Mindestens eine natürliche Person haftet in ihr unbeschränkt und persönlich mit ihrem gesamten Vermögen (sogenannter »Komplementär«). Die übrigen Gesellschafter hingegen haften lediglich mit ihrem im Handelsregister eingetragenen Anteil (sogenannte »Kommanditisten«). Die Geschäftsführung liegt in den Händen des Komplementärs. Wie bei der OHG ist der Zweck der **KG**, ein Handelsgewerbe gemeinsam in einer Gesellschaft zu betreiben.

Mischformen

Mischformen von Kapital- und Personengesellschaft dienen der Haftungsbeschränkung persönlicher Gesellschafter. Zu ihnen zählen:
- Kapitalgesellschaften & Co. KG (GmbH & Co. KG und AG & Co. KG)
- KGaA: Kommanditgesellschaft auf Aktien

Sowohl die **GmbH & Co. KG** als auch die **AG & Co. KG** sind Kommanditgesellschaften, bei der eine Kapitalgesellschaft (GmbH oder AG) persönlich haftende Gesellschafterin ist. Diese werden Komplementär-GmbH bzw. Komplementär-AG genannt. Die Vollhaftung der Kapitalgesellschaft entspricht ihrem Gesellschaftsvermögen, welches in der Regel so gering wie möglich gehalten wird. Die Kommanditisten sind in der Regel natürliche Personen, oftmals die Gesellschafter der Kapitalgesellschaft. Sie haften nur mit ihrer Einlage. In Folge dieser Konstruktion gibt es keinen voll haftenden persönlichen Gesellschafter (Anm.: hier finden sich anstelle von AG und GmbH immer öfter auch ausländische Rechtsformen, auch hier ist häufig die Vermeidung der Unternehmensmitbestimmung Mittel zum Zweck).

Neben der Haftungsbeschränkung ist auch die Handlungsmacht eine weitere wesentliche Motivation für die Wahl dieser Mischform. Dies macht sie gerade im Mittelstand so beliebt. Die GmbH bzw. AG, als einzige Komplementärin der KG, unterhält üblicherweise keinen eigenen Geschäftsbetrieb, sondern nimmt lediglich die Haftungs- und Geschäftsführungsfunktion für die KG wahr. Die Beschäftigten sind bei der KG angestellt, die in der Regel den Geschäftsbetrieb innehält und am Markt auftritt. Die Gesellschaften sind juristisch als Personengesellschaften und haftungstechnisch als Kapitalgesellschaften eingeordnet. Sie unterliegen der Unternehmensmitbestimmung gemäß MitbestG, jedoch nicht nach DrittelbG.[4]

Die **Kommanditgesellschaft auf Aktien (KGaA)** ist eine Mischform von KG und AG. Wie in der KG haften die Komplementäre mit ihrem gesamten Vermögen. Die Kommanditisten haften analog der KG mit ihrer Einlage, die jedoch in Form von Aktien ausgegeben ist. Letztlich ist die KGaA gerade für Familienunternehmen

4 Diese sog. »Drittelbeteiligungslücke« zu schließen war Auftrag aus dem Koalitionsvertrag der Ampelregierung, er wurde allerdings nicht umgesetzt.

(Kapitel II.2.) ein Vehikel zur Kapitalbeschaffung an der Börse. Das heißt: die Möglichkeit des breiten Kapitalzugangs bei gleichzeitigem Ausschluss von fremder Mitsprache. Das zeigt sich auch im Aufsichtsrat: Die Kommanditaktionäre halten zwar das Grundkapital und wählen den Aufsichtsrat, bleiben aber reine Kapitalgeber. Über den Aufsichtsrat können sie den Vorstand nicht bestimmen, denn dieser wird durch die Gesellschafterversammlung bestimmt. Genauso werden auch letztlich die strategischen Entscheidungen von den persönlich haftenden Gesellschaftern getroffen. Die Unternehmensmitbestimmung ist zwar analog der AG gegeben, aber insofern deutlich eingeschränkt.

Besondere Rechtsformen

Neben den Kapital- und Personengesellschaften existieren **weitere Rechtsformen**, zu denen folgende zählen:
- Eingetragene Genossenschaft (eG)[5]
- Stiftung

Genossenschaften verfolgen gemäß § 1 Genossenschaftsgesetz den Zweck, den Erwerb oder die Wirtschaft ihrer Mitglieder oder deren soziale oder kulturelle Belange durch den gemeinschaftlichen Geschäftsbetrieb zu fördern. Die Genossenschaft verfolgt also nicht selbst einen erwerbswirtschaftlichen Zweck, sondern dient
- dem Erwerb (als Arbeitgeber) der Mitglieder,
- der Wirtschaft der angeschlossenen Haushalte,
- den sozialen Belangen der Mitglieder oder
- den kulturellen Belangen der Mitglieder.

Die Förderung erfolgt regelmäßig durch eine wirtschaftliche Betätigung, indem die Genossenschaft ihren Mitgliedern Arbeitsplätze, Aufträge, Waren oder Dienstleistungen zur Verfügung stellt. Dabei müssen sich die Leistungen einer Genossenschaft letztlich immer an den Angeboten anderer Mitbewerber in »klassischer Rechtsform« messen lassen, ansonsten hat eine Genossenschaft keine dauerhafte Überlebenschance am Markt. Die Mitgliedschaft in einer Genossenschaft ist freiwillig und erfolgt nicht verpflichtend durch die Zugehörigkeit zu einer bestimmten gesellschaftlichen Gruppe (wie einem lokalen Gemeinwesen oder der Zugehörigkeit zu der Belegschaft eines Betriebes).

Der gesetzlich vorgeschriebene Zweck einer Genossenschaft ist die Mitgliederförderung durch die Produkte oder Dienstleistungen der Genossenschaft, welche in der Satzung der Genossenschaft beschrieben sind. Eine Kapitalgesellschaft kann zwar alle legalen Zwecke, also auch die der Mitgliederförderung verfolgen, dient aber von ihrem Charakter her dem Interesse der Kapitalverwer-

5 Im Weiteren »Genossenschaft«.

tung. Das heißt, dass die Kapitalgeber auch am »inneren Wert« (= Steigerung des Aktienkurses beziehungsweise des Unternehmenswertes) des Unternehmens beteiligt sind. Die Mitgliedschaft in einer Genossenschaft ist hingegen an der Nutzung des Geschäftsbetriebs durch die Mitglieder selbst orientiert. Die Mitglieder einer Genossenschaft haben keinen Anspruch auf einen Anteil am gesamten Unternehmensvermögen, der über die Einzahlungen für ihren Genossenschaftsanteil hinausgeht. Bei ihrem Ausscheiden aus der Genossenschaft erfolgt deshalb auch keine Aufteilung des Wertzuwachses der Genossenschaft. Das unterscheidet die Genossenschaft von Kapitalgesellschaften. Scheidet beispielsweise bei einer GmbH ein Gesellschafter aus, ist im Regelfall nicht nur das eingelegte Kapital auszuzahlen. Auch ein Anteil am (gestiegenen) Unternehmenswert steht dem Gesellschafter zu. Genossenschaften unterliegen ebenfalls den Gesetzen der Unternehmensmitbestimmung, wobei freilich die relevanten Größenklassen nur in wenigen Fällen erreicht werden. Im Rahmen von Mitarbeiterkapitalbeteiligungsmodellen bietet die genossenschaftliche Rechtsform Vorteile aufgrund ihrer demokratischen Ausrichtung sowie ihrer Praktikabilität, insbesondere der Fungibilität der Anteile bei Ein- und Austritt. Ferner kann auch die betriebliche Ebene selbst ein Inkubator für die Gründung einer Genossenschaft, konkret einer Belegschaftsgenossenschaft, sein. Vielfach sind Betriebsräte dazu wesentliche Treiber. Als Anknüpfungspunkte seien hier die Photovoltaik-Produktion, der Ausbau von Wärmenetzen und das Thema Elektromobilität genannt. Damit wird die Attraktivität des Arbeitgebers gesteigert und qualifizierte Arbeitskräfte werden langfristig gebunden, indem die genossenschaftliche Idee eines bürgerschaftlichen Engagements explizit auf die Beschäftigten transferiert wird.

Während die Genossenschaft regelmäßig aus einer Notlage, zumindest einem Bedarf und im Weiteren aus Selbsthilfebestrebungen (vgl. Friedrich Wilhelm Raiffeisen »Was dem Einzelnen nicht möglich ist, das Vermögen viele«) entsteht, geht dahingegen die **Stiftung** immer von einer bereits vorhandenen Vermögensmasse (Kapitalstock) aus. Durch dessen »Fruchtziehung« (= regelmäßige Kapitalerträge) profitieren die von der Stiftung Begünstigten (die sogenannten »Destinatäre«). Eine Stiftung hat keine Mitglieder oder Gesellschafter. Stiftende stellen der Stiftung in der Regel dauerhaft Mittel für festgelegte, oftmals auch dem Gemeinwohl dienende Zwecke zur Verfügung. Der Begriff Stiftung umfasst unterschiedliche Rechtsformen: rechtsfähige Stiftung bürgerlichen Rechts, Treuhandstiftung,[6] Stiftungs-GmbH und Stiftungsverein. In Deutschland wird

---

6 Nicht-rechtsfähige Stiftungen (sog. »Treuhandstiftungen« oder »fiduzarische Stiftungen« sind durch die Beraterpraxis getrieben und dienen vielfach dem Zusammenhalt und der Fruchtziehung von Familienvermögen (Familienstiftungen), der Sicherung des Familienvermögens im Rahmen von Nachfolgeregelungen (»Asset Protection«) und der Vermeidung von Steuern (insbesondere Erbschaftssteuer).

die Form der rechtsfähigen Stiftung bürgerlichen Rechts am häufigsten verwendet. Wesentliche Rahmenbedingungen dieser Stiftung sind in einer Satzung zu regeln. Zu den Rahmenbedingungen gehören beispielsweise Name, Sitz, Zweck, Vermögen und die Bildung des Vorstands. Die staatliche Anerkennung erfolgt durch die Stiftungsbehörde des Bundeslandes, in dem die Stiftung ihren Sitz hat. Die größte Bedeutung für die Beschäftigten haben die unternehmensverbundenen Stiftungen. Im Regelfall ist hier die Stiftung (Mit)Gesellschafter am Unternehmen, welches selbst als Personen- oder Kapitalgesellschaft betrieben wird (sogenannte Beteiligungsstiftung). Von einer Unternehmensträgerstiftung wird gesprochen, wenn die Stiftung selbst das operative Geschäft betreibt. Dies ist jedoch selten der Fall. Den stiftungsverbundenen Unternehmen wird allgemein nachgesagt, dass sie nachhaltiger wirtschaften und eher beschäftigungssichernd wirken. Hierzu ist zu konstatieren, dass Stiftungen primär ihrem Stiftungszweck nachgehen müssen, das heißt der Befriedigung der Destinatäre. Daher sind sie auf kontinuierliche Kapitalerträge angewiesen. Hält eine Stiftung eine Ankeraktionärsstellung an einer Aktiengesellschaft, so gerät diese insbesondere dann in Gefahr, wenn die Aktiengesellschaft frisches Kapital benötigt, welches sie sich mittels einer Kapitalerhöhung besorgt. Häufig kann die Stiftung eine solche nicht mittragen, wodurch der Stiftungsanteil verwässert und ihr Einfluss entsprechend minimiert wird.

Die im Mittelstand häufig zu findenden Familienstiftungen sind letztlich beratergetriebene Modelle, um das Familienvermögen für Familienstämme und nachfolgende Generationen möglichst schonend zu sichern.

Tipp:

Die Rechtsform und die daraus abzuleitenden Rechte und Pflichten zu kennen, ist für den Wirtschaftsausschuss eine Basisinformation. Zum Beispiel sind dadurch die Offenlegungspflichten für den Jahresabschluss bekannt. Sind diese Grundlagen einmal erhoben und verstanden, können sie jederzeit genutzt werden.

2. Eigentümerstruktur

Eigentümerstruktur kennen

Neben der grundlegenden Information, welche Rechtsform das Unternehmen hat, ist für die langfristige Ausrichtung des Unternehmens die Struktur der Eigentümer, also der Gesellschafter, relevant. So wird beispielsweise Familienunternehmen oftmals ein nachhaltigeres Wirtschaften zugesprochen als einem Unternehmen, das von Finanzinvestoren gehalten wird. Eigentümerstrukturen sind grundsätzlich unabhängig von der Rechtsform, jedoch sind bestimmte Rechtsformen bei einigen Eigentümerstrukturen wahrscheinlicher. So sind zum Beispiel Familienunternehmen häufiger in Form einer GmbH & Co. KG errichtet als in der Form der AG.

Im Folgenden sind **unterschiedliche Eigentümerstrukturen** benannt und teilweise erläutert. Die möglichen Ziele der Eigentümer und ihre Strategien sind in Kapitel IV.1.1 Unternehmensstrategie beschrieben.

- **Familienunternehmen**
- **Finanzinvestoren**
- **Strategische Investoren**
- **Institutionelle Anleger**
- **Family-Offices**
- **Öffentliche Hand**
- **Kirchliche Träger**

Definition Familienunternehmen

Familienunternehmen, vollständig oder überwiegend im Besitz einer Familie, sind häufig mittelständische Traditionsunternehmen. Die Eigentümer sind nicht nur finanziell, sondern meist auch emotional an das Unternehmen gebunden. Zu den Familienunternehmen zählen in Deutschland nicht nur kleine und mittelständische, sondern, je nach Definition, auch börsennotierte Unternehmen.

Hinweise:

Familienunternehmen werden unterschiedlich definiert.
Nach der Definition der Stiftung Familienunternehmen[7] ist ein Unternehmen beliebiger Größe dann ein Familienunternehmen, wenn folgende Kriterien zutreffen:

- »die Mehrheit der Entscheidungsrechte [sind] im Besitz der natürlichen Person(en), die das Unternehmen gegründet hat/haben, der natürlichen Person(en), die das Gesellschaftskapital des Unternehmens erworben hat/haben oder im Besitz ihrer Ehepartner, Eltern, ihres Kindes oder der direkten Erben ihres Kindes befindet, und
- die Mehrheit der Entscheidungsrechte [bestehen] direkt oder indirekt [...], und/oder
- mindestens ein Vertreter der Familie oder der Angehörigen [ist] offiziell an der Leitung bzw. Kontrolle des Unternehmens beteiligt [...].
- Börsennotierte Unternehmen entsprechen der Definition eines Familienunternehmens, wenn die Person(en), die das Unternehmen gegründet

7 *https://www.familienunternehmen.de/de/definition-familienunternehmen.*

> oder das Gesellschaftskapital erworben hat/haben oder deren Familie(n) oder Nachfahren, aufgrund ihres Anteils am Gesellschaftskapital mindestens 25 Prozent der Entscheidungsrechte hält/halten.«
>
> Nach dieser Definition zählten in der Veröffentlichung der Stiftung »Die TOP 500 Familienunternehmen in Deutschland« im Jahr 2022 z.B. Volkswagen, Beiersdorf und Henkel zu Familienunternehmen.[8]
>
> Das Institut für Mittelstandsforschung (IfM Bonn) hingegen definiert »Familienunternehmen als diejenigen Unternehmen, bei denen die Eigentums- und Leitungsrechte in der Person des Unternehmers oder der Unternehmerin bzw. deren Familie vereint sind. [...] Insgesamt klassifiziert das IfM Bonn alle Unternehmen als Familienunternehmen bei denen,
>
> - bis zu zwei natürliche Personen oder ihre Familienangehörigen mindestens 50 Prozent der Anteile eines Unternehmens halten und
> - diese natürlichen Personen der Geschäftsführung angehören.«[9]

Einordnen des Eigentümers

Befindet sich ein Unternehmen im Besitz von **Finanzinvestoren** wird Kapital von privaten oder institutionellen Anlegern bereitgestellt, die sich im konkreten Beteiligungsmodell unterscheiden. Es existieren diverse Beteiligungsmodelle, deren Bandbreite sich durch die Modelle »reine Finanzbeteiligung« (Private-Equity) und strategische oder industrielle Investoren skizzieren lässt.

Nach § 106 Abs. 3 Nr. 9a BetrVG gehört zu den erforderlichen Informationen insbesondere die Angabe über den potenziellen Erwerber und dessen Absichten im Hinblick auf die künftige Geschäftstätigkeit des Unternehmens. Auch die sich daraus ergebenden Auswirkungen auf die Beschäftigten sind relevant. Neben Finanzinvestoren treten auch **Strategische Investoren** im Rahmen von Unternehmensverkäufen in Erscheinung. Bei ihnen handelt es sich entweder um Wettbewerber des Unternehmens, welche mit dem Kauf ihr eigenes Portfolio erweitern oder abrunden, zumindest aber Synergieeffekte heben wollen. Oder aber es handelt sich um neue, bisher noch nicht in diesem Umfeld in Erscheinung getretene Unternehmen, die sich durch den Unternehmenskauf breiter aufstellen wollen und an entsprechenden Marktzugängen interessiert sind.

Institutionelle Investoren, eine wesentliche Anlegergruppe, sind juristische Personen, zu denen Banken, Versicherungen, Fondsgesellschaften, Pensionskassen, Sozialversicherungsträger und viele mehr zählen. Sie verwalten im

8 Stiftung Familienunternehmen – Studie: »Die TOP 500 Familienunternehmen in Deutschland – nach Umsatz und Beschäftigung«, S. 32.

9 *https://www.ifm-bonn.org/definitionen/familienunternehmen-definition.*

Gegensatz zu privaten Investoren auch Fremdgelder. Wird der Begriff der institutionellen Investoren weiter gefasst, sind darunter auch Industrieholdings zu subsummieren. Sie verfügen über einen festen Kapitalstock und sind oftmals als Vermögensverwalter für Finanzinstitute oder Stiftungen tätig. Bei näherer Betrachtung der Eigentümerstrukturen großer börsennotierter Aktiengesellschaften in Deutschland wird deutlich, wem die Unternehmen in Wirklichkeit zu wesentlichen Teilen gehören: vermögenden ausländischen Privatpersonen, US-Rentner/innen sowie Anlegern und Versicherten, denen von vornherein eine entsprechende Rendite versprochen wurde. So ist es nicht verwunderlich, dass mittlerweile börsennotierte Gesellschaften aus Anlegersicht als reine Beteiligungsgesellschaften gesehen werden, mit dem Ziel, einen möglichst hohen Shareholder-Value[10] zu erzielen. Gerade die institutionellen Investoren mischen sich heute immer mehr in die Strategie der Unternehmen ein und versuchen noch breitere Mehrheiten zu gewinnen.

In jüngerer Vergangenheit treten zunehmend auch sog. **Family Offices** als Eigentümer in Erscheinung. Diese Investorenklasse betreut die Vermögensangelegenheiten wohlhabender Familien und trachtet danach, das Geschäftsmodell des Unternehmens nach den Interessen und Werten der Familien auszurichten. Diskretion und geringe Transparenz erschweren dem Wirtschaftsausschuss eines von Family Offices dominierten Unternehmens häufig die Arbeit, auf der anderen Seite wird ihnen ein eher langfristiges Engagement nachgesagt.

Abschließend seien der Vollständigkeit halber noch öffentlich-rechtliche und kirchliche Kapitalbeteiligungsgesellschaften genannt, deren Kapitalstock auf diesen Institutionen fußt.

3. Aufbau- und Ablauforganisation

Nach § 106 Abs. 3 Nr. 9 BetrVG gehört auch die Änderung der Betriebsorganisation oder des Betriebszwecks zum Katalog der wirtschaftlichen Angelegenheiten. Organisation meint dabei: Wer macht was, wann, wo, womit und wie? Dabei wird zwischen Aufbauorganisation und Ablauforganisation unterschieden, basierend auf bekannten Aufgaben, die dauerhaft und verpflichtend zu erledigen sind.

---

10 Shareholder Value meint, dass das Management eines Unternehmens vor allem den Anteilseignern gegenüber verpflichtet ist – und damit der Steigerung des Unternehmenswerts, der ausschließlich den Aktionären zusteht.

Die **Aufbauorganisation** zeigt die formale, hierarchische Struktur des Unternehmens und wird in einem Organigramm dargestellt. Beschäftigte des Unternehmens sind in diese Struktur eingeordnet, sodass Weisungsbefugnisse und Vorgesetzte klar erkennbar sind.

Aufbauorganisation kennen

Klassische Formen der **Aufbauorganisation**, zu denen beliebig viele Mischformen in der Praxis existieren, sind

- (Stab)Linienorganisation,
- Mehrlinienorganisation,
- Spartenorganisation und
- Matrixorganisation.

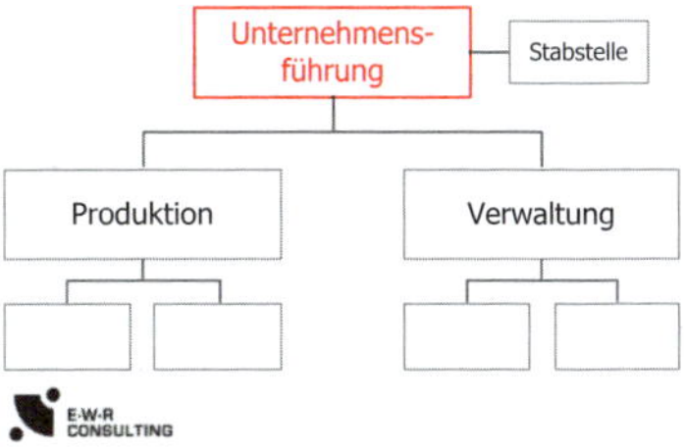

Abbildung 4: (Stab)Linienorganisation

In der **Linienorganisation**, auch 1-Linien-Organisation genannt, sind die Entscheidungs- und Direktionswege klar hierarchisch definiert. Weisungen gehen direkt in die darunter liegende Ebene. Berichte fließen in die jeweils darüber liegende Ebene.

Wird die Linienorganisation durch Stabsstellen ergänzt, heißt sie **Stablinienorganisation**. Stäbe sind für spezielle Themen, wie z. B. Recht, verantwortlich. Sie sind direkt der Unternehmensleitung zugeordnet und haben eine Beratungsfunktion, aber keine Weisungsbefugnis.

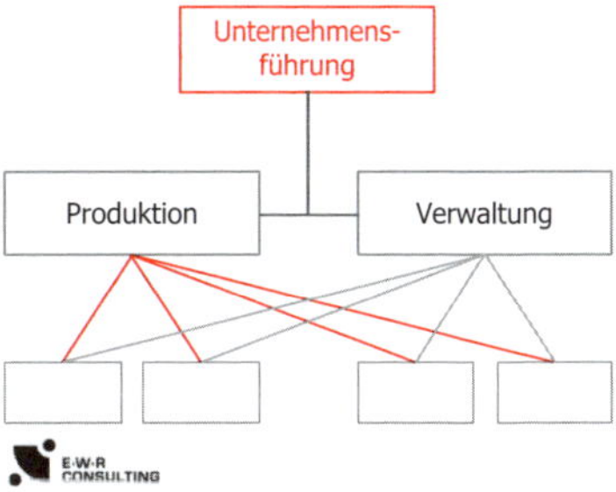

Abbildung 5: Mehrlinienorganisation

Im Gegensatz zur 1-Linien-Organisation erhält bei der **Mehrlinienorganisation** die darunter liegende Ebene von mehreren Stellen Weisungen.

Benannter Nachteil dieser Organisationsform sind mögliche Weisungskonflikte. Als Vorteile werden kurze Kommunikationswege und die Möglichkeit der Spezialisierung gesehen.

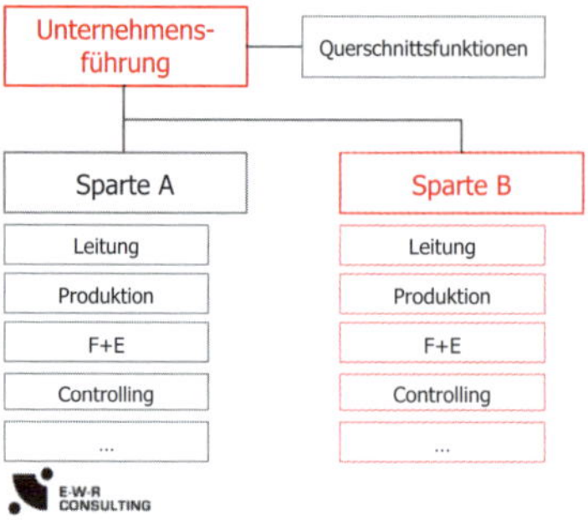

Abbildung 6: Spartenorganisation

In einer **Spartenorganisation** ist das Unternehmen nach Produktgruppen oder Dienstleistungsbereichen organisiert. Die Sparten sollen wie eigenständige Unternehmen agieren und werden demzufolge oftmals als Profitcenter geführt. Jede Sparte verfügt über eigene Führungs- und Entscheidungsstrukturen sowie über notwendige Verwaltungsfunktionen. Zusätzlich können Querschnittsfunktionen, wie Recht oder Steuern, spartenübergreifend tätig sein.

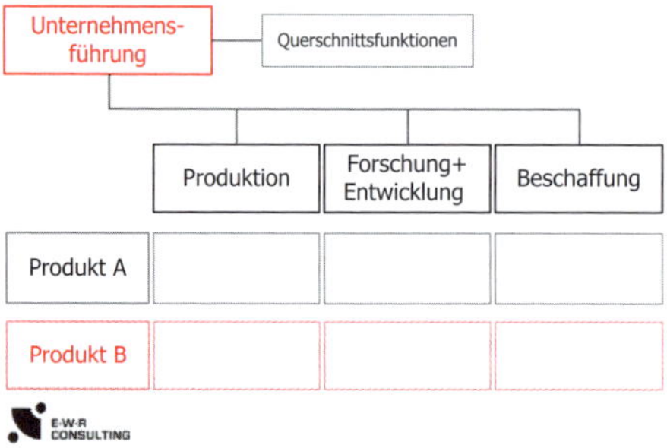

Abbildung 7: Matrixorganisation

In der **Matrixorganisation** ist die Leitungsfunktion auf zwei voneinander unabhängige, vielfach jedoch gleichberechtigte Dimensionen verteilt. Zum Beispiel: Die Produktionsleitung ist für die Produktion sämtlicher Produkte verantwortlich und die Leitung von Produkt A für sämtliche Belange des Produktes, einschließlich Produktion. Ziel ist die Vermeidung von Doppelarbeiten und die Verbesserung der Zusammenarbeit zwischen den verschiedenen Produkt- oder Dienstleistungsbereichen. Dieses Ziel ist jedoch gleichzeitig die Schwachstelle dieser Organisationsform, da in der Praxis oftmals unklar ist, wer endgültige Entscheidungen fällt.

Die Organisation des Unternehmens unterliegt einem permanenten Wandel. Aktuell lässt sich in der Praxis die Abkehr von starren Organisationsgefügen, hin zu temporären Einheiten (Projektstrukturen) feststellen. Es setzt sich zudem immer mehr durch, kleinere selbstständige Unternehmenseinheiten (Profit-Center) mit Ergebnisverantwortung zu schaffen.

Tipp:

Die Aufbauorganisation zu kennen, bedeutet für Betriebsrat und Wirtschaftsausschuss, die Verantwortlichkeiten zu kennen und bei eigenen Entscheidungen zu berücksichtigen.

Im Gegensatz zur Aufbauorganisation sind in der **Ablauforganisation** die unternehmerischen **Prozesse** beschrieben. Die Prozessbeschreibungen zeigen, wie und mit welchen Mitteln die Aufgaben erledigt werden. Für den Begriff Ablauforganisation werden heute auch die Begriffe Prozessmanagement oder Workflow-Management verwendet. Ziele der Ablauforganisation sind beispielsweise die Kosten-Nutzen-Optimierung, Bearbeitungs- und Durchlaufzeiten zu verringern oder die Kapazitäten optimal zu nutzen. Gerade die Ablauforganisation bietet eine Reihe von Anknüpfungspunkten für die betriebliche Interessenvertretung. Interne Strukturen und Abläufe kennt niemand besser als die Beschäftigten selbst. Sie sind die Expert/innen »in eigener Sache« und können durch ihre Erfahrungen und Kenntnisse entscheidend zur Zukunftsfähigkeit ihres Unternehmens beitragen. Ansatzpunkte sind beispielsweise:

- »Fehlerquellen« (und somit Kostentreiber) im Produktions- und Informationsprozess analysieren:
  - Überproduktion / Bestände
  - Überflüssige / doppelte Prozesse
  - Überflüssige / aufwendige Transporte
  - Wartezeiten / Suchaufwand
  - Raum- / Flächenverschwendung
  - Reparaturen an Maschinen / Fehlerquellen
  - zu lange Wege / ineffiziente Anordnung von Arbeitsplätzen
  - Qualitätssicherung / Reduktion der Ausschussquote
- Nachhaltigkeit fördern:
  - Ressourceneffizienz (Materialien, Energie)
  - Beschäftigtenmotivation, gute und gesunde Arbeitsplätze
  - Qualifizierung in zukunftsweisende Technologien
  - nachhaltige Entwicklung als Strategiethema im Wirtschaftsausschuss behandeln

Tipp:

Wirtschaftsausschuss und Betriebsrat können gemeinsam mit den Beschäftigten Schwachpunkte in der Ablauforganisation erheben und Lösungen erarbeiten. Diese können im Anschluss mit der Unternehmensleitung beraten werden.

4. Einbindung in den Konzern

Der Konzernbegriff meint die Fiktion des Zusammenschlusses eines herrschenden Unternehmens (Mutterunternehmen) und mehrerer abhängiger Unternehmen (Tochter-/Enkelunternehmen) zu einer wirtschaftlichen Einheit. **Konzerne** sind komplexe, oftmals internationale Gebilde, die meist organisatorisch und rechtlich unterschiedliche Strukturen aufweisen.

Organisatorische Strukturen: Segmente, Geschäftsfelder

Unter **organisatorischen Einheiten** werden auf Konzernebene die **Segmente** verstanden, in denen jeweils ein Betätigungsfeld des Konzerns organisatorisch zusammengefasst ist. In dieser Struktur wird das **Geschäft** des Konzerns abgebildet und geführt.

Der Begriff Segment wird nicht einheitlich verwendet. Manchmal werden Segmente auch Divisionen oder strategische Geschäftseinheiten (SGE) genannt. Die Segmente sind in der Regel in weitere Einheiten unterteilt, die Geschäftsfelder, Geschäftsbereiche, Unternehmensbereiche oder Business Units genannt werden. Die Anzahl der Segmente in Konzernen ist in der Regel überschaubar.

Rechtliche Struktur: Länderholdings

Rechtliche Einheiten sind Unternehmen innerhalb des Konzerns, die eine länderspezifische Rechtsform haben (siehe zu deutschen Rechtsformen das Kapitel II.1.).

Aus steuerlichen Gründen werden beispielsweise in Konzernen auf Länderebene sogenannte Länderholdings (z. B. in der Rechtsform GmbH) gebildet, denen die übrigen Ländergesellschaften untergeordnet sind. In diesen Strukturen wird ein Konzern nicht **geführt**, sondern sie genügen den jeweiligen formalen länderspezifischen Rechtsanforderungen.

Entscheidungsstrukturen kennen

Das erklärt, warum in vielen Konzernen die organisatorischen Strukturen von den rechtlichen abweichen. Organisatorische Strukturen werden unabhängig von den rechtlichen Strukturen gezogen. Die operativen Entscheidungen werden innerhalb der einzelnen Divisionen und deren Geschäftsfelder getroffen. Damit liegen in einer solchen Organisation die Entscheidungen nicht mehr bei der Geschäftsführung der legalen Einheit, sondern bei der Leitung der organisatorischen Einheit.

In der nachstehenden Abbildung ist eine solche Organisation vereinfacht dargestellt. Dabei entsprechen die Rechtecke den rechtlichen Strukturen (Holding, Unternehmen) und die farblichen Rechtecke mit den abgerundeten Ecken organisatorischen Einheiten (Divisionen).

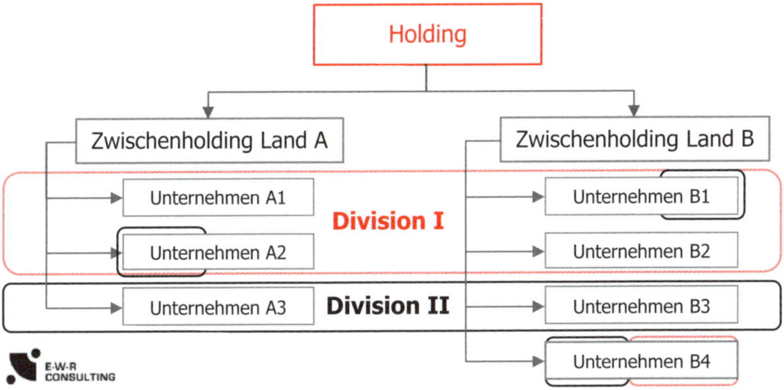

Abbildung 8: Konzernstruktur (Beispiel)

In diesem beispielhaften Konzern ist je Land eine Zwischenholding gebildet, die wiederum Muttergesellschaft der operativen Unternehmen in diesem Land ist. Zur operativen Steuerung der Geschäfte des Konzerns ist diese Struktur recht »sperrig«, da beispielsweise die Unternehmen A2 und B1 für mehrere organisatorische Einheiten, Divisionen, tätig sind. Andere Unternehmen wie A3 sind lediglich einer Division zugeordnet. Daher führt der Konzern die operativen Geschäfte über die Divisionen und nutzt die rechtlichen Strukturen nur formell.

Tipp:

Die Kenntnis der rechtlichen und organisatorischen Strukturen sowie deren Veränderungen sind für den Wirtschaftsausschuss relevant. Unterscheiden sich diese voneinander, kann unter Umständen die Geschäftsleitung des Unternehmens, in dem der Wirtschaftsausschuss tätig ist, keine selbständigen Entscheidungen treffen. Zudem gibt diese Struktur Hinweise darauf, auf welcher Ebene im Unternehmen berichtet und entschieden wird. Die Kenntnis der rechtlichen Struktur ist für Interessenvertretungen vor allem in »schwierigen Zeiten« wichtig: bei Verhandlungen zu Interessenausgleich und Sozialplan, Unternehmensverkauf sowie im Insolvenzverfahren.

5. Handlungsmöglichkeiten des Wirtschaftsausschusses

Sämtliche Informationen, die in diesem Kapitel behandelt wurden, zählen zu den Basisinformationen eines Wirtschaftsausschusses. Diese Basisdaten sollte der Wirtschaftsausschuss zunächst erheben und verstehen. Hilfreich ist es, dieses Wissen und mögliche Änderungen der Strukturen in einer wirtschaftsausschussinternen Dokumentation festzuhalten. So kann es jederzeit wieder abgerufen werden. Außerdem steht somit dieses Wissen, auch nach möglichen Wechseln im Gremium, weiterhin als Basiswissen sämtlichen Mitgliedern zur Verfügung.

III. Wirtschaftliche Situation: Ertrags-, Vermögens- und Finanzlage

Im Folgenden werden der Jahresabschluss und seine Bestandteile erläutert. Die Beschäftigung mit dem Jahresabschluss gehört zum Pflichtprogramm des Wirtschaftsausschusses und ist meist die zentrale Informationsquelle zur Beurteilung der wirtschaftlichen Lage des Unternehmens und zudem Grundlage für Fragen zur zukünftigen Unternehmensentwicklung. Der Jahresabschluss ist dem Wirtschaftsausschuss unter Beteiligung des (Gesamt)Betriebsrats (§ 108 Abs. 5 BetrVG) zu erläutern. Zu beachten ist dabei, dass der Jahresabschluss ein vergangenheitsorientiertes Rechenwerk ist. Die darin enthaltenen Informationen beziehen sich nur in geringem Umfang auf die Zukunft.

Da sich Wirtschaftsausschüsse zunehmend stärker auch mit Jahresabschlüssen beschäftigen müssen, die nach internationalen Rechnungslegungsvorschriften aufgestellt sind, werden im Anschluss an die Erläuterung des Jahresabschlusses nach deutschen handelsrechtlichen Vorschriften (HGB) einige wesentliche Regelungen der »International Financial Reporting Standards« (IFRS) vorgestellt.

1. Grundlagen des Jahresabschlusses nach HGB

Jahresabschluss: Informationen für Externe

Der Jahresabschluss ermöglicht (fachkundigen) Dritten, sich ein Bild der wirtschaftlichen Situation eines Unternehmens zu einem bestimmten Stichtag zu machen. Er umfasst insbesondere Informationen zur:

- Vermögenslage:
  wie stellen sich Vermögen und Schulden zum Bilanzstichtag (letzter Tag des Geschäftsjahres) dar;
- Ertragslage:
  wie entwickelten sich Erträge und Aufwendungen innerhalb eines Geschäftsjahres;
- Finanzlage:
  wie stellt sich die Struktur der Finanzierung des Unternehmens mit Eigen- und Fremdmitteln und die Liquiditätssituation zum Bilanzstichtag dar.

Adressat/innen des Jahresabschlusses sind vor allem die Kapitalgeber (Aktionäre, Gesellschafter und Banken), Lieferanten und Kunden sowie sonstige Geschäftspartner/innen, Beschäftigte und ganz generell die interessierte Öffentlichkeit, letztlich alle sog. »Stakeholder«, regelmäßig also Personengruppen, die nicht der Unternehmensleitung angehören, weshalb beim Jahresabschluss auch vom »externen Rechnungswesen« gesprochen wird.

Der Jahresabschluss umfasst die Rechnungslegung eines einzelnen Unternehmens, den sogenannten Einzelabschluss. Bilden mehrere Unternehmen einen Konzern, so sind sie verpflichtet, einen gemeinsamen Abschluss, den sogenannten Konzernabschluss, aufzustellen. Das Zusammenfassen mehrerer Einzelabschlüsse zu einem Konzernabschluss wird als Konsolidierung bezeichnet.

Die Normen, nach denen ein Einzel- oder Konzernabschluss aufgestellt wird, können unterschiedlich sein. Die Globalisierung der Wirtschaft führte zu Informationsbedürfnissen internationaler Kapitalgeber, Lieferanten und Kunden. Aus diesem Grund wurden internationale Rechnungslegungsstandards für den Konzernabschluss entwickelt (siehe Kapitel III.4.), die neben der deutschen handelsrechtlichen Normen (HGB) existieren.

2. Offenlegung und Prüfung des Jahresabschlusses

Jahresabschlüsse im Internet

Nach deutschem Recht sind Kapitalgesellschaften (siehe Kapitel II.1.) sowie Personengesellschaften, allerdings nur solche ohne natürliche Person als Vollhafterin, grundsätzlich verpflichtet, ihren Jahresabschluss binnen 12 Monaten nach dem Bilanzstichtag im Bundesanzeiger zu veröffentlichen. Eine Befreiung hiervon wird unter bestimmten Voraussetzungen nach § 264 Abs. 3 HGB gewährt. Die Befreiung greift dann, wenn alle Gesellschafter des Tochterunternehmens der Befreiung zustimmen und den entsprechenden Beschluss offenlegen. Zusätzlich muss das Mutterunternehmen zur Verlustübernahme verpflichtet sein und die Aufstellung und Prüfung des Konzernabschlusses muss nach den Rechtsvorschriften des Sitzstaats des Mutterunternehmens erfolgen. Abschließend muss im Konzernanhang ein Hinweis auf die Befreiung gegeben werden. Der Beschluss des Tochterunternehmens zur Befreiung ist im Bundesanzeiger offenzulegen, ebenso ist der Konzernabschluss des Mutterunternehmens in deutscher oder englischer Sprache zu veröffentlichen.

Obwohl die Jahresfrist zur Veröffentlichung meist ausgenutzt wird und damit die im Bundesanzeiger veröffentlichten Jahresabschlüsse relativ alt sind, kann diese Vorschrift insbesondere für Interessenvertretungen interessant sein, die mit einer restriktiven Informationspolitik, zum Beispiel auch über andere Konzernunternehmen, konfrontiert sind. Veröffentlichte Jahresabschlüsse können kostenfrei aus dem elektronischen Bundesanzeiger (*www.bundesanzeiger.de*) oder dem elektronischen Unternehmensregister (*www.unternehmensregister.de*) heruntergeladen werden.

Die jeweilige Größenklasse eines Unternehmens, die sich nach den Kriterien Umsatz, Bilanzsumme und Beschäftigtenanzahl (vgl. § 267 HGB) richtet, regelt, welche Berichts- und Prüfungspflichten gelten. So können »kleine Kapitalgesellschaften« Erleichterungen bei Angabe- und Veröffentlichungspflichten in Anspruch nehmen. Sie müssen lediglich Bilanz und Anhang veröffentlichen und ihren Jahresabschluss nicht durch einen Wirtschaftsprüfer prüfen lassen. Gleiches gilt auch für Personenhandelsgesellschaften: unabhängig von ihrer Größe besteht ihr Jahresabschluss lediglich aus Bilanz sowie Gewinn- und Verlustrechnung (allenfalls gelten Sondervorschriften für sehr große Personenhandelsgesellschaften nach den Grenzen des Publizitätsgesetzes). Auch müssen sie sich keiner externen Jahresabschlussprüfung unterziehen. Mittelgroße und große Kapitalgesellschaften sind hingegen verpflichtet, Bilanz, Gewinn- und Verlustrechnung, Anhang und auch Lagebericht zu veröffentlichen und zudem ihren Jahresabschluss prüfen zu lassen (zu den einzelnen Bestandteilen des Jahresabschlusses siehe Kapitel III.3.). Die Unterschiede zwischen mittelgroßen und großen Kapitalgesellschaften zeigen sich im Wesentlichen im geforderten Detaillierungsgrad.

Größenklasse Kapitalgesellschaft	**Klein § 267 (1) HGB**	**Mittel § 267 (2) HGB**	**Groß § 267 (3) HGB**
Größenordnung[1] **mindestens 2 Kriterien müssen erfüllt sein**			
Bilanzsumme (Mio.€)	≤ 7,5	> 7,5 ≤ 25	> 25
Umsatzerlöse (Mio.€)	≤ 15	> 15 ≤ 50	> 50
Arbeitnehmer im Jahresdurchschnitt	≤ 50	> 50 ≤ 250	> 250
Aufstellung (Monate nach Bilanzstichtag)	6	3	3
Feststellung (Monate nach Bilanzstichtag)	AG lt. AktG: 8 GmbH: 11	8	8
Offenlegung[2]			
Frist (Monate nach Bilanzstichtag)	12	12	12
Form	Elektronischer Bundesanzeiger, elektronisches Unternehmensregister (EHUG)		
Umfang	(verkürzte) Bilanz und Anhang	(verkürzte) Bilanz	Bilanz, Erklärung nach § 161 AktG (bei kapitalmarktorientierten Unternehmen)
		GuV, Anhang, Lagebericht, gesonderter nichtfinanzieller Bericht (bei kapitalmarktorientierten Unternehmen), Bestätigungsvermerk, Bericht des Aufsichtsrates (Ergebnisverwendungsvorschlag), Ergebnisverwendungsbeschluss	
Prüfungspflicht	**Nein**	**Ja**	**Ja**

[1] Schwellenwerte ab 2024, Kleinstkapitalgesellschaften § 267a (1) HGB

[2] Offenlegung: Einreichung beim "Elektronischen Bundesanzeiger". Dieser übermittelt Unterlagen nach § 325 HGB an das Unternehmensregister. Verstoß wird von Amts wegen geahndet, Ordnungsgeld zwischen 2.500 EUR bis 25.000 EUR.

Abbildung 9: Größenklassen und Rechtsfolgen

Der Gesetzgeber passt die Größenklassen regelmäßig inflationsbedingt nach oben an, zuletzt Anfang 2024. Damit verkleinert sich die Grundgesamtheit berichtspflichtiger Unternehmen, was in diesen dann zu weniger Transparenz für die Wirtschaftsausschüsse führt und damit die betriebliche Mitbestimmung schwächt. Zudem beeinträchtigt sie auch die Nachhaltigkeitsberichterstattung negativ, weil weniger Unternehmen durch die entsprechenden Berichtspflichten erfasst werden. Dies konterkariert den Zweck der Unternehmensberichterstattung, nämlich, Informationen über die Ertrags-, Vermögens- und Finanzlage – und künftig gleichberechtigt auch über Nachhaltigkeitsbelange – eines Unternehmens sowie über die Situation der Gesellschaft und den Geschäftsverlauf an die Stakeholder zu vermitteln – darunter auch die Interessenvertretungen der Beschäftigten im Betrieb und Unternehmen.

Während das Unternehmen unter Einhaltung gesetzlicher Fristen für die Aufstellung des Jahresabschlusses verantwortlich ist, prüft der oder die Wirtschaftsprüfer/in, allerdings nur in mittleren und großen Kapitalgesellschaften, ob der vorliegende Jahresabschluss im Einklang mit den gesetzlichen Vorschriften ist. Der Jahresabschluss muss ein Bild der Vermögens-, Finanz- und Ertragslage vermitteln, das den tatsächlichen Verhältnissen entspricht. Außerdem müssen Chancen und Risiken der zukünftigen Entwicklung zutreffend dargestellt werden.

Wirtschaftsprüfungsbericht vorlegen lassen

Im Rahmen seiner Jahresabschlussprüfung erstellt der/die Wirtschaftsprüfer/in einen Prüfungsbericht, der die Aussagekraft des Jahresabschlusses in der Regel erhöht, vor allem dann, wenn eine zusätzliche Analyse der Entwicklung der Vermögens-, Finanz- und Ertragslage sowie die Erläuterung wesentlicher Positionen und deren Veränderungen vorgenommen werden. Weiter werden unter Umständen in zusätzlichen Berichtsanlagen Informationen zur rechtlichen und wirtschaftlichen Lage, zum Beispiel wichtige Verträge oder steuerliche Verhältnisse, gegeben.

Tipp:

> Der Wirtschaftsausschuss sollte Anspruch auf Jahresabschluss und Lagebericht sowie den Wirtschaftsprüfungsbericht erheben und sich nicht mit dem Testatsexemplar – wie es auch im Bundesanzeiger veröffentlicht wird – begnügen.

Der/die Abschlussprüfer/in fasst das Ergebnis der Prüfung in einem schriftlichen Bestätigungsvermerk (auch als »Testat« bezeichnet) zusammen. Jahresabschluss, Lagebericht und Bestätigungsvermerk werden dann im Bundesanzeiger offengelegt.

Der Bestätigungsvermerk ist die Beurteilung, ob die wirtschaftliche Lage sowie die Chancen und Risiken der zukünftigen Entwicklung im Jahresabschluss und im Lagebericht unter Berücksichtigung der geltenden Rechnungslegungsvorschriften zutreffend abgebildet wurden.

Bei Unternehmen von öffentlichem Interesse (sogenannten »PIE's«)[11] ist darüber hinaus über besonders wichtige Prüfungssachverhalte, die sogenannten »Key-Audit-Matters« (»KAM's«), zu berichten. Dabei handelt es sich um solche Sachverhalte, die mit dem Aufsichtsrat erörtert wurden oder eine besondere Befassung bei der Prüfung des Abschlusses erforderten (wie bedeutsame Risiken, Ereignisse oder Managemententscheidungen). Auch Geschäftsvorfälle, die im Geschäftsjahr am Bedeutsamsten waren (z. B. aufgrund der Komplexität der Bilanzierung, des erforderlichen Prüfungsaufwands oder weil sie für die Wesentlichkeit entscheidend waren) zählen dazu.

Ein Hinweis im Testat oder eine Einschränkung deutet in den meisten Fällen auf Probleme hin. Dies könnte zum Beispiel beim Auslaufen der Finanzierung eines Unternehmens der Fall sein. Wird ein Testat gar verweigert, so weist der Jahresabschluss entweder schwerwiegende Mängel auf oder das Fortbestehen des Unternehmens ist fraglich (sog. Going-Concern Prinzip, § 252 Abs. 1 Nr. 2 HGB).

3. Bestandteile des Jahresabschlusses

Ein Jahresabschluss besteht, unabhängig von der Rechtsform des Unternehmens, aus den beiden Rechenwerken Bilanz und Gewinn- und Verlustrechnung (kurz GuV). Kapitalgesellschaften erweitern ihn um einen Anhang. Mittelgroße und große Kapitalgesellschaften müssen zusätzlich einen Lagebericht erstellen, welcher den Jahresabschluss ergänzt. Inwiefern weitere Informationen in Zahlen- oder Textform Pflichtbestandteile des Jahresabschlusses sind, hängt von der Unternehmensgröße, der Pflicht zur Konzernabschlusserstellung, aber auch von der jeweils angewandten Rechnungslegungsvorschrift ab. So ist zum Beispiel eine Cashflow-/Kapitalfluss-Rechnung nach handelsrechtlichen Vorschriften (HGB) nur für Konzernabschlüsse verpflichtend (Näheres siehe Kapitel III.3.3).

11 »Public Interest Entities«, sind Unternehmen von öffentlichem Interesse, d. h. in der Realwirtschaft Unternehmen mit Kapitalmarktorientierung. Für sie gelten besondere verschärfte Bestimmungen, z. B. zur nicht finanziellen Berichterstattung oder im Rahmen der Jahresabschlussprüfung.

3.1 Bilanz

Die Bilanz stellt zu einem Stichtag (Ende des Geschäftsjahres) Vermögen, Eigenkapital und Schulden eines Unternehmens dar. Das Unternehmen ist in der Definition seines Geschäftsjahres frei. Es muss lediglich einen 12-Monatszeitraum umfassen. Oftmals gleicht das Geschäftsjahr dem Kalenderjahr und endet am 31.12. Auf der Aktivseite wird die Mittelverwendung, auf der Passivseite die Mittelherkunft gezeigt. Das Eigenkapital stellt den Saldo von Vermögensgegenständen und Schulden dar, das sogenannte »Reinvermögen«.

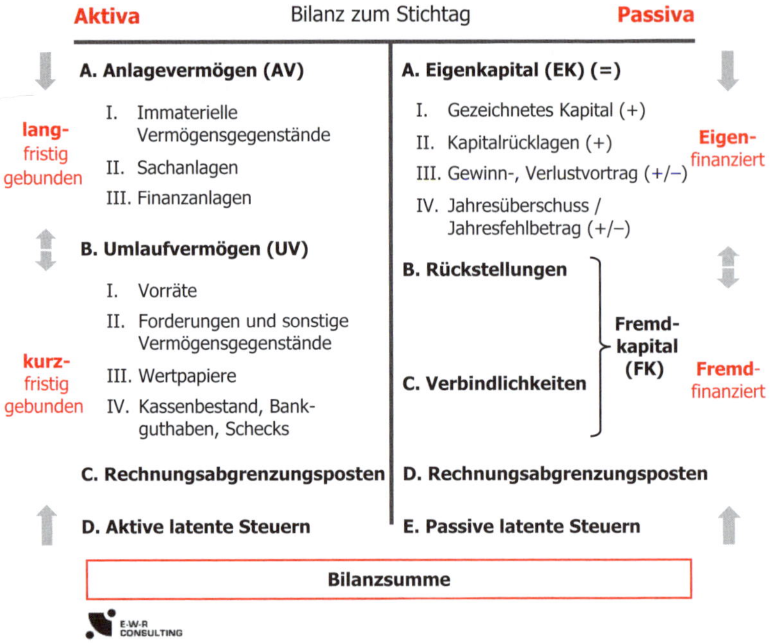

Abbildung 10: Bilanzgliederung nach HGB

3.1.1 Aktiva

Als Vermögensgegenstände (synonym auch häufig der steuerliche Begriff der »Wirtschaftsgüter« oder englisch »Assets«) werden auf der Aktivseite der Bilanz alle wirtschaftlichen Werte eines Unternehmens aufgeführt, die selbstständig bewertbar und verkehrsfähig, das bedeutet veräußerbar, sind. Folgendes Beispiel verdeutlicht die Gliederung nach HGB (vgl. im Detail § 266 HGB).

Aktiva

T€	Vorjahr	in %	Jahr	in %	Veränderung absolut	Veränderung in %
Immaterielle Vermögensgegenstände	51	1,5%	55	1,6%	4	8,3%
Sachanlagevermögen	1.347	39,8%	1.287	37,1%	-59	-4,4%
Finanzanlagevermögen	897	26,5%	993	28,6%	95	10,6%
Anlagevermögen	**2.294**	**67,8%**	**2.335**	**67,2%**	**40**	**1,8%**
Vorräte	293	8,7%	349	10,1%	56	19,0%
Forderungen aus Lieferungen und Leistungen	285	8,4%	329	9,5%	44	15,6%
Forderungen gegen verbundene Unternehmen	451	13,3%	355	10,2%	-96	-21,4%
Sonstige Vermögensgegenstände	50	1,5%	59	1,7%	10	19,2%
Kassen- und Bankbestände	12	0,3%	46	1,3%	34	>100%
Umlaufvermögen	**1.091**	**32,2%**	**1.138**	**32,8%**	**47**	**4,3%**
Bilanzsumme	**3.385**	**100,0%**	**3.473**	**100,0%**	**88**	**2,6%**

E-W-R CONSULTING

Abbildung 11: Aktivseite der Bilanz

Auf der Aktivseite der Bilanz wird zwischen den Positionen Anlage- und Umlaufvermögen unterschieden. Unterscheidungskriterium ist dabei die Dauer, mit der die jeweiligen Vermögensgegenstände im Unternehmen verbleiben. Vermögensgegenstände, die dauerhaft (⇢ 1 Jahr) dem Geschäftsbetrieb dienen sollen, werden dem Anlagevermögen zugeordnet. Hierunter fallen beispielsweise Immobilien und technische Anlagen. Kurzfristige Vermögensgegenstände, also solche, die regelmäßig innerhalb eines Geschäftsjahres umgeschlagen werden, sind hingegen im Umlaufvermögen erfasst. Hierzu zählen insbesondere die Vorräte, Forderungen sowie Kassen- und Bankguthaben.

3.1.1.1 Anlagevermögen

Das Anlagevermögen unterteilt sich in drei Klassen: immaterielle Vermögensgegenstände, Sach- und Finanzanlagen.

Immaterielle Vermögensgegenstände

In dieser Position sind jene Vermögensgegenstände bilanziert, die nicht körperlich erfasst werden können. Hierzu zählen:

Wahlrecht bei Entwicklungskosten

- Selbst geschaffene immaterielle Vermögensgegenstände
  Bei Erfüllung bestimmter Voraussetzungen besteht ein Wahlrecht zur Aktivierung von Entwicklungsaufwendungen, nicht jedoch von Aufwendungen für Forschung. Entwicklungskosten beinhalten in der Regel vor allem Personal- und Materialkosten.

Beispiel:

Ein Unternehmen entwickelt einen Motor über drei Jahre. Pro Jahr fallen Entwicklungskosten von 1 Mio. Euro an. Im vierten Jahr sind die Motoren marktreif und werden verkauft. Es wird mit einer Modelllaufzeit von fünf Jahren gerechnet. Erfolgt keine Aktivierung der Entwicklungskosten, so sind im Jahresergebnis jährlich 1 Mio. Euro an Aufwendungen für die Motorenentwicklung enthalten, ab dem vierten Jahr dann die entsprechenden Verkaufserlöse. Bei einer Aktivierung wird dagegen ein immaterieller Vermögenswert aufgebaut, der am Ende der Entwicklungslaufzeit mit 3 Mio. Euro im Anlagevermögen bilanziert wird. In der Gewinn- und Verlustrechnung fallen keine entsprechenden Aufwendungen an. Den Erlösen aus dem Motorenverkauf stehen dann ab dem vierten Jahr jährliche Abschreibungen von 3 Mio. Euro / 5 Jahre = 0,6 Mio. Euro gegenüber.

- Entgeltlich erworbene immaterielle Vermögensgegenstände
  Hierunter fallen beispielsweise erworbene Patente, Softwarelizenzen, gewerbliche Schutzrechte.
- Geschäfts- oder Firmenwert beziehungsweise Goodwill
  Dabei handelt es sich um den Unterschiedsbetrag, um den die bei der Übernahme eines Unternehmens (i. d. R. Kauf eines anderen Unternehmens) erbrachte Gegenleistung (Kaufpreis) die Summe des Bilanzwerts aller Vermögensgegenstände abzüglich Schulden des übernommenen (gekauften) Unternehmens übersteigt. Ein Geschäfts- oder Firmenwert entsteht in der Regel dann, wenn eine neu erworbene Tochtergesellschaft erstmalig konsolidiert, das heißt im Konzernabschluss erfasst wird. Da Konzernabschlüsse häufig nach internationalen Rechnungslegungsstandards erstellt werden, sei auf die Erläuterungen zu den IFRS (Kapitel III.4.) verwiesen.

Sachanlagevermögen

Als nächste Gruppe von Vermögensgegenständen finden sich die Sachanlagen in der Bilanz. Hierunter sind alle materiellen Vermögensgegenstände im Eigentum des Unternehmens gefasst, die dauerhaft dem Geschäftsbetrieb dienen. Dazu zählen Grundstücke und Gebäude, Maschinen und Technische Anlagen (z. B. Produktionsanlagen) sowie die Betriebs- und Geschäftsausstattung (z. B. Fuhrpark, Laptops und Schreibtische). Anlagen im Bau werden gesondert ausgewiesen.

Der Posten Sachanlagevermögen, mitunter auch als »Produktivvermögen« bezeichnet, ist damit für die Interessenvertretung von zentraler Bedeutung. Hier finden sich die langfristig am Standort getätigten Investitionen wieder, die letztlich ein Garant für die Sicherung der Beschäftigung sind.

Da sich das Anlagevermögen bis auf wenige Ausnahmen im Laufe der Zeit abnutzt (bei Grundstücken wird eine unbegrenzte Nutzungsdauer angenommen), muss zudem der Werteverlust von abnutzbaren Vermögensgegenständen planmäßig in der Bilanz abgebildet werden. In der Bilanz ist jeweils der Buchwert eines Vermögenswertes ausgewiesen, das heißt der historische, seinerzeit geleistete Kaufpreis (die Anschaffungskosten, bzw. bei eigener Erstellung, die dem Unternehmen dafür angefallenen Herstellungskosten) vermindert um den rechnerischen Werteverlust, den sogenannten »Abschreibungen«. Zur Ermittlung der Abschreibungen werden die Anschaffungs- und Herstellungskosten zumeist linear über die vermutliche wirtschaftliche Nutzungsdauer des Anlagegutes verteilt (§ 253 Abs. 3 HGB).

Beispiel:

Ein Unternehmen erwirbt zum 1. Januar eines Jahres eine Metallbearbeitungsmaschine zu Anschaffungskosten von 1 000 000 Euro, die über fünf Jahre genutzt werden soll. Verteilt über die Gesamtnutzungsdauer und gleichbleibende Nutzung unterstellt, ergibt sich eine jährliche Abschreibung von 200 000 Euro, die als Aufwand in der Gewinn- und Verlustrechnung angesetzt wird. Nach einem Jahr der Nutzung wird damit in der Bilanz ein Buchwert (Anschaffungskosten minus Abschreibung) von 800 000 Euro gezeigt. Man spricht hier von den sogenannten fortgeführten Anschaffungs- oder Herstellungskosten.
Neben diesen planmäßigen Abschreibungen erfolgt regelmäßig eine Überprüfung der Werthaltigkeit der angesetzten Vermögensgegenstände. Kann beispielsweise die besagte Maschine aufgrund einer Produktumstellung nicht mehr genutzt werden, so ist sie für das Unternehmen nicht mehr werthaltig, das bedeutet, sie muss außerplanmäßig wertberichtigt werden. Diese Wertberichtigung wird als Sonderabschreibung, Wertberichtigung oder außerplanmäßige Abschreibung bezeichnet und wird ebenfalls in der Gewinn- und Verlustrechnung als Aufwand erfasst, der den Gewinn mindert.

Tipp:

Das Investitionsverhalten eines Unternehmens, also Anlagenzugänge und -abgänge sowie planmäßige und außerplanmäßige Abschreibungen, verdienen die besondere Aufmerksamkeit des Wirtschaftsausschusses. Geleaste Anlagen und Maschinen werden nach den Regelungen des HGB in der Regel

nicht im Anlagevermögen bilanziert. Daher sind Investitionen über Leasing zusätzlich zu den im Jahresabschluss aufgeführten Investitionen zu betrachten. Wird jährlich nicht einmal mehr in Höhe der Abschreibungen investiert beziehungsweise geleast, so führt dies zu einem Schrumpfen des Anlagevermögens, möglicherweise gar zu einem Investitionsstau.
Die Einschätzung der jeweiligen Nutzungsdauer bestimmt die Höhe der Abschreibung und damit der Höhe des Aufwands in der Gewinn- und Verlustrechnung. Es handelt sich um eine an den Verhältnissen des Einzelfalles zu treffende Prognose. Allerdings darf diese Entscheidung in der Folge nicht willkürlich geändert werden (§ 252 Abs. 1 Nr. 6 HGB).
Eine Übersicht über Anlagenzugänge und -abgänge sowie über Abschreibungen bietet der Anlagespiegel, der Bestandteil des Anhangs ist (siehe Kapitel III. 3.4). Der Anlagespiegel ermöglicht einen Einblick in die Altersstruktur der Anlagen sowie die Investitions- und Abschreibungspolitik des Unternehmens.

Finanzanlagevermögen

Unter den Finanzanlagen werden Anteile an verbundenen Unternehmen, Beteiligungen sowie Ausleihungen gefasst. Im Gegensatz zum immateriellen Vermögen und dem Sachanlagevermögen nutzt sich das Finanzanlagevermögen nicht planmäßig ab, sodass hier keine planmäßigen Abschreibungen zu buchen sind. Allerdings müssen bei einer Wertminderung aufgrund des Niederstwertprinzips außerplanmäßige Abschreibungen, sprich Wertberichtigungen, vorgenommen werden (§ 253 Abs. 3 HGB).

Beispiel:

Erwirbt ein Unternehmen (= Muttergesellschaft) eine ausländische Gesellschaft (= Tochtergesellschaft) für insgesamt 30 Mio. Euro, so wird diese im Einzelabschluss der Muttergesellschaft mit ihren Anschaffungskosten von 30 Mio. Euro als Vermögensgegenstand dargestellt.

Tochtergesellschaften beobachten

Hinsichtlich der Finanzanlagen ist es sinnvoll, dass sich der Wirtschaftsausschuss in regelmäßigen Abständen mit den Tochterunternehmen beschäftigt. Im Anhang des Jahresabschlusses wird eine Aufstellung des Anteilsbesitzes aufgeführt. Nach den Vorschriften des HGB werden dabei zumindest der Gesellschaftsanteil, das Eigenkapital sowie das Ergebnis der jeweiligen Tochtergesellschaft gezeigt, abhängig davon, ob ein Ergebnisabführungsvertrag besteht oder nicht. Darüber hinaus sollte die Anzahl der Beschäftigten und der Umsatz erfragt werden. Veränderungen im Beteiligungsbereich der Unternehmung können Auswirkungen auf die Sicherheit der Arbeitsplätze bei der Mutter- oder anderen Konzerngesellschaften haben. Dies gilt zum einen dahingehend, dass beschäftigungswirksame Wertschöpfung bei anderen Konzerngesellschaften angesiedelt werden kann. Zum anderen können hohe Verluste im Beteiligungsbereich auch eine Existenzgefährdung anderer Konzerngesellschaften zur Folge haben. Hier ist insbesondere dann eine genaue Prüfung angezeigt, wenn das Eigenkapital einer Tochtergesellschaft negativ ist. In diesem Fall haben Verluste das Eigenkapital aufgezehrt und das Risiko besteht, dass die wirtschaftliche Schieflage die Muttergesellschaft selbst in Bedrängnis bringt.

Strategische Absicht

Weiterhin kann sich die Interessenvertretung Klarheit über die strategischen Absichten, die mit den jeweiligen Töchtern verfolgt werden, verschaffen. Zu fragen ist, welche Märkte mit welchen Produkten oder Dienstleistungen und welchen Ertragsperspektiven bearbeitet werden sollen.

3.1.1.2 Umlaufvermögen

Das **Umlaufvermögen** umfasst das kurzfristig (regelmäßig bis zu einem Jahr) gebundene Kapital des Unternehmens, also im Wesentlichen Vorräte, Forderungen und Flüssige Mittel.

Vorratsvermögen

Das Vorratsvermögen eines Unternehmens setzt sich aus folgenden Positionen zusammen:

- Roh-, Hilfs- und Betriebsstoffe
  Hier werden zum Bilanzstichtag auf Lager liegende Vormaterialien, zum Beispiel Bleche oder Kunststoffgranulate, aber auch Schmierstoffe, etc. erfasst.
- Unfertige Erzeugnisse und Leistungen
  Diese Position enthält halbfertige Produkte und Dienstleistungen, die noch nicht vollends fertiggestellt sind, zum Beispiel Karosserien in der Automobilproduktion.
- Fertige Erzeugnisse und Waren
  Selbsterstellte oder gekaufte Waren im Zustand der Versandfertigkeit, zum Beispiel auf Lager liegende produzierte Güter.

Im Gegensatz zum Anlagevermögen unterliegt das Umlaufvermögen keiner planmäßigen Abschreibung. Stattdessen gilt für die Bewertung des Vorratsvermögens das sogenannte **strenge Niederstwertprinzip**. Das bedeutet, dass von mehreren möglichen Wertansätzen der jeweils Niedrigere angesetzt werden muss (§ 253 Abs. 4 HGB). Das heißt für das Vorratsvermögen: Bei der jährlichen Inventur zum Geschäftsjahresende werden die Bestände körperlich erfasst (z. B. gezählt, gemessen oder gewogen) und bewertet. Unter anderem werden Bestände, die veraltet oder nicht gängig sind, auf den am Abschlussstichtag ermittelbaren Marktpreis abgewertet, das heißt ihr Wertansatz wird in der Bilanz nach unten korrigiert. Eine solche Wertberichtigung hat den Charakter einer Abschreibung und findet ihre Gegenbuchung als Aufwand in der Gewinn- und Verlustrechnung. Sie mindert damit den Gewinn.

Der Ansatz des Vorratsvermögens erfolgt bei den Roh-, Hilfs- und Betriebsstoffen regelmäßig nach Verbrauchsfolgemethoden oder zu Durchschnittskosten. Die unfertigen und fertigen Erzeugnisse werden auf Basis ihrer Herstellkosten, das heißt anteilige Einzel- und Gemeinkosten (Näheres siehe Kapitel V.), bilanziert.

Da Vorräte im Produktions- und Absatzprozess in der Regel vorfinanziert werden müssen, ist in dieser Position meist beträchtliches Kapital gebunden. Ziel des Wirtschaftens ist es deshalb, einen schnellen Vorratsumschlag und damit eine möglichst kurze Kapitalbindung (sog. Working Capital Management) zu erreichen: Vorräte sollen möglichst kurz auf Lager liegen, Forderungen möglichst schnell von den Kunden bezahlt werden.

Vorräte binden Kapital

Die Mittelbindung im Vorratsvermögen lässt sich zum einen als Anteil der Vorräte an der Bilanzsumme messen, zum anderen mittels der sogenannten Umschlagshäufigkeit, die das Verhältnis zwischen Umsatz und durchschnittlichem Vorratsbestand bezeichnet. Denn: jeder Vermögensgegenstand auf der Aktivseite der Bilanz muss auch auf der Passivseite durch Eigen- oder Fremdkapital finanziert werden. Umso schneller das Unternehmen also sein Umlaufvermögen über den betrieblichen Leistungserstellungsprozess umschlagen kann, desto geringer ist die Bilanzsumme und desto besser kann sich das Unternehmen selbst aus seiner operativen Tätigkeit finanzieren.

Tipp:

Da das Vorratsvermögen eine beträchtliche Vermögensposition darstellt, ist besonderes Augenmerk auf Veränderungen zu legen. Hat sich das Vorratsvermögen gegenüber dem Vorjahr deutlich erhöht, obwohl sich das Geschäftsvolumen kaum verändert hat? Gib es einen starken Aufbau an Fertigerzeugnissen? Werden hohe Abschläge auf Fertigerzeugnisse notwendig, weil diese nicht oder nur schwer veräußerbar sind?

Forderungen

Hinsichtlich der Forderungen sind vor allem folgende Positionen von Interesse:
- Forderungen aus Lieferungen und Leistungen
- Forderungen gegen Gesellschafter, verbundene Unternehmen oder Beteiligungsunternehmen

Forderungen beobachten

Unter den Forderungen aus Lieferungen und Leistungen sind alle zum Bilanzstichtag noch offenen Rechnungen an Kunden (»Debitoren«) ausgewiesen. Auch hier stellt sich die Frage, in welchem Umfang sie vom Unternehmen vorfinanziert werden müssen: Je höher die ausstehenden Forderungen, desto höher auch hier wiederum die Kapitalbindung. Ein straffes Forderungsmanagement kann demnach dabei behilflich sein, die Liquiditätslage eines Unternehmens entscheidend zu verbessern. Da es sich wie erwähnt um eine Stichtagsbetrachtung handelt, sollte der Wirtschaftsausschuss die Entwicklung des Forderungsbestandes verfolgen, sprich, inwieweit die Forderungen mittlerweile von den Kunden bezahlt wurden und welche Forderungen im Weiteren neu hinzugekommen sind. Hierzu sollte der Wirtschaftsausschuss sich von der Wesentlichkeit der Forderungen leiten lassen (z. B. Risiken des etwaigen Ausfalls bei wichtigen Kunden oder hohe Abhängigkeiten von einzelnen Kunden).

Forderungen aus Lieferungen und Leistungen werden ebenfalls regelmäßig und auch unterjährig auf ihre Werthaltigkeit hin überprüft. Eine Forderung wird – ganz oder auch nur teilweise – wertberichtigt, wenn sie uneinbringlich erscheint. Dies kann der Fall sein, wenn der/die Kund/in in Zahlungsschwierigkeiten steckt oder gar insolvent ist. Hier sollte sich der Wirtschaftsausschuss vergewissern, inwieweit diese Risiken durch ein unternehmerisches Forderungsmanagement rechtzeitig erkannt werden und wie wirksam die internen Abläufe zur Forderungsbeitreibung (Inkasso) sind.

Basiert eine Wertberichtigung auf einem konkreten Fall, handelt es sich um eine sogenannte Einzelwertberichtigung. Darüber hinaus wird mit Pauschalwertberichtigungen eine allgemeine Risikovorsorge, basierend auf Erfahrungswerten der Vergangenheit, für alle nicht einzelwertberichtigten Forderungen vorgenommen. Die Buchung einer Wertberichtigung wirkt sich in der Gewinn- und Verlustrechnung ergebnismindernd aus. Zahlt der/die Kund/in dann doch, so wird die Wertberichtigung erfolgswirksam aufgelöst und der Gewinn des Geschäftsjahres erhöht sich.

Cash-Pooling bewerten

Das deutsche Handelsrecht fordert den gesonderten Ausweis von Forderungen gegen verbundene Unternehmen und Gesellschafter. In dieser Position werden nicht nur offene Forderungen aus Lieferungen und Leistungen ausgewiesen, sondern alle Forderungspositionen im Unternehmensverbund zusammengefasst. Hierzu zählen auch Forderungen aus dem sogenannten Cash-Pooling. Dabei agiert eine Konzerngesellschaft – häufig die Muttergesellschaft – wie eine Bank: Die Tochtergesellschaften überweisen oder verrechnen bei einem Überschuss liquide Mittel, bei Unterdeckung erfolgt ein Ausgleich. Damit kann sich der Konzern in Summe günstiger finanzieren, als dies jeder Tochtergesellschaft für sich allein möglich wäre. Allerdings besteht bei der Wahl der konzerninternen Zinssätze auch ein Ermessensspielraum, mit dem der Konzern Bilanzpolitik betreiben kann.

Tipp:

Im Rahmen der Erläuterung des Jahresabschlusses sollte sich die Interessenvertretung darüber informieren, ob Cash-Pooling im Konzern durchgeführt wird und welche Konditionen gegebenenfalls zum Tragen kommen und ob diese marktüblich sind, sprich auch unter fremden Dritten so vereinbart würden. Dies beinhaltet immer auch die Information über die wirtschaftliche Lage der Unternehmen, die ebenfalls in den Cash-Pool einbezogen sind. Die wirtschaftlich erfolgreichste Gesellschaft trägt hier das größte Risiko. Andererseits kann das Ausscheiden dieser Gesellschaft aus dem Cash-Pool bis hin zur Zahlungsunfähigkeit der anderen Gesellschaften führen.

Sonstige Vermögensgegenstände

Weiter werden im Umlaufvermögen die Sonstigen Vermögensgegenstände ausgewiesen. Entgegen ihrer Bezeichnung enthält die Position keine Gegenstände im materiellen Sinn, sondern bildet einen Sammelposten für sämtliche Forderungen, die nicht in die oben beschriebenen Kategorien fallen. Beispiele hierfür können Umsatzsteuererstattungsansprüche oder Reisekostenvorschüsse sein. Bei hohen Werten beziehungsweise auffälligen Veränderung lohnt häufig die Durchsicht einzelner Positionen.

Liquide Mittel

Unter dem Begriff der liquiden Mittel werden alle Kassen-, Bankbestände und Schecks in einer Summe gefasst. Wertpapiere, die nur kurzfristig gehalten werden, werden ebenfalls im Umlaufvermögen erfasst.

Tipp:

Zur Analyse der Stichtagsliquidität werden den liquiden Mitteln (kurzfristige Wertpapiere, Bank- und Kassenbestände) die kurzfristigen Verbindlichkeiten (u. a. Verbindlichkeiten aus Lieferungen und Leistungen, kurzfristige Verbindlichkeiten gegenüber Kreditinstituten) gegenübergestellt. Ein positiver Saldo (= Nettofinanzposition) bedeutet, dass das Unternehmen seine kurzfristigen Verbindlichkeiten mit den vorhandenen liquiden Mitteln decken kann. Ist dies nicht der Fall, so empfiehlt sich eine Analyse der aktuellen Liquiditätsplanung.

Die Position bildet die Ausgangsbasis für die Ableitung der Kapitalflussrechnung (siehe Kapitel III.3.3).

Latente Steuern

Die latenten Steuern stellen im Gegensatz zu bereits bestehenden Steuerforderungen oder Steuerverbindlichkeiten »verborgene« Steuervorteile oder -lasten dar. Die Werte der Handelsbilanz bilden die Basis für die Ertragssteuerbemessung des Unternehmens (sog. »Maßgeblichkeit« der Handelsbilanz für die Steuerbilanz). Eigene steuerliche Ansatz- und Bewertungswahlrechte (z.B. bei Pensionsrückstellungen oder bei Abschreibungsmethoden) sowie eigene steuerliche Vorschriften (z.B. zum Umgang mit steuerlichen Verlustvorträgen) führen dann regelmäßig zu Unterschieden zwischen Steuer- und Handelsbilanz. Vereinfacht ausgedrückt handelt es sich bei den aktiven latenten Steuern um zukünftige Steuererstattungsansprüche, die das Unternehmen aktuell aber noch nicht geltend machen kann. Dabei besteht nicht nur ein Wahlrecht zur Aktivierung latenter Steuern, sondern auch zur Aktivierung von Steuervorteilen, die aus der erwarteten zukünftigen Nutzung von steuerlich verwertbaren Verlustvorträgen eines Unternehmens entstehen. Voraussetzung dafür ist, dass sie mittelfristig mit hinreichender Sicherheit genutzt werden können. Auf der Passivseite der Bilanz entstehen latente Steuern entsprechend aus erwarteten zukünftigen steuerlichen Verpflichtungen eines Unternehmens.

Beispiel:

Ein Unternehmen hat aufgrund von Produktanläufen in den vergangenen beiden Geschäftsjahren Verluste ausgewiesen. Nun werden die neuen Produkte am Markt abgesetzt. In der mittelfristigen Planung werden wieder Gewinne erwartet. Da steuerliche Verlustvorträge vorliegen, die mit den erwarteten Gewinnen verrechnet werden können, ergibt sich insgesamt eine erwartete niedrigere Steuerlast. Damit besteht ein Vermögensvorteil in Höhe der erwarteten Steuerersparnis. Dieser darf in der Handelsbilanz angesetzt, das heißt aktiviert, werden und findet seine Gegenbuchung als (latenter) Steuerertrag in der Gewinn- und Verlustrechnung.

Aktive Rechnungsabgrenzungsposten

In den Aktiven Rechnungsabgrenzungsposten werden (Voraus-)Zahlungen abgebildet, die das Unternehmen für Leistungen getätigt hat, die erst in den kommenden Geschäftsjahren in Anspruch genommen werden können. Beispiele hierfür sind geschäftsjahresübergreifende Vorauszahlungen für Mieten oder für Wartungsleistungen. Der erst das kommende Geschäftsjahr betreffende, bereits vorausgezahlte Teil wird somit als Anspruch des Geschäftsjahres an das kommende Geschäftsjahr ausgewiesen. Der Posten ist in seinem Verhältnis zur Bilanzsumme zumeist eher unwesentlich.

3.1.2 Passiva

Passivseite = Mittelherkunft

Während die Aktiva der Bilanz die Mittelverwendung aufzeigen, das heißt in welche Vermögensgegenstände das Unternehmen sein Kapital investiert hat, gibt die Passiva Auskunft über die **Mittelherkunft**, sprich über die Finanzierung der Vermögensgegenstände. In den Passiva werden **Eigen**- und **Fremdkapital** des Unternehmens ausgewiesen. Das Eigenkapital enthält das von den Anteilseignern eingelegte Kapital sowie in der Regel die aufgelaufenen Gewinne und/oder Verluste. Das Fremdkapital umfasst sowohl Rückstellungen als auch Verbindlichkeiten.

Passiva

T€	Vorjahr	in %	Jahr	in %	Veränderung absolut	Veränderung in %
Gezeichnetes Kapital	100	3,0%	100	2,9%	0	0,0%
Rücklagen	920	27,2%	920	26,5%	0	0,0%
Bilanzgewinn	0	0,0%	0	0,0%	0	-
Eigenkapital	**1.020**	**30,1%**	**1.020**	**29,4%**	**0**	**0,0%**
Pensionsrückstellungen	416	12,3%	431	12,4%	15	3,6%
Steuerrückstellungen	174	5,1%	166	4,8%	-8	-4,6%
Sonstige Rückstellungen	374	11,0%	366	10,5%	-8	-2,1%
Rückstellungen	**964**	**28,5%**	**963**	**27,7%**	**-1**	**-0,1%**
Verbindlichkeiten gegenüber Kreditinstituten	790	23,3%	599	17,2%	-191	-24,2%
Verbindlichkeiten aus Lieferungen und	194	5,7%	282	8,1%	88	45,4%
Verbindlichkeiten gegenüber verbundenen Unternehmen	332	9,8%	478	13,8%	146	44,0%
Sonstige Verbindlichkeiten	86	2,5%	131	3,8%	45	52,3%
Verbindlichkeiten	**1.402**	**41,4%**	**1.490**	**42,9%**	**88**	**6,3%**
Bilanzsumme	**3.386**	**100,0%**	**3.473**	**100,0%**	**87**	**2,6%**

E·W·R CONSULTING

Abbildung 12: Passivseite der Bilanz

3.1.2.1 Eigenkapital

Bedeutung des Eigenkapitals

Das Eigenkapital setzt sich, abhängig von der Rechtsform des Unternehmens (Näheres siehe Kapitel II.1.), aus mehreren Positionen zusammen. Bei den wichtigsten handelt es sich um:

- Grundkapital: Dies ist das Kapital, das bei Gründung der Gesellschaft eingezahlt oder eingebracht wurde. Bei der Aktiengesellschaft ist das die Summe der Nennwerte der ausgegebenen Aktien (sogenanntes »Gezeichnetes Kapital«). Bei Gesellschaften mit beschränkter Haftung (GmbH) handelt es sich um das von den Gesellschaftern eingelegte »Stammkapital« oder bei Genossenschaften das von den Mitgliedern erworbene »Geschäftsguthaben«. Im HGB gilt dabei der Grundsatz der Kapitalerhaltung, das heißt der eingelegte Betrag darf nicht entnommen werden.
- Rücklagen: Im Gegensatz zum Grundkapital sind die Rücklagen variabler Bestandteil des Eigenkapitals. Sie werden aus dem versteuerten Gewinn (Gewinnrücklagen), dem Aufgeld bei der Ausgabe von Unternehmensanteilen aufgrund von Gesetz oder Satzung oder auch freiwillig gebildet (Kapitalrücklage, Gesetzliche Rücklagen, frei(willig)e Rücklagen). Sie stärken so die Haftungsmasse des Unternehmens für Krisenzeiten.
- Gewinne und Verluste des Unternehmens (sofern kein Ergebnisabführungsvertrag besteht): Gewinne können entweder zur Stärkung der Kapitalbasis im

Unternehmen belassen (»thesauriert«) oder entnommen (»ausgeschüttet«) werden. Gewinne / Verluste des Unternehmens können in den Positionen Jahresüberschuss / Jahresfehlbetrag (Ergebnis der Gewinn- und Verlustrechnung) bzw. Bilanzgewinn / Bilanzverlust (wenn die Bilanz nach teilweiser Ergebnisverwendung aufgestellt wurde) sowie in der Position Gewinn- / Verlustvortrag (wenn die Bilanz nach vollständiger Ergebnisverwendung aufgestellt wurde) enthalten sein.

Ergebnisabführungsverträge kennen

Da die Höhe der Eigenkapitalausstattung eines Unternehmens vor allem in Krisenzeiten ein Schutz ist, ist die Ausschüttungspolitik für die Interessenvertretung von hohem Interesse. Grundsätzlich ist es aus Sicht der Beschäftigten eher positiv, erwirtschaftete Gewinne nicht auszuschütten, sondern zur Stärkung der Kapitalstruktur im Unternehmen zu belassen.

Tipp:

Die Ergebnisverwendung sollte im Rahmen der Besprechung des Jahresabschlusses erläutert werden. Hier ist von Interesse, ob das Unternehmen Gewinne thesauriert oder ausschüttet. Dies gilt nicht, wenn das Unternehmen in einen Ergebnisabführungsvertrag eingebunden ist. Dann hat das Unternehmen den Gewinn am Geschäftsjahresende an das beherrschende Unternehmen abzuführen. Gleichzeitig besteht ein Anspruch auf Verlustausgleich. Entsprechend muss bei Unternehmen mit Ergebnisabführungsvertrag die Vermögens- und Finanzlage stets in Verbindung mit dem beherrschenden Unternehmen beurteilt werden.

3.1.2.2 Fremdkapital

Das Fremdkapital besteht im Wesentlichen aus Rückstellungen (nicht zu verwechseln mit Rücklagen, welche Eigenkapital darstellen, und Verbindlichkeiten).

Als **Rückstellungen** werden künftige Verpflichtungen eines Unternehmens bezeichnet, deren Höhe und Zahlungszeitpunkt zwar ungewiss, jedoch mit hinreichender Sicherheit zu bestimmen sind. Rückstellungen beinhalten also immer – im Gegensatz zu Verbindlichkeiten – eine gewisse Schätzkomponente und damit Ermessensspielräume. Durch die Bildung von Rückstellungen sollen später zu leistende Ausgaben den Geschäftsjahren verursachungsgerecht zugeordnet werden.

Beispiel:

Unternehmen wissen aus Erfahrung der Vergangenheit, dass für einen gewissen Anteil ihrer verkauften Produkte Garantieleistungen notwendig werden. Für den konkreten Einzelfall sind jedoch Zeitpunkt und Höhe der Garantieleistung nicht bekannt. Entsprechend muss eine Rückstellung aufgrund von Erfahrungswerten der Vergangenheit gebildet werden, welche die im Garantiefall erwarteten Verpflichtungen abdeckt.
Wird eine Rückstellung in Anspruch genommen, so spricht man von »Verbrauch« oder »Verwendung«. Stellt sich im Nachhinein heraus, dass die Rückstellung zu hoch dotiert war oder die erwartete Zahlungsverpflichtung nicht eingetroffen ist, so wird die Rückstellung »aufgelöst«, das heißt sie wird ergebniserhöhend als sonstiger betrieblicher Ertrag in die Gewinn- und Verlustrechnung ausgebucht.

Innerhalb der Rückstellungen wird zwischen folgenden Kategorien unterschieden:
- Rückstellungen für Pensionen und ähnliche Verpflichtungen
- Steuerrückstellungen
- Sonstige Rückstellungen

Die Rückstellungen für Pensionen und ähnliche Verpflichtungen bilden die Verpflichtungen aus einer Pensionszusage des Unternehmens gegenüber den pensionsberechtigten Beschäftigten ab.[12] Durch die Regelungen des BilMoG müssen bei der Ermittlung von Pensionsrückstellungen künftige Entwicklungen bei Entgelten (Gehaltstrends) und ein marktgerechter Zinssatz berücksichtigt werden.

Die Steuerrückstellungen stellen Verpflichtungen für anstehende Steuerzahlungen gegenüber dem Fiskus dar.

Unter den Sonstigen Rückstellungen werden sämtliche anderen Rückstellungen erfasst, die nicht in obige Kategorien fallen. Hierunter fallen Verpflichtungen aus dem Produktionsbetrieb, wie z.B. Kulanz- und Garantieleistungen. Typischerweise werden darüber hinaus Rückstellungen für ausstehende Rechnungen, Gleitzeit und Urlaub, Jubiläum, Rückbauverpflichtungen oder aber auch für drohende Verluste gebildet. Drohverlustrückstellungen sind zu bilden, wenn

12 Der Anspruch des/der Berechtigten gegenüber dem Unternehmen ist entscheidend. Ob dieser gegeben ist, oder ob dieser Anspruch gegenüber Dritten (z.B. einem Versorgungswerk) besteht, ist abhängig vom jeweils vereinbarten Durchführungsweg der betrieblichen Altersversorgung.

bekannt ist, dass ein Auftrag nur mit Verlust abgeschlossen werden kann. Ebenso finden sich in der Position Sonstige Rückstellungen die im Rahmen einer Restrukturierung oftmals für den Personalabbau gebildeten Restrukturierungsrückstellungen. Diese beinhalten in der Regel Rückstellungen für Abfindungen und für weitere bei der Umsetzung der Maßnahme anfallende Aufwendungen.

Langfristige Rückstellungen (auch hier gilt Laufzeit ⇢ 1 Jahr), in erster Linie Rückstellungen für Pensionen und ähnliche Verpflichtungen, müssen auf ihren tatsächlichen Wert zum Bilanzstichtag abgezinst werden. Das heißt, dass sie abzüglich einer fiktiven Zinsersparnis zu bilden sind, die im Zeitablauf über den Zinsaufwand aufgebaut wird. Grundgedanke dieser Vorgehensweise ist, dass aufgrund des erst in Zukunft liegenden Zahlungszeitpunktes eine Zinsersparnis vorliegt und die Mittel bis zu ihrem späteren Abfluss anderweitig verwendet werden könnten.

Umgang mit sonstigen Rückstellungen

Tipp:

Im Anhang erfolgt in der Regel eine Darstellung der wesentlichen Rückstellungspositionen. Die Interessenvertretung sollte sich die Zusammensetzung der sonstigen Rückstellungen aufgliedern lassen; idealerweise anhand eines sogenannten Rückstellungsspiegels, der Stand, Verbrauch und Zuführung sowie die Auflösung der einzelnen Positionen abbildet. Von Interesse sollten dabei vor allem die Personalrückstellungen sein. Hier sind gegebenenfalls neben den üblichen Rückstellungen für Urlaub, Gleitzeit, Altersteilzeit, Jubiläen und Tantiemen auch Rückstellungen für Restrukturierung beziehungsweise Abfindungen erfasst.
Insolvenzsicherungen, zum Beispiel für Altersteilzeit oder Zeitwertkonten, sollte sich die Interessenvertretung ebenfalls im Rahmen der Jahresabschlussbesprechung jährlich erläutern lassen.

Weiterhin gehören zum Fremdkapital die **Verbindlichkeiten.** Dabei handelt es sich um Verpflichtungen des Unternehmens gegenüber Dritten, bei denen – im Gegensatz zu Rückstellungen – die betragsmäßige Höhe und die Fälligkeit zum Bilanzstichtag feststehen.

Die Verbindlichkeiten des Unternehmens teilen sich in der Regel in folgende Einzelpositionen auf:
- Verbindlichkeiten gegenüber Kreditinstituten
- erhaltene Anzahlungen auf Bestellungen
- Verbindlichkeiten aus Lieferungen und Leistungen

- Verbindlichkeiten gegenüber verbundenen Unternehmen, Gesellschaftern und Beteiligungsunternehmen
- Sonstige Verbindlichkeiten

Von Interesse sind dabei nicht nur Zusammensetzung und Höhe der Verbindlichkeiten, sondern auch deren Fristigkeit, also in welchen Zeiträumen eine Bezahlung der Verbindlichkeit zu erfolgen hat. Die Angabe der Fristigkeiten kann deshalb entweder direkt in der Bilanz (selten) oder (Regelfall bei Kapitalgesellschaften) im Anhang, idealerweise in einem sogenannten Verbindlichkeitenspiegel erfolgen. Unterschieden wird zwischen:
- kurzfristigen Verbindlichkeiten, die innerhalb eines Jahres fällig werden,
- mittelfristigen Verbindlichkeiten, die eine Laufzeit zwischen einem und fünf Jahren haben,
- langfristigen Verbindlichkeiten mit einer Laufzeit von mehr als fünf Jahren.

Anmerkung: Analoge Angabepflichten gelten im Übrigen auch auf der Aktivseite der Bilanz für Forderungen.

Finanzverbindlichkeiten genau betrachten

Bei den **Verbindlichkeiten gegenüber Kreditinstituten** sind neben Umfang, Laufzeit und Konditionen auch deren Besicherung von Interesse (z.B. über Grundpfandrechte wie Grundschulden oder Hypotheken).

Tipp:

Die Analyse der Finanzierungsstruktur eines Unternehmens sowie das Erkennen möglicher Risiken gehören zum Pflichtprogramm der Interessenvertretung und zwar nicht nur in wirtschaftlich schwierigen Zeiten. Insbesondere sollten der Interessenvertretung Umfang, Laufzeiten und Konditionen der Finanzschulden des Unternehmens bekannt sein.

Bei hoher Fremdfinanzierung durch Kreditinstitute sind nicht nur die Zins- und Tilgungsbelastung des Unternehmens relevant, sondern auch die Bedingungen, zu denen der Kredit gewährt wird. Dies wird häufig durch sogenannte **Covenants** geregelt, das sind Finanzkennzahlen und Finanzangaben bezüglich Ertrag und Liquidität. Die Verletzung bestimmter Schwellenwerte und Informationsverpflichtungen ist in der Regel mit Zinserhöhungen oder Sonderkündigungsrechten der Kapitalgeber verbunden. Diese vertraglichen Abreden sollten insofern vom Wirtschaftsausschuss regelmäßig nachgefragt werden.

Die Position **Erhaltene Anzahlungen auf Bestellungen** enthält Kundenanzahlungen, die insbesondere im Anlagenbau häufig zu den Zahlungsmodalitäten gehören. Neben deren Entwicklung sind dabei vor allem von Interesse, welchen Anteil der halbfertigen Aufträge sie tatsächlich absichern sowie die Rückzahlungsmodalitäten bei Auftragsstornierungen. Anzahlungen können wahlweise auch mit dem Vorratsvermögen saldiert werden, was zu einer Abnahme der Bilanzsumme führt und so einen positiven Einfluss auf wesentliche Bilanzkennzahlen hat. Der Grundsatz der Bewertungsstetigkeit (§ 252 Abs. 1 Nr. 6 HGB) ist dabei vom Unternehmen zu beachten.

Verbindlichkeiten beobachten

In den **Verbindlichkeiten aus Lieferungen und Leistungen** werden die offenen Eingangsrechnungen der Lieferanten erfasst. Auch deren Entwicklung ist ein wichtiger Indikator für das Gremium. Steigen sie überproportional zum Umsatz, so kann damit eine sogenannte Working Capital Optimierung des Unternehmens verbunden sein; es nutzt eine zinsfreie Vorfinanzierung durch seine Lieferanten (sogenannter Lieferantenkredit). Allerdings kann ein Aufbau auch ein Indiz für Zahlungsschwierigkeiten des Unternehmens sein. Die entsprechenden Hintergründe sollte sich der Wirtschaftsausschuss also erläutern lassen.

Wirtschaftliches Eigenkapital betrachten

Wie auch auf der Aktivseite die entsprechenden Forderungen sind die **Verbindlichkeiten gegenüber verbundenen Unternehmen, Beteiligungen oder Gesellschaftern** von besonderem Interesse. In dieser Position können neben den Verbindlichkeiten aus Lieferungen und Leistungen im Konzernverbund auch Darlehen von verbundenen Unternehmen oder Gesellschaftern ausgewiesen werden. Diese verdienen in zweierlei Hinsicht Aufmerksamkeit: Zum einen sind die Konditionen von Interesse, das heißt vor allem die zur Anwendung kommenden Zinssätze. Zum anderen sollte nachvollzogen werden, woraus diese Darlehensverbindlichkeiten resultieren. Gründe können zum Beispiel in der Finanzstruktur des Konzerns generell oder in einem Cash-Pooling liegen. Möglich wäre aber auch, dass »entnommene«, das heißt ausgeschüttete Gewinne als Gesellschafterdarlehen dem Unternehmen wieder zur Verfügung gestellt werden, die dann entsprechend zu verzinsen sind. Wird dann von den Beschäftigten im Hinblick auf die niedrige Kapitaldecke des Unternehmens ein »Beschäftigtenbeitrag« abgefordert, so sollte von der Interessenvertretung dieser Sachverhalt entsprechend nachvollzogen werden können.[13] Verbindlichkeiten gegenüber Gesellschaftern werden bei Bewertung der Finanzierungsstruktur eines Unternehmens häufig dem Eigenkapital zugerechnet, man spricht dann von wirtschaftlichem Eigenkapital.

13 Hierzu sei auf die Handlungshilfe 24, Krise, Sanierung, Insolvenz verwiesen.

Tipp:

Verbindlichkeiten im Konzernverbund oder gegenüber Gesellschaftern sollten hinsichtlich Art und Umfang analysiert werden.

Sonstige Verbindlichkeiten: Auch auf der Passivseite existiert ein Sammelposten für Verbindlichkeiten jeglicher Art, die nicht den bereits aufgeführten Kategorien zuzuordnen sind. Die Sonstigen Verbindlichkeiten enthalten unter anderem Verbindlichkeiten im Rahmen der sozialen Sicherheit, z.B. abzuführende Sozialversicherungsbeiträge, Umsatzsteuerverbindlichkeiten, etc.

In Analogie zur Aktivseite gilt das Gleiche auch für **Passive Latente Steuern**. Dabei handelt es sich um Steuerverpflichtungen, die das Unternehmen künftig noch zu leisten hat und die aus Bewertungsunterschieden zwischen dem Handels- und dem Steuerrecht resultieren. Im Gegensatz zu Aktiven Latenten Steuern besteht kein Wahlrecht, sondern eine Pflicht für den Bilanzansatz, denn aus kaufmännischer Vorsicht müssen alle vorsehbaren Risiken im Jahresabschluss berücksichtigt werden (§ 252 Abs. 1 Nr. 4 HGB).

Analog zur Aktiva bestehen auch die **Passiven Rechnungsabgrenzungsposten**, also im Geschäftsjahr bereits vollständig erhaltene Einnahmen, von denen aber ein Teil erst das Folgegeschäftsjahr betrifft (z.B. Jahresmieten, Pachtzahlungen). Auch sie dürften nach Wert und Menge eher unwesentlich sein, müssen allerdings aufgrund der Periodengerechtigkeit auf beiden Seiten der Bilanz berücksichtigt werden (§ 252 Abs. 1 Nr. 5 HGB).

3.1.3 Bilanzanalyse

Zur Beurteilung der Vermögens- und Finanzierungsstruktur eines Unternehmens werden in der Regel keine absoluten Werte herangezogen, sondern quotale Verhältniszahlen. Sie sind für einen Unternehmensvergleich oder eine Analyse über mehrere Jahre hinweg aussagekräftiger.

Dabei werden Bilanzpositionen entweder ins Verhältnis zur Bilanzsumme oder ins Verhältnis zueinander gesetzt:

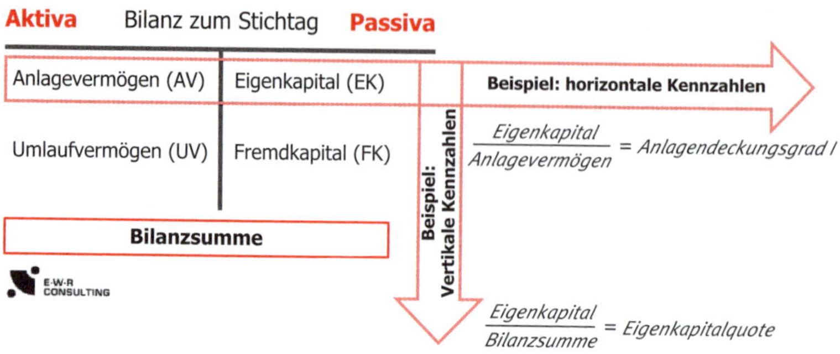

Abbildung 13: Bilanzkennzahlen

Im Folgenden werden einige gebräuchliche Bilanzkennzahlen dargestellt.

Das Verhältnis von (Sach-)Anlagevermögen zur Bilanzsumme gibt Auskunft über die sogenannte **Anlagenintensität**. Die Kennzahl besagt, in welchem Umfang das Gesamtkapital (die Summe der Passiva, also die Bilanzsumme) des Unternehmens langfristig gebunden ist. Hierbei ist der Vergleich mit den Vorjahren wichtig. Eine »gute« Anlageintensität gibt es nicht. Unternehmen mit einer hohen Wertschöpfung wie Maschinenbauer oder Gießereien sind anlagenintensiver als Autohäuser und/oder Werkstätten. Neben dem Grad der Wertschöpfung sollte sie daneben vom Wirtschaftsausschuss auch im Zeit- und im Branchenvergleich beobachtet werden.

$$\text{Anlagenintensität (\%)} = \frac{\text{(Sach-)Anlagevermögen}}{\text{Bilanzsumme}} \times 100$$

Die Entwicklung der Anlagenintensität im Mehrjahresvergleich gibt Hinweise auf die Investitionspolitik eines Unternehmens.

Die **Eigenkapitalquote** stellt das Verhältnis von Eigenkapital zur Bilanzsumme dar und zeigt somit welcher Anteil des Vermögens eigen- beziehungsweise fremdfinanziert ist:

$$\text{Eigenkapitalquote (\%)} = \frac{\text{Eigenkapital}}{\text{Bilanzsumme}} \times 100$$

Tipp:

Die Eigenkapitalquote stellt das Verhältnis von Eigenkapital zur Bilanzsumme dar. Wie hoch die Eigenkapitalquote im Einzelfall sein sollte, hängt stark von Geschäftsmodell und Risiko eines Unternehmens ab. Weiter ist eine gegebenenfalls bestehende Einbindung in einen Konzern zu berücksichtigen. In der Regel wird von Kreditgebern eine Eigenkapitalquote von 30–40 % gewünscht. Aus Beschäftigtensicht ist eine hohe Eigenkapitalquote eher positiv zu bewerten, spricht sie doch für eine gewisse Krisenfestigkeit. Aus Unternehmersicht gilt dies nur bedingt, da bei steigendem Eigenkapitaleinsatz die Eigenkapitalrendite, das heißt die Verzinsung des eingesetzten Kapitals, sinkt. Hintergrund ist der sogenannte »Hebel-« oder »Leverage-Effekt«: Solange die Gesamtkapitalrendite über dem Zinssatz für Fremdkapital liegt (und das Fremdkapital tatsächlich auch dem Unternehmen verfügbar ist), erhöht eine zusätzliche Kreditaufnahme die Eigenkapitalrendite. Das heißt, dass der Eigentümer durch zusätzliche Verschuldung seine Rendite erhöhen kann, solange mit dem eingesetzten Kapital im Unternehmen mehr Geld verdient werden kann, als das Fremdkapital (in der Form von Zinsen) kostet. Diesen Effekt machen sich vor allem Finanzinvestoren in ihrem Geschäftsmodell zu Nutze.

In gleicher Systematik lässt sich die Quote der Finanzschulden an der Bilanzsumme berechnen.

Der **Anlagendeckungsgrad** gibt Auskunft, in welchem Umfang Anlagevermögen durch Eigenkapital finanziert ist:

$$\text{Anlagendeckung (\%)} = \frac{\text{Eigenkapital}}{\text{Anlagevermögen}} \times 100$$

Die sogenannte »Goldene Bilanzregel« fordert, dass langfristig gebundenes Kapital, also das Anlagevermögen, vollständig durch Eigenkapital finanziert wird; in ihrer abgeschwächten Form zumindest durch Eigenkapital und langfristiges Fremdkapital (Grundsatz der Fristenkongruenz). Je geringer der langfristig finanzierte Anteil, beziehungsweise je größer der kurzfristig finanzierte Anteil ist, desto größer ist die Gefahr, dass die Mittel früher zurückgefordert werden als sie über den Umsatz erwirtschaftet werden können. Dem Unternehmen kann dann die Zahlungsunfähigkeit drohen.

3.2 Gewinn- und Verlustrechnung

Im Gegensatz zur Bilanz, welche die Vermögenslage der Gesellschaft zu einem **Stichtag** abbildet, umfasst die Gewinn- und Verlustrechnung die Summe aller Geschäftsvorfälle eines **Geschäftsjahres**. Das ist in der Regel der Zeitraum vom 1. Januar bis zum 31. Dezember eines Jahres.

In der **Gewinn- und Verlustrechnung** werden **alle Aufwendungen und Erträge** eines Geschäftsjahres **erfasst** und so der Erfolg der Periode ermittelt. Dieser Erfolg (der Gewinn bzw. der Verlust) fließt über das Eigenkapitalkonto in die Schlussbilanz ein. Insofern ist die Gewinn- und Verlustrechnung quasi ein Unterkonto des Eigenkapitals.

Varianten der Gewinn- und Verlustrechnung

Die Gewinn- und Verlustrechnung kann in zwei unterschiedlichen Varianten dargestellt werden, dem **Gesamtkostenverfahren** und dem **Umsatzkostenverfahren** (vgl. § 275 Abs. 2 und 3 HGB). Beide Methoden führen zum selben Ergebnis, lediglich die Herleitungsform der Ergebnisgrößen ist eine andere. Der aus praktischer Sicht relevante Unterschied liegt in der Gliederung der Kostenarten: Im Gesamtkostenverfahren werden die Kostenarten jeweils in Summe dargestellt, zum Beispiel Material- und Personalaufwendungen. Im Umsatzkostenverfahren hingegen werden die Kostenarten nach betrieblichen Funktionen, beispielsweise Herstellkosten sowie Verwaltungs- und Vertriebskosten gezeigt. Im handelsrechtlichen Jahresabschluss wird die Gewinn- und Verlustrechnung meist nach dem Gesamtkostenverfahren dargestellt.

Struktur Gewinn- und Verlustrechnung

\+ Betriebsbezogene Erträge
– Betriebsbezogene Aufwendungen
= Betriebsergebnis
≈ EBIT (Earnings before Interest and Taxes)

\+ Finanzerträge
– Finanzaufwendungen
= Finanzergebnis

= Ergebnis vor Steuern
≈ EBT (Earnings before Taxes)

\- Steuern vom Einkommen und vom Ertrag
(laufende Steuern + latente Steuern)
= Ergebnis nach Steuern

\- Sonstige Steuern

= Jahresüberschuss/ -fehlbetrag { Verbleib im Unternehmen oder Ausschüttung

E-W-R CONSULTING

Abbildung 14: Struktur der Gewinn- und Verlustrechnung

Gesamt- und Umsatzkostenverfahren führen dabei lediglich bis zur Größe Betriebsergebnis – also der Erfassung der operativen Erträge und Aufwendungen – zu einem unterschiedlichen Ausweis.

Da der Ausweis des Betriebsergebnisses nach Handelsrecht nicht verpflichtend ist, muss dieses gegebenenfalls selbst ermittelt werden.

Ab der Größe Betriebsergebnis unterscheiden sich die beiden Verfahren nicht mehr voneinander. Nach dem Betriebsergebnis werden Finanzaufwendungen und -erträge im Finanzergebnis dargestellt.

Nach Abzug von Steuern verbleibt ein Jahresüberschuss beziehungsweise -fehlbetrag. Wie bereits im Rahmen der Bilanzgliederung (siehe Kapitel III.3.1.2.1) erläutert, wird dieser im Rahmen von Jahresabschlussbuchungen gegen das Eigenkapital gebucht und erhöht oder reduziert diese Position entsprechend.

Tipp:

Für die Interessenvertretung ist die Gewinn- und Verlustrechnung eine wichtige Informationsquelle innerhalb des Jahresabschlusses. Sie gibt nicht nur Auskunft über die Höhe von Gewinn oder Verlust, sondern auch über deren Entstehung.

Für das Verständnis der Gewinn- und Verlustrechnung ist der Vergleich zweier (oder mehrerer) Geschäftsjahre hilfreich. Die absolute und prozentuale Veränderung von einem Jahr zum nächsten erleichtert es, Aussagen über wesentliche Gründe für die Entwicklung der Ertragslage zu machen.

3.2.1 Analyse des Betriebsergebnisses nach Gesamtkostenverfahren

Gesamtleistung als Bezugsgröße

Das Gesamtkostenverfahren setzt die betrieblichen Aufwendungen und Erträge ins Verhältnis zur Gesamtleistung.

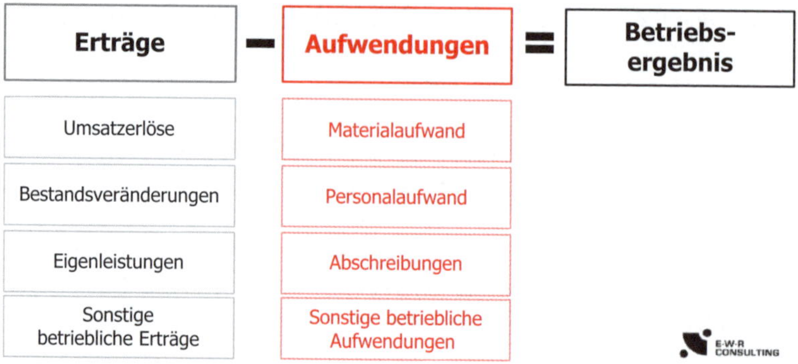

Abbildung 15: Gesamtkostenverfahren

Umsatzerlöse, Bestandsveränderungen und aktivierte Eigenleistungen

Die **Umsatzerlöse** bilden die sog. »Top-Line« und umfassen alle während eines Geschäftsjahres den Kunden in Rechnung gestellten Lieferungen und Leistungen des Unternehmens, unabhängig davon, ob sie bereits bezahlt wurden oder nicht. Umsatzerlöse resultieren entweder aus dem Verkauf, der Vermietung oder der Verpachtung von Produkten oder der Erbringung von Dienstleistungen. Sie sind der wesentliche Teil der betrieblichen Erträge. Die **Bestandsveränderung**, konkret die **Bestandserhöhung**, bildet bei der Herleitung der Gewinn- und Verlustrechnung nach dem Gesamtkostenverfahren den Wert der im Geschäftsjahr produzierten unfertigen und fertigen Erzeugnisse ab, die am Geschäftsjahresende noch nicht veräußert wurden. Für diese sind jedoch Aufwendungen in Form von Material- und Personalkosten usw. bereits angefallen. Umgekehrt wird in der Gewinn- und Verlustrechnung eine **Bestandsminderung** angesetzt, wenn Erzeugnisse verkauft wurden, die in vorhergehenden Geschäftsjahren produziert wurden.

In den **aktivierten Eigenleistungen** wird selbst erstelltes Anlagevermögen, zum Beispiel spezielle Formen und Werkzeuge eines Automobilzulieferers abgebildet.

Die **Gesamtleistung** stellt die Summe aus Umsatzerlösen, Bestandsveränderungen und aktivierten Eigenleistungen dar. Es handelt sich also um die im Zeitraum gesamte vom Unternehmen erbrachte Leistung:

Gesamtleistung = Umsatzerlöse +/– Bestandsveränderungen + aktivierte Eigenleistungen

Beispiel:

Ein Maschinenhersteller verkauft in einem Geschäftsjahr Maschinen zu einem Gesamtwert von 80 Mio. Euro. Während zu Beginn des Geschäftsjahres keine fertigen Erzeugnisse auf Lager waren, sind zum Geschäftsjahresende bereits fertiggestellte Maschinen zu Herstellkosten von 10 Mio. Euro noch nicht ausgeliefert. Weiter wird eine neue Maschine entwickelt, für die im Geschäftsjahr Entwicklungsaufwendungen in Höhe von 5 Mio. Euro angefallen sind, die das Unternehmen aktiviert. Die Gesamtleistung des abgelaufenen Geschäftsjahres beläuft sich damit auf 95 Mio. Euro (80 Mio. Euro + 10 Mio. Euro + 5 Mio. Euro).

Betriebsergebnis nach dem Gesamtkostenverfahren (GKV)

					Veränderung	
T€	**Vorjahr**	**in %**	**Jahr**	**in %**	**absolut**	**in %**
Umsatzerlöse	**1.000**	**100,3%**	**1.150**	**99,8%**	**150**	**15,0%**
Bestandsveränderung	-4	-0,4%	2	0,1%	6	n.r.
andere aktivierte Eigenleistungen	1	0,1%	1	0,1%	0	0,0%
Gesamtleistung	**997**	**100,0%**	**1.153**	**100,0%**	**156**	**15,6%**
Sonstige betriebliche Erträge	28	2,8%	32	2,8%	4	14,3%
Materialaufwand	-505	-50,7%	-605	-52,5%	-100	19,8%
Personalaufwand	-270	-27,1%	-320	-27,8%	-50	18,5%
Abschreibungen	-85	-8,5%	-99	-8,6%	-14	16,5%
Sonstige betriebliche Aufwendungen	-110	-11,0%	-125	-10,8%	-15	13,6%
Betriebsergebnis	**55**	**5,5%**	**36**	**3,1%**	**-20**	**-35,5%**

Abbildung 16: Betriebsergebnis nach Gesamtkostenverfahren

Analog zur Bilanzanalyse (siehe Kapitel III.3.1.3) werden auch zur Erfolgsanalyse eines Unternehmens in der Regel keine absoluten Werte herangezogen, sondern quotale Verhältniszahlen. Bei Anwendung des Gesamtkostenverfahrens werden die Posten der Gewinn- und Verlustrechnung ins Verhältnis zur Gesamtleistung oder ins Verhältnis zueinander gesetzt.

Weitere Informationen zum Umsatz notwendig

Für die Entwicklung der **Umsatzerlöse** ist sowohl die Entwicklung der verkauften Menge als auch die der Preise von maßgeblicher Bedeutung. So sind steigende Umsatzerlöse nicht zwingend positiv, wenn sie beispielsweise durch massive Preiszugeständnisse bei gleichzeitig deutlich erhöhten Mengen »erkauft« wurden. Bei der Betrachtung des Umsatzes sollte deshalb auch jeweils die Preis- und Mengenentwicklung mit einbezogen werden. Für eine Beurteilung der Absatz- und Preisentwicklung sind die Pflichtangaben im Jahresabschluss allerdings zu dünn. Im Rahmen der Jahresabschlussbesprechung sollte sich der Wirtschaftsausschuss oder der Betriebsrat daher zusätzlich erläutert lassen, wie sich der Absatz nach Produktgruppen oder Dienstleistungsarten, nach Vertriebsgebieten oder, soweit vorhanden, Großkunden, entwickelt hat und wie die Absatzplanung für das aktuelle Geschäftsjahr aussieht.

Sonstige betriebliche Erträge

In der Sammelposition **Sonstige betriebliche Erträge** werden Erträge gezeigt, die nicht den Umsatzerlösen zugerechnet werden. Diese können zum Beispiel die Auflösungen von Rückstellungen, Buchgewinne aus dem Verkauf von Gegenständen des Anlagevermögens oder Währungskursgewinne beinhalten.

Tipp:

> Haben die Sonstigen betrieblichen Erträge einen maßgeblichen Ergebniseinfluss, sollte nach einer Aufgliederung gefragt werden. Das Gewicht der Sonstigen betrieblichen Erträge für die Ergebnisdarstellung wird am besten deutlich, wenn deren Anteil an der Gesamtleistung betrachtet wird.

Eine Betrachtung wert sind insbesondere Erträge, die ein Unternehmen nur einmalig realisieren kann, beispielsweise durch die Veräußerung von Immobilien oder Beteiligungen. Dies könnte darauf hindeuten, dass das Unternehmen sein »Tafelsilber« veräußert.

Materialaufwand

Materialaufwand bedeutend

Der Materialaufwand ist in produzierenden Unternehmen oftmals die wichtigste und größte Aufwandsposition. Zum Materialaufwand zählen nicht nur Roh-, Hilfs- und Betriebsstoffe sowie bezogene Waren, sondern auch Aufwendungen für bezogene Leistungen, beispielsweise Aufwendungen für Leiharbeitskräfte, Energie und Dienstleistungen der verlängerten Werkbank. Deshalb werden Aufwendungen für Werkverträge und Leiharbeitskräfte in der Produktion im Materialaufwand ausgewiesen. Für die Interpretation der Gewinn- und Verlustrechnung ist die Materialaufwandsquote, also der Anteil des Materialaufwands an der Gesamtleistung, von maßgeblicher Bedeutung. Ganz plastisch ausgedrückt kann die Quote folgendermaßen interpretiert werden: Wie viel Euro für Materialaufwand stecken in 100 Euro Gesamtleistung? Veränderungen der Materialaufwandsquote können verschiedenste Gründe haben: Veränderungen bei den

Verkaufspreisen, im Produktmix oder auch bei den Bezugspreisen für die Vormaterialien.

$$\text{Materialaufwandsquote (\%)} = \frac{\text{Materialaufwand}}{\text{Gesamtleistung}} \times 100$$

In der Regel verbessert sich die Wettbewerbsfähigkeit des Unternehmens, wenn die Quote zurückgeht, zum Beispiel durch günstigere Vorleistungen im Einkauf, gesunkene Rohstoffpreise oder durch einen ressourceneffizienteren Einsatz der Betriebsmittel.

Eine zentrale Größe bei der Beurteilung der Gewinn- und Verlustrechnung stellt der sogenannte Rohertrag beziehungsweise die Rohertragsquote oder -marge dar:

Rohertrag ermitteln

$$\text{Rohertragsquote (\%)} = \frac{(\text{Gesamtleistung} - \text{Materialaufwand})}{\text{Gesamtleistung}} \times 100$$

Tipp:

Die Rohertragsquote gibt Auskunft darüber, welcher Anteil der Gesamtleistung nach Abzug des Materialeinsatzes verbleibt, um die weiteren Kosten des Unternehmens zu decken beziehungsweise um Gewinn zu erwirtschaften. Sinken der Rohertrag oder die Rohertragsquote, oder gar beide, ist dies ein negativer Indikator für die Unternehmensentwicklung.

Personalaufwand

Der Personalaufwand ist für die Interessenvertretung eine zentrale Position der Gewinn- und Verlustrechnung. Die Ermittlung der Quote erfolgt analog zur Materialaufwandsquote. Zum Personalaufwand zählen neben den Bruttolöhnen und -gehältern auch die Sozialabgaben des Arbeitgebers. Auch Aufwendungen für Altersversorgung gehören dazu. Enthalten sind Geschäftsführungsvergütungen, nicht jedoch Aufsichtsratvergütungen oder Aufwendungen für Leiharbeitskräfte und Werkverträge.

Personalaufwand zentral

Zur Beurteilung der Entwicklung des Personalaufwands ist die Personalaufwandsquote hilfreich:

$$\text{Personalaufwandsquote (\%)} = \frac{\text{Personalaufwand}}{\text{Gesamtleistung}} \times 100$$

Löhne und Gehälter sind innerhalb des Personalaufwands als eigene Position ausgewiesen. Mit Hilfe der im Anhang angegebenen Beschäftigtenzahlen können die durchschnittlichen Personalaufwendungen pro Beschäftigten eines Unternehmens ermittelt werden.

$$\textit{Durchschnittlicher Personalaufwand} = \frac{(\textit{Personalaufwand})}{(\textit{durchschnittliche Anzahl der Beschäftigten})}$$

Anzumerken ist, dass beide Kennzahlen nur Anhaltspunkte liefern. Insbesondere bei einem Vergleich verschiedener Unternehmen wäre zu klären, ob nicht »Äpfel mit Birnen« verglichen werden. Die Kennzahlen werden beeinflusst von der Anzahl der Leiharbeitskräfte, dem Anteil der Teilzeitkräfte, der Investitionsquote sowie ganz allgemein von der Struktur des Unternehmens, wie der Wertschöpfungstiefe oder der Größe des Verwaltungsapparates.

Abschreibungen

Die Abschreibungen erfassen den rechnerischen Wertverzehr des Anlagevermögens, wie bereits in den Ausführungen zur Bilanz beschrieben. Neben den planmäßigen Abschreibungen werden in der Position auch außerplanmäßige Abschreibungen auf immaterielle Vermögensgegenstände und das Sachanlagevermögen erfasst. Außerplanmäßige Abschreibungen auf Finanzanlagen werden hingegen dem Finanzergebnis zugeordnet. Im Jahresvergleich sinkende Abschreibungen können ein Indiz für eine geringe Investitionstätigkeit des Unternehmens sein.

Sonstige betriebliche Aufwendungen

Sonstige betriebliche Aufwendungen im Detail betrachten

Die Sammelposition »sonstige betriebliche Aufwendungen« erfasst alle operativen Aufwendungen, die nicht den vorgenannten Positionen zuzurechnen sind. Hierunter fallen beispielsweise Miet- oder Leasingaufwendungen, Versicherungen, Werbekosten, Rechts- und Beratungskosten, Provisionen, Reisekosten oder die Zuführung zu den sonstigen Rückstellungen.

Tipp:

Da die sonstigen betrieblichen Aufwendungen meist ein erhebliches Gewicht haben, sollten wesentliche Veränderungen der wichtigsten Positionen analysiert werden. Meist sind die Anhangsangaben hierzu allerdings nicht detailliert genug, sodass im Rahmen der Jahresabschlussbesprechung eine entsprechende Darstellung erfragt werden sollte. Besonderes Interesse verdienen dabei die Konzernumlagen, bei denen insbesondere die jeweiligen Berechnungsgrundlagen zu beachten sind.

3.2.2 Analyse des Betriebsergebnisses nach Umsatzkostenverfahren

Umsatz als Bezugsgröße

Während das Gesamtkostenkostenverfahren auf die Leistung eines Unternehmens ausgerichtet ist und Aufwendungen für produzierte, jedoch am Stichtag noch nicht veräußerte Mengen über die Bestandsveränderung abbildet, orientiert sich das Umsatzkostenverfahren nur an den verkauften Produkten, also den Umsatzerlösen. Ausgehend vom Umsatz werden hier die zur Erzielung der Umsatzerlöse anfallenden **Herstellungskosten** zugeordnet. Für die Analyse einer Gewinn- und Verlustrechnung nach dem Umsatzkostenverfahren ist deshalb der Umsatz (»Top-Line«) die zentrale Basisgröße.

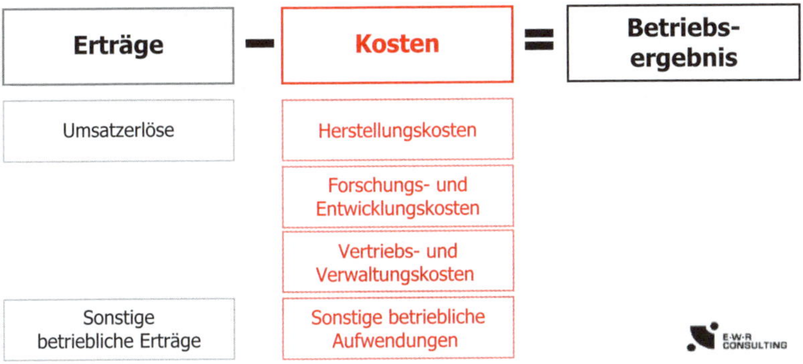

Abbildung 17: Umsatzkostenverfahren

Herstellungskosten der zur Erzielung der Umsatzerlöse erbrachten Leistungen

Detailinformationen unerlässlich

Die Herstellungskosten der zur Erzielung des Umsatzes erbrachten Leistungen enthalten den fertigungsbezogenen Material- und Personalaufwand, die Abschreibungen auf die Produktionsanlagen sowie die – auf die Fertigung entfallenden – sonstigen betrieblichen Aufwendungen, beispielsweise die Miete für die Produktionshalle.

Tipp:

Für die tiefergehende Analyse einer Gewinn- und Verlustrechnung nach dem Umsatzkostenverfahren ist eine Trennung der Funktionskosten in die wesentlichen Kostenarten Material, Personal, Abschreibungen und sonstige Aufwendungen unerlässlich. Bei Anwendung des Umsatzkostenverfahrens sind die Material- und Personalkosten sowie die Abschreibungen gesondert im Anhang darzustellen.

Eine wesentliche Größe zur Beurteilung der Ertragslage stellt das Bruttoergebnis dar:

$$Bruttoergebnis = Umsatzerlöse\text{-}Herstellungskosten$$

Entwicklung der Bruttomarge

Bezogen auf den Umsatz ergibt sich die Bruttomarge:

$$Bruttomarge\ (\%) = \frac{(Bruttoergebnis)}{Umsatzerlöse}\ x\ 100$$

Betriebsergebnis nach dem Umsatzkostenverfahren (UKV)

T€	Vorjahr	in %	Jahr	in %	Veränderung absolut	Veränderung in %
Umsatzerlöse	**1.000**	**100,0%**	**1.150**	**100,0%**	**150**	**15,0%**
Herstellungskosten	-799	-79,9%	-933	-81,1%	-134	16,8%
Bruttoergebnis	**201**	**20,1%**	**217**	**18,9%**	**16**	**8,0%**
Vertriebskosten	-50	-5,0%	-55	-4,8%	-5	10,0%
Verwaltungskosten	-120	-12,0%	-125	-10,9%	-5	4,2%
Sonstige betriebliche Erträge	38	3,8%	16	1,4%	-22	-57,9%
Sonstige betriebliche Aufwendungen	-14	-1,4%	-17	-1,5%	-3	21,4%
Betriebsergebnis	**55**	**5,5%**	**36**	**3,1%**	**-35**	**-34,5%**

Zusatzangaben zum UKV aus dem Anhang	**Vorjahr**	**in %**	**Jahr**	**in %**	**absolut**	**in %**
Materialaufwand	-505	-50,5%	-605	-52,6%	-100	19,8%
Personalaufwand	-270	-27,0%	-320	-27,8%	-50	18,5%
Abschreibungen	-85	-8,5%	-99	-8,6%	-14	16,5%

E·W·R CONSULTING

Abbildung 18: Betriebsergebnis nach Umsatzkostenverfahren

Tipp:

Die Bruttomarge gibt Auskunft darüber, welcher Anteil der Umsatzerlöse nach Abzug der Produktionsaufwendungen verbleibt, um die weiteren Aufwendungen des Unternehmens zu decken beziehungsweise um Gewinn zu erwirtschaften. Verschlechtern sich Bruttoergebnis oder die Bruttomarge, ist dies in der Regel ein negativer Indikator für die Unternehmensentwicklung. In die Bewertung ist weiter einzubeziehen, ob Betriebs- und Geschäftsausstattung oder Technische Anlagen und Maschinen geleast werden.

Nach dem Bruttoergebnis werden im Umsatzkostenverfahren die Vertriebs- und Verwaltungskosten gesondert ausgewiesen. Diesen Positionen werden den Personal- und Sachkosten zugeordnet, die für diese Funktionen anteilig angefallen sind. In Produktionsunternehmen sollten die Herstellungskosten den größten

Teil der gebuchten Aufwendungen umfassen, während die Vertriebs- und Verwaltungskosten von eher untergeordneter Bedeutung sind. Gleiches gilt für die sonstigen betrieblichen Aufwendungen, die im Umsatzkostenverfahren lediglich einen »Restposten« darstellen, da alle Kosten – soweit möglich – bereits den jeweiligen Funktionskosten zugeordnet sind.

In forschungsintensiven Unternehmen werden häufig die Forschungs- und Entwicklungskosten gesondert dargestellt. Auch diese enthalten die ihnen zuordenbaren Personal- und Sachkosten.

Die im Verhältnis zu den Umsätzen dargestellte Quote kann eine Interpretationshilfe zur Beurteilung der Forschungs- und Entwicklungstätigkeit (F&E) sein:

$$\textit{F\&E-Quote (\%)} = \frac{\textit{(Forschungs- und Entwicklungskosten)}}{\textit{Umsatzerlöse}} \times 100$$

3.2.3 Finanzergebnis

Umsatz- und Gesamtkostenverfahren unterscheiden sich nur bis zum Betriebsergebnis, die nachfolgenden Positionen werden in beiden Verfahren gleich ausgewiesen.

Im Finanzergebnis des Unternehmens sind alle Aufwendungen und Erträge erfasst, die dem Finanzierungsbereich eines Unternehmens zuzurechnen sind. Der Ausweis des Finanzergebnisses ist nach handelsrechtlichen Vorschriften nicht verpflichtend, gegebenenfalls ist der Saldo aus Aufwendungen und Erträgen deshalb selbst zu ermitteln. Zweck des gesonderten Ausweises des Finanzergebnisses ist, durch die Trennung einen besseren Einblick in die Erfolgsstruktur und damit die Ertragslage des Unternehmens zu liefern.

Ergebnisse der Beteiligungen beachten

Das Finanzergebnis beinhaltet die Zinsaufwendungen und -erträge des Unternehmens sowie Erträge und Aufwendungen aus Wertpapieren und Beteiligungen. Zur Ermittlung des Zinsergebnisses werden die Zinserträge und die Zinsaufwendungen saldiert. Zinserträge und Zinsaufwendungen können nicht nur gegenüber Banken anfallen, sondern auch gegenüber verbundenen Unternehmen und Gesellschaftern. Letztere sind gesondert entweder direkt in der Gewinn- und Verlustrechnung oder im Anhang auszuweisen. Weiter sind in dieser Position der Zinsanteil der Zuführungen zu den Pensionsrückstellungen sowie die Zinseffekte aus der Diskontierung von anderen langfristigen Rückstellungen enthalten.

Bei den Beteiligungserträgen werden in der Regel vereinnahmte Dividenden oder Erträge aus Gewinnabführungen erfasst. Gegenläufig hierzu werden entsprechend Verlustübernahmen oder Abschreibungen auf Finanzbeteiligungen und Wertpapiere ausgewiesen.

3.2.4 Steuern vom Einkommen und vom Ertrag

In dieser Position werden sowohl tatsächliche als auch latente Steueraufwendungen und -erträge erfasst. Sonstige Steuern, wie z. B. Grundsteuer oder die Kraftfahrtsteuer werden in einer eigenen Position dargestellt.

3.2.5 Zusammenfassung Gewinn- und Verlustrechnung

Die Gewinn- und Verlustrechnung setzt sich aus den wesentlichen Ergebnisgrößen wie Roh- beziehungsweise Bruttoergebnis, Betriebsergebnis sowie dem Finanzergebnis zusammen. Nach Abzug der Steueraufwendungen verbleibt schließlich der Jahresüberschuss oder -fehlbetrag.[14] Unternehmen, die einen Ergebnisabführungsvertrag mit ihrer Muttergesellschaft haben, führen entweder ihren Gewinn aufgrund des Ergebnisabführungsvertrages ab oder erhalten einen Verlustausgleich; die Gewinn- und Verlustrechnung endet mit einem »Null-Ergebnis«.

Konzerninterne Geschäfte bewerten

In Konzernverbünden ist es möglich, das Ergebnis durch Geschäfte zwischen verbundenen Unternehmen zu beeinflussen. Hier spielen diverse Faktoren eine Rolle: Ist die Gesellschaft beispielsweise im rentablen Servicegeschäft tätig oder »nur« als interne Lieferantin? Gestaltungsmöglichkeiten bestehen darüber hinaus in der Preisgestaltung für Konzernlieferungen und -leistungen. Diese umfassen sowohl Vorleistungen, die im Materialaufwand gebucht werden, als auch Dienstleistungen, die beispielsweise durch eine Mutter- oder Tochtergesellschaft erbracht werden. Diese werden beispielsweise als Konzernumlagen oder Management-Fees bezeichnet. Weiter sind Kauf und Verkauf von Gegenständen des Anlagevermögens zwischen Konzerngesellschaften hinsichtlich der Preise gestaltbar. Neben anderen Faktoren führt dies dazu, dass in Konzernverbünden die Gewinnentstehung steuerbar ist. Dies betrifft insbesondere internationale Konzerne, die Währungsdifferenzen, Steuervergünstigungen oder lokale Subventionen als zusätzliche Instrumente für sich nutzen können. Der Wirtschafts-

14 Im handelsrechtlichen Kontext spricht man von Jahresüberschuss und Jahresfehlbetrag. Auch wenn landläufig von Gewinn gesprochen wird, ist dieser allerdings ein steuerlicher Begriff (§ 4 Abs. 1 Satz 1 EStG).

ausschuss sollte daher regelmäßig nachfragen, welche konzerninternen Lieferungen und Leistungen zu welchen Preisen verrechnet werden.

3.2.6 Ertragskennzahlen[15]

Zur Beurteilung der Ertragslage werden in der Praxis neben den bereits beschriebenen Kennzahlen und Quoten weitere ergebnisbezogene Kennzahlen gebildet.

EBIT als Steuerungsgröße

Der Saldo aus Erträgen (Gesamtleistung, sonstige betriebliche Erträge) und Aufwendungen (Material-, Personal- und sonstige betriebliche Aufwendungen sowie Abschreibungen) ergibt, wie bereits beschrieben, das **Betriebsergebnis** oder **operative Ergebnis**. Es bezeichnet den Gewinn aus dem ordentlichen Geschäftsbetrieb und ergibt sich aus allen Einnahmen aus der ordentlichen Geschäftstätigkeit abzüglich aller Ausgaben, die direkt im Zusammenhang mit dieser Geschäftstätigkeit stehen. Werden vom Betriebsergebnis noch die sonstigen Steuern, in der Regel Kfz- und Grundsteuer abgezogen, so spricht man vom **EBIT** (Hintergrund: Sonstige Steuern sind im HGB nicht im sonstigen betrieblichen Aufwand ausgewiesen, auch wenn sie operativen Charakter haben). Die Abkürzung EBIT steht für Earnings before Interest and Taxes, also Ergebnis vor Zinsen und (Ertrags-)Steuern. Das EBIT ist für die Interpretation der Gewinn- und Verlustrechnung eine wichtige Ergebnisgröße, ist allerdings nicht gesetzlich definiert, sodass die Unternehmen hier breite Interpretationsspielräume haben und auch nutzen. Insofern sollte die Interessenvertretung die Herleitung des EBIT nachvollziehen, vor allem dann, wenn es sich um eine zentrale Größe bei der Unternehmenssteuerung handelt.

Die Umsatzrendite (RoS – Return on Sales) wird meist auf Basis des EBIT im Verhältnis zur Gesamtleistung bzw. zu den Umsatzerlösen ermittelt:

$$\text{Umsatzrendite (\%)} = \frac{(\text{EBIT bzw. Betriebsergebnis})}{(\text{Umsatzerlöse bzw. Gesamtleistung})} \times 100$$

Neben dem EBIT wird auch das **EBITDA** (Earnings before Interest, Taxes, Depreciation and Amortization) als zentrale Ergebnisgröße herangezogen. Zur Ermittlung wird das EBIT um Abschreibungen auf Sachanlagen und immaterielle Vermögensgegenstände bereinigt. Da es sich bei den Abschreibungen um nicht zahlungswirksame Aufwendungen handelt – sie spiegeln ja nur den rechneri-

15 Kennzahlen sind nicht einheitlich definiert, sondern können im Detail je nach Unternehmen unterschiedlich ausgestaltet sein. Ggf. ist also die konkrete Definition durch die Interessenvertretung zu erfragen.

schen Werteverzehr einer Investition wider –, stellt das EBITDA einen (stark) vereinfachten Cashflow dar (s. Kapitel III.3.3). Insbesondere für Finanzinvestoren oder Banken ist das EBITDA deshalb eine wichtige Kennzahl.

Bereinigte Kennzahlen kennen

Sowohl die Kenngröße EBIT als auch das EBITDA werden häufig um Aufwendungen und Erträge bereinigt, die nicht dem operativen Geschäft zugerechnet werden sollen. Hierzu zählen beispielsweise Restrukturierungsaufwendungen oder Erträge aus dem Verkauf von Unternehmensteilen. Dies führt zu einer nur geringen Vergleichbarkeit in den Ergebnisdarstellungen von Unternehmen.

Tipp:

Die Analyse der Gewinn- und Verlustrechnung sollte regelmäßig erfolgen, wenn möglich nicht nur für den Jahresabschluss, sondern auch im Zusammenhang mit der monatlichen oder quartalsweisen internen Berichterstattung. Wesentliches Element ist hier die Analyse von Veränderungen im Periodenvergleich sowie – sofern möglich – die Gegenüberstellung von Plan- und Ist-Daten. Weiter sollten wesentliche Ertragskennzahlen wie Rohertrag oder Bruttomarge und die Umsatzrendite ermittelt und bewertet werden.

3.2.7 Exkurs: Erfolgsabhängige Vergütungssysteme

Der Trend zur Variabilisierung von Personalkosten hält weiter an. Hier nehmen sowohl leistungs- als auch erfolgsabhängige Vergütungskomponenten immer stärker Raum ein.

Leistungsabhängige Vergütungskomponenten sind abhängig von zu definierenden Leistungsindikatoren einzelner Beschäftigter oder von Beschäftigtengruppen. Erfolgsorientierte Vergütungssysteme sind dagegen abhängig vom Erreichen betriebswirtschaftlicher Erfolgskennziffern, die explizit meist nur mittelbar beeinflusst werden können. Erfolgsabhängige Vergütungsbestandteile werden oftmals als übertarifliche Bezahlungsbestandteile auf freiwilliger Basis gezahlt, wenn festzulegende Gewinngrößen überschritten werden. Weil Nachhaltigkeitsaspekte immer wichtiger werden, findet man mittlerweile, zumindest in den variablen Vorstandsvergütungen börsennotierter Gesellschaften, auch Nachhaltigkeitskennziffern, primär aus den ökologischen Aspekten (wie z.B. Verminderung der Treibhausgasemissionen des Unternehmens oder Investitionen in umweltfreundliche Geschäftsfelder). Die häufig qualitativ hinterlegten Ziele machen die Messbarkeit schwierig, zugleich gilt es ein anspruchsvolles Ambitionsniveau zu hinterlegen. Dazu ist der Aufsichtsrat gefordert, ebenso zur Ableitung auch sozialer Kennziffern in diesem Kontext.

Bei erfolgsorientierten Vergütungssystemen werden vielfach Ergebnis- und/oder Renditegrößen als Erfolgsindikator herangezogen (z.B. EBIT oder RoS/Umsatzrendite). Hier besteht die Aufgabe des Wirtschaftsausschusses darin, für größtmögliche Transparenz zu sorgen.

Tipp:

Grundsätzlich sollten die in erfolgsabhängigen Vergütungssystemen verwendeten Kennzahlen und Kriterien klar definiert sein. Ergebnisgrößen sollten eindeutig nachvollziehbar und -rechenbar sein und – sofern möglich – aus einem testierten Jahresabschluss abgeleitet werden können. Um Gewinnverschiebungen zwischen den Geschäftsjahren zu begegnen, kann auf Durchschnitte oder rollierende Kennzahlen zurückgegriffen werden.

3.3 Cashflow- oder Kapitalflussrechnung

Die Cashflow- oder Kapitalflussrechnung ist kein Pflichtbestandteil des handelsrechtlichen Einzelabschlusses, jedoch des Konzernabschlusses. Sie gibt wertvolle Informationen zur Entwicklung der Finanzlage und gibt Auskunft über die Zahlungsströme innerhalb eines bestimmten Zeitraums. Sie zeigt, wie sich die Zahlungsmittelbestände des Unternehmens verändern und wie diese Veränderungen zustande kommen.

Tipp:

Aufgrund der wertvollen Information der Kapitalflussrechnung zur finanziellen Situation des Unternehmens sollte der Wirtschaftsausschuss diese von der Geschäftsführung anfordern. Oftmals werden auch die Eckdaten der Kapitalflussrechnung im Lagebericht zur Erläuterung der Entwicklung der Finanzlage dargestellt.

Im Gegensatz zur Gewinn- und Verlustrechnung berücksichtigt die Kapitalfluss- oder Cashflow-Rechnung nur die Zahlungsströme, also den Zufluss oder Abfluss von Zahlungsmitteln als Erhöhung oder Verminderung des Geldbestands im »Unternehmensgeldbeutel« (Bilanzposition »Liquide Mittel«), jedoch keine nicht zahlungswirksamen Geschäftsvorfälle. Zu Letzteren zählen beispielsweise Abschreibungen oder die Bildung und Auflösung von Rückstellungen. Die Kapitalflussrechnung bildet den Mittelzu- beziehungsweise -abfluss, den sogenannten Cashflow, während eines Geschäftsjahres gegliedert nach folgenden Bereichen ab:

	Cashflow-Positionen	Inhalt
+/-	Cashflow aus der **laufenden Geschäftstätigkeit**	Mittelzu- und abfluss aus dem operativen Geschäft
+/-	Cashflow aus der **Investitionstätigkeit**	Mittelzu- und abflüsse aus dem Kauf oder Verkauf von Anlagevermögen
+/-	Cashflow aus der **Finanzierungstätigkeit**	Ein- und Auszahlungen im Rahmen der Finanzierung durch Anteilseigner und Fremdkapitalgeber
	Finanzmittelbestand am Beginn der Periode	
+/-	**Summe aller Cashflows**	
	Finanzmittelbestand am Ende der Periode	

E·W·R CONSULTING

Abbildung 19: Cashflow

Der Saldo dieser drei Positionen ergibt die zahlungswirksame Veränderung des Finanzmittelfonds, also des Bestands an liquiden Mitteln, während eines Geschäftsjahres.

Zur Ermittlung des Cashflow aus der laufenden Geschäftstätigkeit (Cashflow operativ) werden ausgehend vom Jahresüberschuss oder -fehlbetrag die Positionen wieder hinzugerechnet, die in der Gewinn- und Verlustrechnung als Aufwand dargestellt werden, jedoch nicht zahlungswirksam sind. Vereinfacht kann der operative Cashflow wie folgt dargestellt werden:

Vereinfachter operativer Cashflow =
Jahresergebnis
+ Abschreibungen
+/– Veränderung der Pensionsrückstellungen

Cashflow optimieren

Zur genauen Berechnung werden weiter die Veränderungen der Vorräte, Forderungen und Verbindlichkeiten aus Lieferungen und Leistungen sowie der sonstigen Rückstellungen berücksichtigt. Hier spiegelt sich die Logik wider, dass sich niedrigere Forderungen und höhere Verbindlichkeiten positiv auf die Liquidität auswirken. Folgende Beispiele zeigen, wie die Liquidität des Unternehmens verbessert werden kann, was insbesondere bei Krisenunternehmen überlebenswichtig sein kann:

- **Umlaufvermögen:** Steigende Forderungen an Kunden belasten die Liquidität; Zahlungseingänge führen zu sinkenden Forderungen und zu einem

Mittelzufluss. Werden also die Zahlungsziele der Kunden gekürzt, steigt der operative Cashflow, denn es kommt zu einem schnelleren Zahlungsmittelzufluss. Gleiches gilt für die Vorräte: Erhöht sich das Vorratsvermögen, so muss das Unternehmen mehr vorfinanzieren und seine Finanzkraft vermindert sich. Kann das Vorratsvermögen aber durch eine verbesserte Ablauforganisation (siehe Kapitel II.3.) reduziert werden, so werden dadurch Mittel frei und die Finanzkraft des Unternehmens erhöht sich.

- **Verbindlichkeiten:** Steigende Verbindlichkeiten aus Lieferungen und Leistungen stützen die Liquidität. Denn bezahlt das Unternehmen seine Lieferanten später, verbleibt kurzfristig mehr Geld im Unternehmen und die Finanzkraft erhöht sich. Umgekehrt führt eine Reduzierung von Lieferantenverbindlichkeiten zu einem sinkenden Cashflow, da die Begleichung einer Lieferantenverbindlichkeit einen Zahlungsmittelabfluss beinhaltet.
- **Rückstellungen:** Bildet das Unternehmen Rückstellungen wird der diesbezügliche Aufwand in der Gewinn- und Verlustrechnung ergebnismindernd dargestellt. Zahlungswirksam wird die Rückstellung, z. B. für eine Pensionsverpflichtung allerdings erst dann, wenn Beschäftigte das Renteneintrittsalter erreichen und die Rente ausgezahlt wird. Erst dann verlässt Liquidität das Unternehmen. Ein Rückstellungsaufbau führt deshalb zu einem steigenden Cashflow.

Wird im operativen Geschäft »Geld verdient«?

Der **Cashflow aus der laufenden oder operativen Geschäftstätigkeit** zeigt den Mittelzu- beziehungsweise -abfluss aus dem operativen Geschäft und beantwortet damit die elementare Frage, ob das Unternehmen mit seiner operativen Geschäftstätigkeit »Geld verdient« oder »Geld verbrennt«.

Tipp:

Der operative Cashflow ist eine zentrale Größe zur Beurteilung der Finanzlage eines Unternehmens. Sinkt er gegenüber dem Vorjahr oder weist er gar über mehrere Geschäftsjahre hinweg einen negativen Saldo auf, so ist dies ein Indikator für eine schwierige wirtschaftliche Entwicklung.

Der **Cashflow aus Investitionstätigkeit** fasst die Liquiditätswirkungen der Investitionstätigkeit zusammen: Investiert das Unternehmen, so müssen die entsprechenden Rechnungen der Investitionsgüter bezahlt werden. Investitionen wirken also Cashflow mindernd. Aus Verkäufen von Anlagevermögen (z. B. von Maschinen oder Grundstücken und Gebäuden) resultieren dagegen Zahlungseingänge, die den Cashflow erhöhen. Ein negativer Cashflow aus der Investitionstätigkeit ist aus Beschäftigtensicht zumindest dann positiv zu beurteilen, wenn Investitionen in das Sachanlagevermögen am Standort getätigt wurden.

Es gilt also für den Wirtschaftsausschuss, die Art der Investitionen zu erfragen, um ihre langfristige Auswirkung auf das Unternehmen, und damit auf die Beschäftigung, erkennen zu können.

Der **Free Cashflow** (kurz FCF, übersetzt: »freier Cashflow«) entspricht dem Saldo des operativen Cashflows und dem Cashflow aus Investitionstätigkeit. Der Free Cashflow zeigt an, ob das Unternehmen in der Periode die getätigten Investitionen aus dem laufenden Geschäft finanzieren konnte (»Die Investitionen konnten aus dem Cashflow bezahlt werden«). Bei einem negativen Free Cashflow wäre dies nicht der Fall, sodass das Unternehmen entweder die Investitionen fremd oder aus vorhandenen Finanzmitteln finanzieren musste (»Das Unternehmen ›verbrennt‹ Geld«). Der Free Cashflow ist eine zentrale Kennzahl für die Beurteilung der Finanzkraft einer Unternehmung und wird häufig als Steuerungskennzahl genutzt, lässt er doch für die Anteilseigner den Schluss zu, wie viel Geld unter Abzug für Schuldentilgung dann für Ausschüttungen zur Verfügung steht.

Free Cashflow = Cashflow aus der laufenden Geschäftstätigkeit + Cashflow aus der Investitionstätigkeit

Der **Cashflow aus der Finanzierungstätigkeit** zeigt zusammenfassend alle Ein- und Auszahlungen im Rahmen der Finanzierung durch Anteilseigner und Fremdkapitalgeber. Beispielsweise wirkt eine Dividendenzahlung Cashflow mindernd. Wird hingegen das Eigenkapital des Unternehmens durch eine Kapitaleinlage aufgestockt, so wirkt dies Cashflow erhöhend. Die Tilgung von Krediten reduziert durch den Kapitalabfluss den Cashflow, eine Darlehensaufnahme dagegen erhöht ihn.

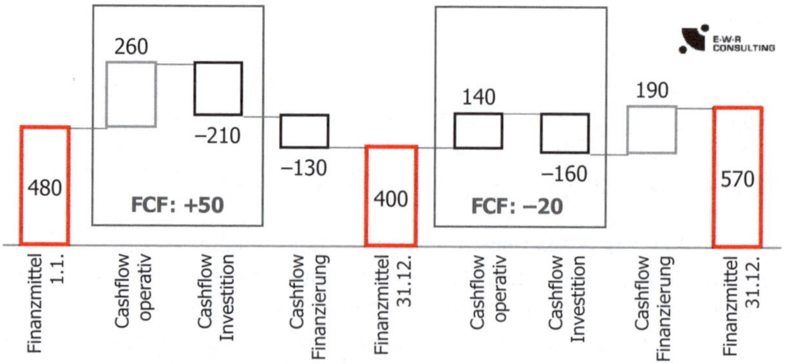

Abbildung 20: Beispiel Kapitalfluss

Das oben aufgeführte Beispiel zeigt ein Unternehmen, das im Vorjahr Investitionen aus eigener Kraft finanzieren konnte, da der Cashflow aus laufender Geschäftstätigkeit mit 260 000 Euro höher war als der Cashflow aus Investitionstätigkeit mit 210 000 Euro. Der Free Cashflow belief sich demnach auf +50 000 Euro. Die verbleibenden freien Mittel aus dem Geschäftsjahr und ein Teil der vorhandenen Finanzmittel verwendete das Unternehmen im Rahmen der Finanzierung, zum Beispiel für die Tilgung von Krediten. Damit verminderte sich zum Periodenende der Finanzmittelbestand von 480 000 Euro auf 400 000 Euro. Im darauffolgenden Geschäftsjahr verminderte sich der operative Cashflow auf 140 000 Euro und reichte nicht mehr aus, um die Investitionen von 160 000 Euro aus eigener Kraft zu finanzieren. Der Free Cashflow betrug -20 000 Euro. Insgesamt flossen aus Finanzierungen dem Unternehmen 190 000 Euro zu, beispielsweise durch die Aufnahme eines Kredits. Aufgrund dessen erhöhte sich der Finanzmittelbestand gegenüber dem Vorjahr.

3.4 Anhang und Lagebericht

Der **Anhang** ist Bestandteil des Jahresabschlusses für Kapitalgesellschaften. Seine Aufgabe ist es, ergänzende Informationen zu den Rechenwerken Bilanz und Gewinn- und Verlustrechnung zu liefern. Hierfür existieren gesetzliche Mindestanforderungen (§§ 284 – 288 bzw. für den Konzern §§ 313 – 314 HGB).

Ergänzende Informationen auch lesen

Im Anhang sind weiter Angaben zu Inhalt und Gliederung des Jahresabschlusses sowie die angewandten Bilanzierungs- und Bewertungsmethoden anzugeben. Sind diese gegenüber dem Vorjahr verändert, sind die damit verbundenen Auswirkungen, insbesondere auf das Ergebnis, zu erläutern.

Darüber hinaus werden im Anhang Zusatzinformationen aufgeführt. So sind die Fristigkeiten der Forderungen und Verbindlichkeiten sowie gegebenenfalls deren Besicherung anzugeben, was insbesondere bei Unternehmen in der Krise eine wesentliche Information ist. Zudem muss die Anzahl der durchschnittlich beschäftigten Arbeitnehmer/innen[16] angegeben werden. Eine weitere Pflichtangabe sind die Geschäftsführungsbezüge; von dieser Angabe sind nicht börsennotierte Gesellschaften jedoch dann befreit, sofern sich anhand der Angaben die Bezüge eines einzelnen Mitglieds der Geschäftsführung feststellen lassen. Nahezu alle Unternehmen unterlassen freilich diese Angabe unter diesem Hinweis.

16 Nicht enthalten sind beispielsweise Leiharbeitskräfte, Azubis, Praktikanten, Vorstände.

Anlagespiegel

Da das Anlagevermögen für Unternehmen von hoher Relevanz ist, wird im sogenannten Anlagespiegel, der Teil des Anhangs ist, seine Entwicklung gesondert dargestellt. In dieser Aufstellung werden die historischen Anschaffungs- und Herstellungskosten, die Abschreibungen sowie die verbleibenden Buchwerte der einzelnen Klassen des Anlagevermögens dargestellt. Anlagenabgänge werden gesondert ausgewiesen. Will der Wirtschaftsausschuss noch tiefer einsteigen, findet er die Aufgliederung der Posten auf alle einzelnen Vermögensgegenstände in den sogenannten »Inventaren«.

Die vollständigen Angabepflichten für den Anhang sind nur für große Kapitalgesellschaften i. S. d. § 267 Abs. 3 HGB vorgeschrieben. Kleine und mittelgroße Kapitalgesellschaften nehmen in der Praxis regelmäßig die größenabhängigen Erleichterungen des § 288 HGB in Anspruch. Personengesellschaften sind von der Verpflichtung zur Erstellung eines Anhangs ohnehin befreit.

Lagebericht

Der **Lagebericht** ist kein Bestandteil des Jahresabschlusses und nur von mittleren und großen Kapitalgesellschaften (vgl. § 267 Abs. 2 und 3 HGB) bzw. haftungsbeschränkten Personengesellschaften (Kapitalgesellschaften & Co. KG) aufzustellen. Der Zweck des Lageberichts ist die Verdichtung und die Ergänzung der Jahresabschlussinformation. Seine inhaltlichen Bestandteile finden sich in den §§ 289, 289a-f HGB, bzw. für den Konzernlagebericht in den §§ 315, 315a-d HGB.

Nach § 289 HGB ist die Lage der Kapitalgesellschaft so darzustellen, dass sich ein Bild der tatsächlichen Verhältnisse ergibt. Hier ist seitens des Unternehmens zum einen der Geschäftsverlauf darzustellen und zu analysieren, eine Zukunftsprognose abzugeben sowie über wesentliche Chancen und Risiken des Unternehmens zu berichten. Der Lagebericht muss im Einklang mit dem Jahresabschluss stehen, was auch durch den/die Wirtschaftsprüfer/in zu prüfen und zu bestätigen ist.

Die Praxis der Lageberichterstattung ist unterschiedlich. Das hängt von verschiedenen Faktoren ab. Insbesondere die Unternehmensgröße, Branche oder Kapitalmarktorientierung spielen hier eine Rolle. Große Unternehmen, die börsennotiert sind, nutzen den Lagebericht über die gesetzlichen Anforderungen hinaus als Mittel zur Pflege der Beziehungen zu derzeitigen und potenziellen Kapitalgebern. Es werden beispielsweise die Unternehmensstrategie, Investitionen, das Personal- und Sozialwesen und die Forschungs- und Entwicklungsaktivitäten detailliert vorgestellt.

Prognosen, Risiken

Für Konzernlageberichte (§ 315 HGB) bestehen Vorschriften zur zukunftsorientierten Berichterstattung. Gemäß DRS 20[17] bestehen dabei nicht nur Anforderungen an die Prognosegenauigkeit, sondern auch an die Prognoserechenschaftslegung, das heißt die Nachbetrachtung zukunftsorientierter Berichterstattung der Vorjahre. Um eine Informationsüberflutung zu vermeiden, begrenzt der DRS 20 dabei auf die Wesentlichkeit der Information (Informationsabstufung und daraus resultierender Detaillierungsgrad) und betont Klarheit und Übersichtlichkeit der Berichterstattung. Über allem steht jedoch die Berichtspflicht zu den tatsächlichen Verhältnissen. In eine solche Analyse sind sowohl bedeutsame finanzielle als auch nicht-finanzielle Leistungsindikatoren einzubeziehen, zumindest dann, soweit diese für das Verständnis des Geschäftsverlaufs oder der Lage der Gesellschaft von Bedeutung sind (§ 289 Abs. 1 und 3 HGB). Ferner ist im Lagebericht einzugehen auf die Risikomanagementziele und -methoden der Gesellschaft (§ 289 Abs. 2 Nr. 1a HGB). Bei börsennotierten Gesellschaften ist zudem das Risikomanagementsystem hinsichtlich bestandsgefährdender Risiken durch den/die Wirtschaftsprüfer/in inhaltlich zu prüfen (Pflicht zur Errichtung § 91 Abs. 2 AktG). Im Gegensatz dazu existieren zudem Lageberichtsbestandteile, die von dem/der Wirtschaftsprüfer/in lediglich auf das Vorhandensein kontrolliert werden. Das sind bei börsennotierten Unternehmen die mit dem BilRUG eingeführte Erklärung zur Unternehmensführung (§§ 289f und 315d HGB) sowie, bis zur Einführung der Nachhaltigkeitsberichterstattung nach der CSRD, die sog. nicht-finanzielle Erklärung nach §§ 289 b–e und 315b und c HGB.

Allgemein gilt gerade für börsennotierte Gesellschaften, dass im Lagebericht immer mehr fremde und auch bereits in anderen Formaten berichtete Angaben zu finden sind, was dem Ziel der Informationskonzentration gegenläufig ist. Dies hängt mit einer Fülle von Wahlrechten zusammen, die jeweils geforderten Angaben (z. B. zu den Themen Vergütungspolitik, Corporate Governance oder zu nichtfinanziellen Indikatoren) an unterschiedlichen Stellen machen zu können.

Tipp:

Prognosen sowie identifizierte und bewertete Risiken sollte sich der Wirtschaftsausschuss mindestens einmal jährlich erläutern lassen. Dies beinhaltet zumindest eine Gliederung von Risiken nach deren möglichen Ursachen (z. B. extern und intern), mögliche Eintrittswahrscheinlichkeiten sowie hieraus resultierende Schadenshöhen. Daneben werden Maßnahmen zur Risikovermeidung beziehungsweise -beherrschung aufgeführt.

17 DRS = Deutscher Rechnungslegungsstandard.

3.5 Exkurs: Nachhaltigkeitsberichterstattung

Bereits im Jahr 2014 hatte die EU mit der »NFRD«,[18] der Richtlinie zur nichtfinanziellen Berichterstattung, eine Berichterstattung zu CSR eingeführt, welche dann mittels dem »CSR-RUG«, dem »CSR-Richtlinien-Umsetzungsgesetz« im deutschen Handelsgesetz[19] umgesetzt wurde. Seit 2017 wurden damit Unternehmen von öffentlichem Interesse – das sind große kapitalmarktorientierte Unternehmen mit mehr als 500 Beschäftigten sowie große Kreditinstitute und Versicherungen – neben der Finanzberichterstattung auch zu einer nichtfinanziellen Berichterstattung verpflichtet,[20] wonach diese Unternehmen zu den Themen Arbeitnehmerbelange, Sozialbelange, Umweltbelange, Antikorruption und Achtung der Menschenrechte Bericht erstatten müssen. Diese Berichterstattung konnte, musste aber nicht zwingend, auch in einem gesonderten Abschnitt des Lageberichts erfolgen.

Die CSRD,[21] die im Dezember 2022 als EU-Richtlinie verabschiedet wurde, ist ein Eckpfeiler des Europäischen Green Deals, der die jährlichen Berichtspflichten für Unternehmen zu Umwelt-, Sozial- und Governance-Themen (ESG) betrifft. Sie löst die NFRD ab und legt diesbezüglich für in der EU tätige Unternehmen umfassende Berichtspflichten auf. Die Pflicht zu einer Nachhaltigkeitsberichterstattung wird sowohl im Anwendungsbereich der dazu verpflichteten Unternehmen als auch im Hinblick auf die zu berichtenden Inhalte sukzessive ausgeweitet werden. Damit wird die Befassung mit ESG-Themen gegenüber rein finanziellen Belangen, auch bei nichtbörsennotierten Gesellschaften und ebenso bei KMU, deutlich befördert. Der deutsche Gesetzgeber war verpflichtet, die Richtlinienvorgaben bis zum 5.7.2024 in nationales Recht umzusetzen.

Inhaltlich verpflichtet die Richtlinie die Unternehmen, in ihrem (ggf. konsolidierten) Lagebericht einen Nachhaltigkeitsbericht aufzunehmen, in welchem sie zum einen die Auswirkungen des unternehmerischen Handelns im Hinblick auf Mensch und Umwelt beschreiben (Impact-Perspektive) und zum anderen die Auswirkungen von Nachhaltigkeitsaspekten auf die Entwicklung sowie die Vermögens-, Finanz- und Ertragslage erläutern (finanzielle Perspektive). Allein die Wortwahl, weg von nichtfinanzieller Erklärung aus der NFRD, hin zu einer »Nachhaltigkeitsberichterstattung« zeigt die Wertigkeit, die die EU dem Thema

18 NFRD – Non-Financial Reporting Directive, Grundlage war die CSR-Richtlinie (2014/95/EU) vom Oktober 2014.

19 Erweiterung um die §§ 289b – 289e sowie 315b – 315d HGB.

20 Sogenannte PIE's (Public Interest Entities).

21 CSRD – Corporate Sustainability Reporting Directive – Richtlinie 2022/2464/EU vom 14.12.2022.

Nachhaltigkeit widmet. Mit den ESRS, den »European Sustainability Reporting Standards« wird für die Nachhaltigkeitsberichterstattung künftig auch ein einheitlich verpflichtendes Rahmenwerk zugrunde gelegt.

3.6 Monats- und Quartalsabschluss

Zur Information über die wirtschaftliche Entwicklung und für die Steuerung des Unternehmens werden in der Praxis unterjährig Monats- oder zumindest Quartalsabschlüsse erstellt. Da das Format der unterjährigen Berichterstattung im Gegensatz zum Jahresabschluss nicht gesetzlich vorgeschrieben ist, finden sich unterschiedliche unternehmensindividuelle Formate. Sie reichen von der BWA (betriebswirtschaftliche Auswertung) im GuV-ähnlichen Format bis hin zur vollständigen Gewinn- und Verlustrechnung, Bilanz sowie Cashflow-Rechnung.

Zur besseren Aussagekraft werden im Monats- oder Quartalsabschluss meist die Daten der vergleichbaren Vorjahresperiode dargestellt. Darüber hinaus sollte ein Vergleich mit der Planung stattfinden (Plan-Ist-Vergleich). Werden die aktuellen Monatsdaten zum Geschäftsjahresende hochgerechnet, so bezeichnet man dies als Forecast (engl.: Hochrechnung) (Näheres siehe Kapitel V.2.).

Im Rahmen des Monats- oder Quartalsabschlusses werden in der Regel zudem weitere Informationen dargestellt.
Sie umfassen vielfach Daten zur Entwicklung der:

- Auftragslage, d. h. Auftragseingang und -bestand,
- Liquidität
- Beschäftigung

Unternehmen, die IFRS oder US-GAAP anwenden, erstellen ihre unterjährigen Berichte in der Regel ebenfalls nach diesen Rechnungslegungsvorschriften, sodass ein Vergleich mit dem handelsrechtlichen Jahresabschluss kaum möglich ist.

4. Internationale Rechnungslegung

Die führenden international angewandten Rechnungslegungsnormen für **börsennotierte Unternehmen** sind:

- IFRS (International Financial Reporting Standards)
- US-GAAP (US Generally Accepted Accounting Principles)

Wie sich dem Namen entnehmen lässt, werden die US-GAAP vor allem in den Vereinigten Staaten angewandt, während die Anwendung der IFRS in der Europäischen Union für kapitalmarktorientierte Unternehmen verpflichtend ist. Weiter werden die IFRS in den Ländern Asiens, in Südamerika und in der Pazifikregion angewandt.

Konzernabschluss nach IFRS

Obwohl die Unterschiede im Einzelfall bei der Jahresabschlusserstellung durchaus vielschichtig sein können, dürften die im Folgenden aufgeführten wesentlichen Unterschiede zwischen HGB und IFRS auch für Wirtschaftsausschüsse in Gesellschaften hilfreiche Anhaltspunkte geben, die nach US-GAAP Rechnung legen.

Die Regelungen der internationalen Rechnungslegungsvorschriften sind in der Praxis nur für den Konzernabschluss verbindlich und das auch nur für börsennotierte Unternehmen (siehe dazu Kapitel II.4.). Ein Konzernabschluss nach IFRS in Deutschland besteht aus den Rechenwerken Bilanz, Gewinn- und Verlustrechnung, Gesamtergebnisrechnung, Kapitalflussrechnung, Eigenkapitalspiegel sowie aus Anhang und Lagebericht. Kapitalmarktorientierte Unternehmen müssen zusätzlich eine Segmentberichterstattung veröffentlichen. Die US-GAAP fordern grundsätzlich dieselben Abschlussbestandteile wie die IFRS.

Konzern- und Einzelabschluss betrachten

Aufgrund der beschriebenen Regelungen liegen in börsennotierten Unternehmen regelmäßig zwei unterschiedliche Abschlüsse vor: zum einen der Konzernabschluss nach IFRS, zum anderen die Jahresabschlüsse für Einzelunternehmen nach HGB, sofern keine Befreiungsregelungen zur Aufstellung des Jahresabschlusses in Anspruch genommen wurden (§ 264 HGB, Näheres siehe Kapitel III.2.).

Tipp:

Damit stellt sich für den Wirtschaftsausschuss regelmäßig die Frage, welcher Abschluss nun tatsächlich der für sie relevante ist: Konzern- oder Einzelabschluss?

Der Konzernabschluss gibt Auskunft über die Vermögens-, Finanz- und Ertragslage der gesamten Gruppe. Es dürfte sich deshalb von selbst verstehen, dass zumindest seine wesentlichen Eckdaten im Gremium durchgearbeitet und besprochen werden. Auch die Betrachtung der einzelnen Segmente liefert dem Wirtschaftsausschuss wichtige Informationen. Der handelsrechtliche Einzelabschluss der Muttergesellschaft, sofern sie eine Holding ist, bietet einen Überblick über die Finanzierungsstruktur. Zur Pflichtlektüre zählt der Einzelabschluss des Unternehmens, in dem der jeweilige Wirtschaftsausschuss tätig ist.

4.1 Bilanz und Gewinn- und Verlustrechnung nach IFRS

Im Gegensatz zum HGB ist die Gliederung von Bilanz und Gewinn- und Verlustrechnung nach IFRS nur marginal geregelt, damit branchen- und länderspezifischen Gegebenheiten besser Rechnung getragen werden kann. Das erleichtert die Vergleichbarkeit natürlich nicht. Grundsätzlich stellt die Bilanz nach IFRS – wie auch nach HGB und US-GAAP – Vermögenswerte (Aktiva) sowie Eigenkapital und Schulden (Passiva) eines Unternehmens zu einem bestimmten Stichtag dar.

Bilanzierung in kurz- und langfristig

Wesentlicher Unterschied zur Bilanzgliederung nach HGB ist, dass nach IFRS grundsätzlich nach Fristigkeiten zu gliedern ist, Vermögenswerte und Schulden sind in die Kategorien lang- und kurzfristig zu unterteilen. Kurzfristig sind dabei in der Regel jene Vermögenswerte und Schulden, die innerhalb eines Jahres zum Verkauf, Verbrauch oder zur Begleichung anstehen sowie Zahlungsmittel und -äquivalente. Ziel dieser Regelung ist, den Investoren und Stakeholdern schnell eine übersichtliche Information über die Finanzierungsstruktur eines Unternehmens zu geben, beispielsweise darüber, ob langfristige Vermögenswerte entsprechend langfristig finanziert sind.

Abbildung 21: Bilanz nach IFRS

Ob allerdings die Bilanzposten nach Fristigkeit absteigend, so hier dargestellt, oder aufsteigend gegliedert werden, bleibt wiederum den Bilanzierenden überlassen.

Tipp:

Aufgrund der Untergliederung nach Fristigkeiten fällt es weniger Geübten oft schwer, die wesentlichen Positionen in einer Bilanz nach IFRS zu bewerten. Hier hilft oft ein Blick in den Anhang (sog. Notes) weiter, in dem sich eine Zusammenfassung der Positionen sowie, aufgrund umfassenderer Berichtspflichten, oft hilfreiche, allerdings zumeist auch komplexe Zusatzinformationen befinden.

Wie im HGB kann die Gewinn- und Verlustrechnung alternativ nach dem Gesamtkostenverfahren oder dem Umsatzkostenverfahren gegliedert werden. In der Praxis wird mehrheitlich das Umsatzkostenverfahren angewendet. Auch hier werden nur Mindestposten vorgeschrieben.

4.2 HGB und IFRS im Vergleich

Annäherung an die IFRS durch BilMoG

Ein grundsätzlicher Unterschied zwischen den beiden Rechnungslegungsnormen besteht in ihrer Zielsetzung. Das Handelsgesetzbuch verfolgt primär das Ziel des Gläubigerschutzes. Es ist vorsichtiger und konservativer ausgerichtet, um die Sicherheit der Gläubiger zu gewährleisten. Das Vorsichtsprinzip und das Imparitätsprinzip (Verluste sind zu antizipieren, Gewinne erst bei Realisierung) sind zentrale Grundsätze. Die IFRS zielen auf die Bereitstellung entscheidungsnützlicher Informationen für Investoren und andere externe Adressaten ab. Sie sind stärker auf die Darstellung der wirtschaftlichen Realität und die Vergleichbarkeit der Abschlüsse fokussiert. Das Prinzip der »fair presentation« (wahrheitsgetreue Darstellung) steht im Vordergrund.

Gesamtergebnisrechnung

Während nach dem HGB Gewinn oder Verlust einer Periode und seine Quellen in der Gewinn- und Verlustrechnung dargestellt werden, erweitern die IFRS diese um eine weitere Komponente: die Gesamtergebnisrechnung. Hier werden ergebnisneutrale Erträge und Aufwendungen abgebildet, welche nicht in der Gewinn- und Verlustrechnung, sondern direkt im Eigenkapital verbucht werden.

Hierzu zählen zum Beispiel versicherungsmathematische Gewinne und Verluste sowie Neubewertungseffekte.

Weitere wesentliche Unterschiede zwischen HGB und IFRS

- **Aktivierung von Entwicklungsaufwendungen**: Während nach HGB ein Wahlrecht zur Aktivierung von Entwicklungsaufwendungen besteht, sind diese bei Erfüllung gewisser Voraussetzungen nach IFRS verpflichtend zu aktivieren. Aufwendungen für Forschung dürfen weder nach HGB noch nach IFRS aktiviert werden.
- **Firmenwert/Goodwill**: Ein Firmenwert oder Goodwill entsteht in der Regel bei erstmaligem Einbezug von Konzernunternehmen in den Konzernabschluss, der sogenannten Erstkonsolidierung. Dieser spiegelt letztlich die im Kaufpreis abgebildeten Erwartungen an eine zukünftige positive Entwicklung oder erwartete Synergieeffekte wider. Vereinfacht gesagt, handelt es sich um den Anteil des Kaufpreises, der das Eigenkapital (= Reinvermögen) der erworbenen Gesellschaft übersteigt. Es ist selbstredend, dass hier hohe bilanzpolitische Spielräume bestehen, welche bei Nichteintreten der in den überhöhten Unternehmenskaufpreisen ausgedrückten Erwartungshaltung in der Folge zu hohen außerplanmäßigen Abschreibungen (sogenannten »Impairments«) führen.
- **Finanzinstrumente** werden nach den IFRS bei erstmaliger Erfassung und dann in der Folge regelmäßig zum beizulegenden Zeitwert (»fair value«) angesetzt. Neu ist jetzt vor allem der Gedanke der Risikokonzeption: Bereits bei der Ersterfassung eines Finanzinstruments, das heißt schon vor Eintritt eines etwaigen Verlustereignisses, ist eine Risikovorsorge für Kreditrisiken zu bilden. Dabei gilt: Je länger die Laufzeit eines Finanzinstrumentes ist, desto höher wird auch das Kreditrisiko fingiert. Die Bildung der Risikovorsorge und deren Auflösung müssen erfolgswirksam über die Gewinn- und Verlustrechnung erfolgen. Hieraus wird deutlich, dass das Finanzergebnis – und damit auch in Summe die ganze Ertragslage – wesentlich ob der Erwartung künftiger Gewinne und Verluste beeinträchtigt sein kann.
- **Restwertgarantien (Buy-Back Verpflichtungen)**: Während nach den Regelungen des HGB für Produkte, die mit Restwertgarantie veräußert wurden, entsprechende Umsatzerlöse ausgewiesen und eine vertraglich zugesagte Rückkaufverpflichtung als Rückstellung angesetzt werden, klassifizieren die IFRS ein solches Geschäft als Herstellerleasing. Das Produkt ist als vermieteter Gegenstand in der Bilanz darzustellen.
- **Percentage-of-Completion (PoC) Methode**: Nach HGB erfolgt die Bilanzierung von langfristigen, periodenübergreifenden Fertigungsaufträgen nach

der Completed-Contract Methode. Das heißt Umsatz- und Gewinnausweis erfolgen erst nach Abschluss des Gesamtprojektes beziehungsweise unabhängig voneinander bestehender Teilprojekte. Dies führt im Zeitablauf zu erheblichen Schwankungen in Umsatz und Gewinn.

- **Umsatzerlöse** sind gemäß IFRS 15 in der Höhe zu erfassen, in der auch entsprechende Gegenleistungen erwartet werden. Beinhaltet die vom Unternehmen in Rechnung gestellte Leistung nicht nur das jeweilige Produkt, sondern auch weitere Komponenten (z.B. Nebenleistungen wie Wartung, Garantie- oder Serviceleistungen, die u. U. auch das Produkt in der unternehmensinternen Kalkulation quersubventionieren), so sind diese nunmehr entsprechend dem Zeitpunkt ihrer Realisierung zu erfassen.
- **Pensionsrückstellungen** und sonstige Rückstellungen: Hier zeigen sich vor allem Unterschiede hinsichtlich der Zinsannahmen, die zu unterschiedlichen Rückstellungshöhen führen können.
- **Leasingverhältnisse** sind ab dem 1.1.2019 nach dem Standard IFRS 16 zu bilanzieren. War bis dahin die Bilanzierungspraxis davon geprägt, Leasingverhältnisse möglichst nicht in der Bilanz ansetzen zu müssen, so sind seit 2019 nahezu alle Leasingverhältnisse in die Bilanz aufzunehmen. Hierzu sind auf der Aktivseite entsprechende Nutzungsrechte, auf der Passivseite gegenläufige Leasingverbindlichkeiten ausgewiesen, was u. U. auch wesentlichen Einfluss auf Steuerungskennzahlen hat.
- **Anhang**: Aufgabe des Anhangs ist die Ergänzung und Erläuterung der einzelnen Rechenwerke. Da die Anforderungen der IFRS hierzu sehr detailliert sind, ist ein nach IFRS erstellter Anhang (»notes«) in der Regel weit umfangreicher als nach HGB. Kapitalmarktorientierte Unternehmen haben im Anhang eine Segmentberichterstattung aufzunehmen, die Auskunft über wesentliche Eckdaten der jeweiligen Sparten/Geschäftsbereiche des Konzerns gibt.

5. Handlungsmöglichkeiten des Wirtschaftsausschusses

Der Wirtschaftsausschuss beschäftigt sich einmal jährlich im Rahmen der Jahresabschlusssitzung gemäß §108 Abs.5 BetrVG ausführlich mit dem Jahresabschluss; in Konzernen zusätzlich mit dem Konzernabschluss. Im Fokus der Bewertung liegt hier die Entwicklung des gesamten Unternehmens und gegebenenfalls des Konzerns. Im Einzelnen sind die Ergebnisentwicklung, deutliche Abweichungen gegenüber dem Vorjahr und sämtliche Ursachen dieser Entwicklungen zu erörtern.

In den übrigen regelmäßigen Wirtschaftsausschusssitzungen sind die aktuellen Entwicklungen der Ertrags-, Vermögens- und Finanzlage zu erläutern. Darüber hinaus sollten die Erwartungen (Forecast) für die restlichen Monate des Geschäftsjahres besprochen werden.

Tipp:

Der Wirtschaftsausschuss sollte klären, welche Daten das Unternehmen im Rahmen des Monats- oder Quartalsabschlusses berichtet. Im Wirtschaftsausschuss sollten zumindest die Ertrags- und Auftragslage sowie die Liquiditätsentwicklung besprochen werden.

IV. Planung

Die Planung in einem Unternehmen lässt sich in zwei Teile unterteilen: Aus der langfristigen, strategischen Planung werden operative, kurzfristige Budgets abgeleitet. Das bedeutet, dass die mittel- und langfristigen Ziele, die im Rahmen der strategischen Planung gesetzt werden, in der operativen Unternehmensplanung konkretisiert und umgesetzt werden.

In seinem Kern besteht der Prozess der Unternehmensplanung darin, mögliche Entscheidungs- und Handlungsalternativen nebeneinander zu stellen und die jeweils beste Alternative für das Unternehmen auszuwählen. Der Entscheidungsspielraum des Managements – und damit letztlich auch der Interessenvertretungen – verengt sich im fortschreitenden Planungsprozess schrittweise. Haben Maßnahmen einmal den kompletten Planungsprozess durchlaufen, so hat das Management immer das Interesse, die Planungen anschließend möglichst reibungslos umzusetzen.

Zeitpunkt der Information ist entscheidend

Wenn die Interessenvertretung allerdings erst zu diesem Zeitpunkt von den Planungen erfährt, ist es in den meisten Fällen außerordentlich schwierig, Entscheidungen zu beeinflussen oder gar zu revidieren. Oftmals wird der Interessenvertretung dann sogar Zeitverzögerung oder die Gefährdung des Unternehmenserfolgs vorgeworfen.

Hier kommt dem Wirtschaftsausschuss eine strategische Rolle für die Arbeit der Interessenvertretung zu. Gelingt es, Informationen frühzeitig und bereits innerhalb des Planungsprozesses zu erhalten, so können die Gremien während der laufenden Planung eigene Positionen entwickeln und in den Planungsprozess einbringen. Hierbei hat das Betriebsratsgremium zwar keine direkten und erzwingbaren Mitbestimmungsrechte, es kann aber zumindest mittelbar auf die Unternehmensplanung einwirken. Dies hat zum einen damit zu tun, dass die Mitbestimmungsrechte des Betriebsrats bei der Umsetzung unternehmerischer Planung dann am stärksten sind, wenn Entscheidungen Auswirkungen auf die Beschäftigten haben (Betriebsänderung, geänderte Arbeitsbedingungen, Versetzungen, Kündigungen, Einstellungen etc.). Zum anderen ist den meisten Unternehmen daran gelegen, ihre Planung so umzusetzen, dass die Motivation der Beschäftigten und ihre Produktivität hiervon nicht beeinträchtigt werden. Neben der Wahrnehmung der Mitwirkungs- und Mitbestimmungsrechte kommt damit der Informationspolitik des Betriebsrats gegenüber der Belegschaft eine ganz besondere Bedeutung zu.

1. Strategische Planung

Das Ziel der strategischen Unternehmensplanung besteht in der nachhaltigen Existenzsicherung des Unternehmens. »Nachhaltig« beinhaltet, dass heutige Entscheidungen die zukünftige Überlebensfähigkeit des Unternehmens sowohl in wirtschaftlicher als auch in sozialer und ökologischer Sicht beeinflussen und insofern zur dauerhaften Sicherung des Unternehmens und der Beschäftigung beitragen.

Eine strategische Planung ist in größeren Unternehmen meist als jährlich wiederkehrender Prozess installiert. Er beginnt damit, dass die Unternehmensleitung den Rahmen für das Gesamtunternehmen vorgibt (Mission, Werte, Vision, Ziele). Daraufhin entwickeln die strategischen Geschäftseinheiten ihre Geschäftsstrategien und orientieren sich dabei am gesetzten Rahmen. Sind die Strategien und ihre Umsetzungsschritte entschieden, werden darauf basierend die operativen Planungen erstellt (siehe dazu Kapitel IV.2.).

Strategische Entscheidungen oftmals politisch

Die strategische Planung basiert auf der Antwort der Frage »Wo soll das Unternehmen/der Konzern in 10, 20 Jahren stehen?« In diesem strategischen Ziel spiegeln sich, neben gesellschaftlich diskutierten Megatrends, die Einstellung und Stimmung der jeweiligen Entscheider/innen im Management beziehungsweise der Eigentümer wider (siehe Kapitel II.2.). Insofern ist die Unternehmensstrategie häufig auch eine »politische Entscheidung«.

Um die geeignete Strategie für die Erreichung der Ziele festzulegen, ist eine Analyse des Unternehmens notwendig (siehe Kapitel IV.1.3). Dabei wird zwischen der internen Analyse, die das Unternehmen bewertet, und der externen Analyse, auch Umweltanalyse genannt, unterschieden. Ergebnisse aus der externen und internen Analyse werden in der Praxis häufig mithilfe einer SWOT-Analyse zusammengeführt und gemeinsam bewertet (siehe Kapitel IV.1.3.3).

Bei der Unternehmensanalyse werden diverse Methoden angewendet, von denen einige im Kapitel IV.1.3 beschrieben sind. Dazu zählen die Portfolioanalyse und der Produktlebenszyklus. Hierbei werden die eigenen Produkte bewertet. Die langfristige Produktplanung erfolgt unter Berücksichtigung erwarteter Markt-, politischer und gesellschaftlicher Entwicklungen.

1.1 Unternehmensziel, Eigentümerstrategie

Die Festlegung des langfristigen Unternehmensziels wird von vielen Faktoren beeinflusst, unter anderem von Megatrends, die aktuell in der Gesellschaft diskutiert werden, sowie von der Eigentümerstrategie.

Megatrends beeinflussen Unternehmensziele

Unter **Megatrends** werden gesellschaftliche Veränderungen zusammengefasst, deren Auswirkungen im Alltag spürbar sind. Sie beschreiben einen Wandel der Gesellschaft. Durch das Voranschreiten der Veränderungen wandelt sich die Gesellschaft langfristig in allen Bereichen deutlich. Nachfolgend sind wesentliche Beispiele der aktuell diskutierten Megatrends[22] aufgeführt.

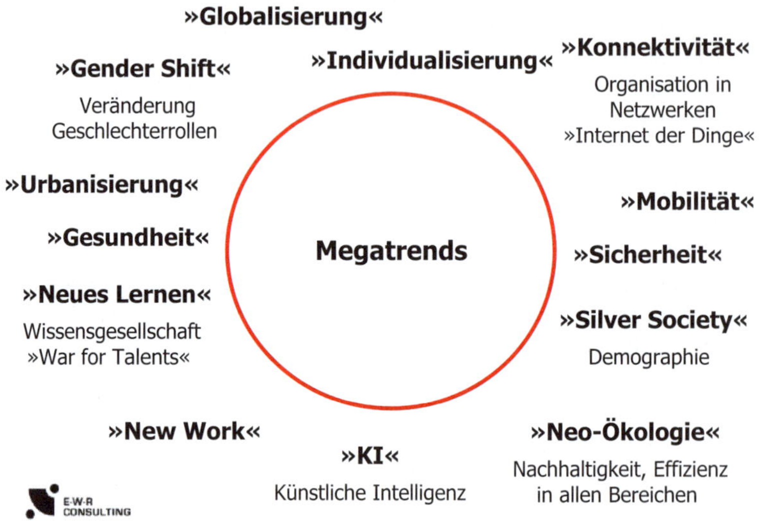

Abbildung 22: Megatrends

Strategie der Eigentümer

Neben den Megatrends ist für die Zielfestlegung ebenfalls entscheidend, welche **Strategie** seitens der **Eigentümer (Gesellschafter, Aktionäre, Investoren)** verfolgt wird. Für eine langfristige Beschäftigungs- und Standortsicherung ist es ein großer Unterschied, ob ein Unternehmen als Tochtergesellschaft latent zum Verkauf steht – gegebenenfalls auch an einen Wettbewerber – oder aber ob die Anteilseigner mit der Gesellschaft langfristige Anlagestrategien verfolgen und insofern mit ihr stark verbunden sind.

22 S. dazu u.a. *https://www.zukunftsinstitut.de, https://trendreport.de/megatrends/.*

Tipp:

Für die Interessenvertretung ist es von maßgeblicher Bedeutung, die mittel- und langfristigen Interessen der Anteilseigner zu kennen. Diese Kenntnis ermöglicht, die Entscheidungen und geplanten Maßnahmen im Kontext der strategischen Ziele zu bewerten und eigene Strategien zu entwickeln.

Nachfolgend sind beispielhaft einige mögliche **Eigentümerstrategien** skizziert (die Eigentümerstrukturen selbst sind kurz in Kapitel II.2. beschrieben).

Familienunternehmen eher nachhaltig

Familienunternehmen gelten als nachhaltig agierende Unternehmen. Dies wird häufig an folgenden Punkten festgemacht:
- hohe Emotionalität, guter Leumund (Fehlentscheidungen schlagen auf Familie zurück),
- hohe persönliche Verbundenheit mit dem Unternehmen,
- häufig »Hidden Champions«, Geschäftsmodell und Produkte schwer zu kopieren,
- eher zurückhaltende Ausschüttungspolitik, Gewinne bleiben im Unternehmen stehen, der Unternehmenserhalt ist von zentraler Bedeutung,
- tendenziell unabhängiger vom Kapitalmarkt und von externen Shareholdern,
- Standorttreue, regionale Verbundenheit, oft im Einklang mit ethischem/gesellschaftlichem Auftrag,
- tendenziell höhere Ausbildungsquote und weniger Leiharbeitskräfte als andere Unternehmen,
- starke Produktfixierung als Kern der unternehmerischen Tätigkeit, hohe Fertigungstiefe,
- oft fokussiert auf Forschung und Entwicklung (Patente), kontinuierliche Innovationen, Qualität und Mehrfachnutzen.

Die konkrete Strategie ist allerdings abhängig von der Höhe des Anteils im Familienbesitz sowie von den Interessen der übrigen Eigentümer. Zudem ist für die Strategie entscheidend, ob das Unternehmen börsennotiert und damit den Regeln des Kapitalmarkts verpflichtet ist.

Exkurs: Die in mittelständischen Unternehmen gerne vorgenommene und letztlich steuerlich motivierte **»Betriebsaufspaltung«**[23] teilt ein Unternehmen in zwei Gesellschaften. In der Besitzgesellschaft sind Immobilien und Maschinen

23 Eine Betriebsaufspaltung ist nicht in den Steuergesetzen kodifiziert, sondern aus der steuerlichen Beratungspraxis und der Rechtsprechung entwickelt. Mit ihr wird eine zunächst nicht gewerbliche Vermietungs- und Verwaltungstätigkeit in eine gewerbliche Tätigkeit umqualifiziert, sofern der Mieter ein Unternehmen betreibt (Betriebsunternehmen) und zwischen diesem und dem Vermieter eine enge wirtschaftliche Verflechtung besteht.

angesiedelt. Die Produktionsgesellschaft fungiert quasi als »Lohnbetrieb« inklusive der Beschäftigten. Für die Nutzung des Produktivvermögens zahlt die Produktionsgesellschaft an die Besitzgesellschaft eine Pacht. Diese Konstruktion hat für das Unternehmen den Vorteil, dass die Risiken, mit dem Vermögen zu haften, sinken.

Tipp:

Interessenvertretungen sollten wirtschaftlich gemeinsam agierende Betriebe auch gemeinsam betrachten und bewerten. Dazu zählen beispielsweise die Bewertung von Mieten und Pachten, die wesentliche Auswirkungen auf die Ertragslage der Produktionsgesellschaft haben können sowie die Bewertung des Vermögens der Besitzgesellschaft.

Private-Equity renditeorientiert

Im Gegensatz zu Familienunternehmen hängt die Strategie eines **Finanzinvestors** eng mit dessen Beteiligungsmodell zusammen. Finanzinvestoren sind dabei der Überbegriff für Unternehmen, die fremdes Vermögen einsammeln und verwalten, d. h. es vermehren (auf den Wertpapiermärkten anlegen) und damit Gewinn erzielen. Man unterscheidet Finanzinvestoren in **Private Equity Firmen** und in **Hedgefonds.**

Das Ziel der klassischen **Private-Equity-Beteiligung**, einer reinen Finanzbeteiligung, ist renditeorientiert. Dazu zählen neben Zinseinnahmen aus dem Fremdkapitaleinsatz auch die Steigerung des Unternehmenswertes. Die Steigerung des Unternehmenswertes verfolgt zwei grundsätzliche Ziele zur »Befriedigung« der Renditeziele:

- jährliche (hohe) Gewinnausschüttungen beziehungsweise andere Vergütungen (Management-Fees etc.) und
- Erzielung eines weiteren Gewinns bei Verkauf.

Art und Dauer der Unternehmensbeteiligung können je nach Zielrichtung des Investors unterschiedlich sein (siehe dazu nachfolgende Anmerkung EXIT-Strategien). So existieren durchaus langfristig denkende Finanzinvestoren, die Unternehmen in Schwäche- oder Krisenphasen mit dringend benötigtem Eigenkapital unterstützen. Den Ruf als »Heuschrecke« verdankt die Branche jedoch den kurzfristig orientierten Beteiligungsgesellschaften. Diese nutzen die sogenannten »Leveraged Buy Outs« (englisch, frei übersetzt in etwa: Kauf mit Hebelwirkung). Dabei wird eine Unternehmensübernahme fremdfinanziert und dann der erworbenen Gesellschaft sowohl die Zins- als auch die Tilgungslast aufgebürdet, sodass das Unternehmen quasi den eigenen Kaufpreis finanziert. Dies führt dazu, dass die betroffenen Unternehmen einen hohen Verschuldungsgrad in Verbindung mit einer dünnen Eigenkapitaldecke haben, was zu dramatischen Schieflagen führen kann.

Hedgefonds agieren regelmäßig aggressiver als Private-Equity-Firmen. Sie erhalten Kapital überwiegend von sehr reichen Personen oder Großinvestoren wie Banken oder Versicherungen mit dem Ziel, für diese Kapitalgeber höchste Renditen zu generieren. Dabei besetzen sie, im Gegensatz zu Private Equity Firmen, i. d. R. keine operativen Managementfunktionen, sondern tun sich eher als aktivistischer Investor im Rahmen ihrer Kontroll- und Beratungstätigkeit im Aufsichtsratsarbeit hervor. Im Rahmen eines »Aktionärs-Aktivismus« versuchen sie Aktionärsmehrheiten zu erreichen, um dann Druck auf Management und Unternehmenspolitik auszuüben, mit dem Ziel, den Aktienkurs zu steigern, damit möglichst hohe Ausschüttungen an ihre Kapitalgeber erzielt werden können.

- **EXIT-Strategien**

Diverse EXIT-Strategien

Unter EXIT wird der vom Investor geplante Ausstieg aus dem Unternehmen (dem Investment) verstanden. Dabei wird von vornherein das Ziel verfolgt, mit dem Investment insgesamt einen Gewinn zu erzielen. Für den geplanten Ausstieg stehen unterschiedliche Strategien zur Verfügung; gängig sind:
- Verkauf an Andere, auch an andere Beteiligungsgesellschaften,
- Börsengang,
- Buy Back: Kauf durch die Gesellschafter,
- MBI (Management Buy In), MBO (Management Buy Out): Verkauf an externe Führungskräfte (MBI) oder interne Führungskräfte (MBO). Nur in Ausnahmefällen wird auch über die Möglichkeit des Verkaufs an die Beschäftigten nachgedacht (Employee Buy Out, EBO).

Strategischer Investor eher langfristig orientiert

Der **strategische Investor** möchte sein eigenes Geschäft durch die Investition stärken und verfolgt tendenziell langfristige Ziele; die Renditeorientierung ist dabei, zumindest anfänglich, eher nachrangig. Bei strategischen Investoren handelt es sich entweder um Wettbewerber des Unternehmens, welche entweder mit dem Kauf ihr eigenes Portfolio erweitern oder abrunden, zumindest aber Synergieeffekte heben wollen. Oder aber es handelt sich um neue, bisher noch nicht in diesem Umfeld in Erscheinung getretene Unternehmen, die sich durch den Unternehmenskauf breiter aufstellen und an entsprechenden Marktzugängen interessiert sind. Die Stärkung des eigenen Geschäfts kann sich darin zeigen, dass neue Märkte erschlossen werden können oder Produkte das eigene Portfolio ergänzen. In der jüngeren Vergangenheit konnte hier ein hohes Interesse chinesischer Firmen an mittelständischen Unternehmen beobachtet werden.

Übernimmt der Investor die Anteile Stück für Stück mit dem Ziel »das alleinige Sagen« im Unternehmen zu haben, kann er Minderheitsanteilseigner aus dem Unternehmen ausschließen. Im Rahmen des sogenannten Squeeze-out-Verfahren werden Kleinaktionäre gezwungen, ihre Anteile dem Mehrheitseigner zu verkaufen. Dies ist ab einem Anteil von über 95 % an den Stimmrechten möglich.

Nachfolgende Tabelle stellt die Unterschiede zwischen Finanzinvestoren und strategischen Investoren noch einmal gegenüber:

	Finanzinvestor	**Strategischer Investor**
Ziel	kurz- bis mittelfristige Steigerung des Unternehmenswerts	Rendite, aber auch Knowhow, Technologie, Risikostreuung, Verbreiterung Marktanteil oder Marktbereinigung
Strategie	von vornherein ausstiegsorientiert (Exit)	in Abhängigkeit der Ziele, Exit nur bei Strategiewechsel
Planung	Plausibilität wirtschaftlicher Eckzahlen anhand seines Geschäftsmodells	Einbringung in Tagesgeschäft, auch inhaltliche Ausgestaltung der Planung
Kontrolle	häufig nur Minderheitsbeteiligungen	Einflussnahme über Mehrheitsanteil

Abbildung 23: Unterschiede Finanzinvestor – Strategischer Investor

Strategie klären

Viele **institutionelle Investoren** verfolgen aufgrund ihres Zweckes (z. B. Pensionsfonds) eher mittel- oder langfristige Anlageziele und scheuen aufgrund dessen eher Risiken. Die konkrete Strategie ist jedoch abhängig von dem institutionellen Investor selbst, da zu diesem ebenfalls Fondsgesellschaften gehören. Zu konstatieren ist, dass diese Investoren ständig auf der Suche nach rentablen Anlagemöglichkeiten sind, mit denen sie das Gewinnversprechen gegenüber ihren Anlegern einlösen können. Hier machen sie auch vor börsennotierten Aktiengesellschaften nicht halt, insbesondere vor stark diversifizierten Konzernen. Sie erhoffen sich durch gezielten Aktivismus, margenträchtige Segmente herauszulösen und an der Börse wertsteigernd verselbstständigen zu können. Unter den Begriff der institutionellen Investoren lassen sich auch Industrieholdings fassen, die häufig über einen festen Kapitalstock verfügen, oftmals auch als Vermögensverwalter für Finanzinstitute oder Stiftungen tätig sind.

Politische Handlungsebene

Staatlich beeinflusste Unternehmen und Unternehmen mit Versorgungsauftrag, **Unternehmen in öffentlicher Hand**, verfolgen langfristige Ziele. Zu diesen Unternehmen zählen beispielsweise Flughäfen, Energieversorgungsunternehmen oder Verkehrsbetriebe. Der staatliche oder kommunale Einfluss auf die Unternehmenspolitik ist unterschiedlich ausgeprägt. Da im Aufsichtsrat teilweise politisch gewählte Vertreter/innen der Anteilseigner vertreten sind, ergibt sich für die Interessenvertretung zusätzlich die Möglichkeit der politischen Handlungsebene. Aufgrund »knapper Kassen« ist die Interessenlage von Unternehmen in öffentlicher Hand oftmals sehr stark auf die kurzfristige Reduzierung von Kosten ausgerichtet. Öffentlich-rechtliche Kapitalbeteiligungsgesellschaften verfügen über einen Kapitalstock aus öffentlicher Hand und können hier als Investoren ebenfalls in Erscheinung treten.

Abzugrenzen von institutionellen und öffentlichen Investoren sind private Geldgeber. Sogenannte »Business Angels« finden sich häufig im Start-Up-Umfeld. Bei ihnen handelt es sich um vermögende private Investoren, welche i. d. R. jungen, schnell wachsenden, und damit renditeträchtigen Unternehmen eine Anschubfinanzierung leisten. In jüngerer Zeit treten auch sogenannte »Family Offices« in Erscheinung, welche die Vermögensangelegenheiten wohlhabender Familien betreuen und die sich mittlerweile auch zu global agierenden Finanzinvestoren gewandelt haben. Die Investitionen in die Zielunternehmen sind dabei ausschließlich nach den Bedürfnissen und Interessen der Investorenfamilien ausgerichtet.

Tipp:

Wenn ein Unternehmen ganz oder teilweise verkauft werden soll, sind die strategischen Vorstellungen der möglichen neuen Anteilseigner Gegenstand der Arbeit des Wirtschaftsausschusses. Hier schafft die Nr. 9a des § 106 Abs. 3 BetrVG Informationsrechte für das Gremium. So hat der Wirtschaftsausschuss in den Fällen der Übernahme des Unternehmens ein Recht auf Angaben über den potenziellen Erwerber und dessen Absichten im Hinblick auf die künftige Geschäftstätigkeit des Unternehmens. Im Fokus stehen hierbei die sich daraus ergebenden Auswirkungen auf die Beschäftigten. Gleiches gilt, wenn im Vorfeld der Übernahme des Unternehmens ein Bieterverfahren durchgeführt wird.

1.2 Wettbewerbsstrategien

Die dargestellten aktuellen Megatrends werden begleitet von der Diskussion um Künstliche Intelligenz (KI), Disruption, Transformation und Big Data sowie damit einhergehenden bislang unbekannten, völlig neuen innovativen Produkten und Dienstleistungen. Die externen Rahmenbedingungen werden volatiler und unsicherer. Gleichzeitig werden Geschäftsmodelle komplexer und anspruchsvoller, Lösungen nach Standard oder »Schema F« verlieren an Bedeutung. Damit verbunden, treten neue Wettbewerber ins Marktgeschehen ein und verändern die traditionellen Denkmuster. All das hat unmittelbar Auswirkungen auf die Unternehmensstrategie und die Planung in den Unternehmen. Denn neben der Veränderung der Wettbewerbslandschaft und der Technologien stehen auch neue Ansprüche und Präferenzen der Kunden. Die Gefahr von Unternehmenskrisen[24] steigt, weil Wettbewerbsvorteile zunehmend schwinden. Entscheidend ist daher, dass es dem Unternehmen gelingt, seine Berechtigung am Markt weiterhin zu behaupten. Hierzu muss das Unternehmen seine Wettbewerbsvorteile in Alleinstellungsmerkmale umsetzen, ggf. auch transformieren, um für seine Kunden somit auch künftig noch von elementarer Bedeutung zu sein. Dabei haben drei klassische Strategieansätze aktuell noch immer nicht an Bedeutung verloren:

- **Umfassende Kostenführerschaft**: Ziel ist es, Vorteil und Vorsprung geringer Kosten auszunutzen und diesen partiell an die Kunden weiterzugeben. Dadurch kann der Preis auf ein Minimum festgesetzt werden. Der umfassende Kostenführer ist der billigste Anbieter, wobei Qualität und Service unberührt bleiben. Daraus resultiert ein hoher Wettbewerbsdruck, der über den Preis ausgetragen wird. Oft wählen Unternehmen die Strategie der umfassenden Kostenführerschaft, wenn sie bereits einen hohen Marktanteil besitzen. Die Gefahr bei dieser Strategie sind allerdings ständige Kostensenkungs-Programme, die zu einer desolaten Motivation und Zufriedenheit bei den Beschäftigten führen können, mit all ihren negativen Konsequenzen. Und: Genügend Kapital vorausgesetzt, kann der Wettbewerb diese Strategie leicht kopieren, sodass der Vorteil schnell verspielt ist. Die Folge sind ruinöse Preiskämpfe.
- **Differenzierung**: Diese Strategie hat das Ziel, eine einzigartige Marktposition zu schaffen, die als solche von den Kunden wahrgenommen wird. Das Unternehmen grenzt sich gezielt gegenüber der Konkurrenz ab, zum Beispiel durch entsprechende Produkteigenschaften, verbesserte Garantie- oder Serviceleistungen, besonderes Design und/oder Schaffung einer psychologischen Marktstellung (Image). Durch die Einzigartigkeit kann das Unternehmen letztlich höhere Preise verlangen. Damit die Differenzierungsvorteile nicht zum Standard werden, muss die Strategie ständig weiterentwickelt werden.

24 Näheres siehe umfassend in Handlungshilfe 24 – Krise, Sanierung, Insolvenz.

- **Diversifikation**: Diversifizierte Unternehmen investieren bewusst in unterschiedliche Geschäftsbereiche oder Segmente mit dem Ziel der Risikostreuung. So können etwaige Verluste durch andere Bereiche oder Produkte aufgefangen werden. Die aktuelle Entwicklung zeigt, dass gerade aktivistische Investoren vermehrt ihr Engagement in Konglomeraten suchen. Dabei haben sie das Ziel, einzelne Segmente oder Sparten zu verselbstständigen und hieraus kurzfristigen Shareholder-Value zu heben. Aus Sicht der Mitbestimmung ist dieses Verhalten kritisch zu sehen.

Als weitere Wettbewerbsstrategien lassen sich auch Internationalisierung, Qualitäts- oder Innovationsführerschaft benennen, die sich häufig unter einem der drei klassischen Ansätze subsummieren lassen. Entscheidend ist, dass sich das Unternehmen klar zu einer Strategie bekennt und diese dann ebenso klar verfolgt. Werden gleichzeitig unterschiedliche Unternehmensstrategien verfolgt, besteht die Gefahr, alles, aber nichts richtig zu tun. Widersprüchliche Strategien führen dann unweigerlich in die Unternehmenskrise mit allen damit verbundenen Gefahren für die Beschäftigten.

1.3 Unternehmensanalyse

Eine vollständige Unternehmensanalyse beinhaltet die Ergebnisse der externen sowie der internen Analyse.

In der **externen Unternehmensanalyse** werden die äußeren Faktoren, welche Einfluss auf das Unternehmen haben, aufgenommen und bewertet. Dazu zählen unter anderem rechtliche Rahmenbedingungen, Branche, Markt (Volumen, eigener Anteil, Potenzial), Wettbewerber, Kund/innen und ihre Wünsche. Die Zukunftsfähigkeit der eigenen Produkte wird unter den erwarteten Rahmenbedingungen bewertet; Chancen und Risiken werden festgehalten. Für die Analyse der Produkte, mit Blick auf vergleichbare Produkte des Wettbewerbs, sind die Portfolioanalyse (s. Kapitel IV. 1.3.1) und der Produktlebenszyklus (s. Kapitel IV. 1.3.2) beschrieben. Ergebnis Umweltanalyse kennen

Bei der **internen Unternehmensanalyse** betrachtet und bewertet sich das Unternehmen selbst von innen, wobei Stärken und Schwächen – auch gegenüber Wettbewerbern – analysiert werden. Genutzt wird häufig das Instrument des »Benchmarking« (Vergleich), bei dem das eigene Unternehmen anhand von Kennzahlen mit anderen Unternehmen verglichen wird. Benchmark kennen

Mit Hilfe des Instrumentes der SWOT-Analyse (s. Kapitel IV. 1.3.3) werden die Ergebnisse der externen und internen Unternehmensanalyse zusammengeführt. Die in der Wettbewerbsanalyse erkannten Chancen und Risiken werden mit den erhobenen unternehmensinternen Stärken und Schwächen verbunden. Damit ist eine integrierte Bewertung der Chancen und Risiken sowie der Stärken und Schwächen des Unternehmens auch gegenüber dem Wettbewerb möglich.

Tipp:

Der Wirtschaftssauschuss sollte sich über die im Unternehmen vorliegenden Analysen informieren und mit dem Unternehmer über diese sowie über mögliche Auswirkungen – auch auf die Beschäftigung – beraten.

1.3.1 Portfolioanalyse

Portfolio-Matrix

Ein in der Praxis sehr verbreitetes Instrument zur Beurteilung der Position der unternehmenseigenen Produkte am Markt, ist die **Portfolioanalyse**. Dieses Instrument wurde ursprünglich von der Unternehmensberatung Boston Consulting Group entwickelt. In seiner Grundform zeigt ein Portfolio ein Koordinatensystem mit vier Bereichen. Die Achsen der Matrix werden je nach Analysegegenstand bezeichnet.

Bewertung Marktposition

Für die Bewertung der **Marktposition** eines Produktes oder Geschäftsfeldes werden diese klassischerweise in ein Koordinatensystem mit den Achsen *Marktanteil* und *Marktwachstum* einsortiert. Die Beurteilung der zukünftigen Marktentwicklung erfolgt in der Regel durch Expert/innen oder Marktforschungsinstitute. Eine dritte Dimension, zum Beispiel Umsatz, kann durch unterschiedliche Kreisgrößen ergänzt werden.

In der nachfolgenden Abbildung ist auf der vertikalen Achse das erwartete Marktwachstum der Produkte erfasst. Auf der horizontalen Achse wird der relative Marktanteil am Gesamtmarkt angezeigt. Der Marktanteil wird für ein bestimmtes Gebiet dargestellt, zum Beispiel Europa oder weltweit. Der Durchmesser der Kreise bildet in diesem Beispiel die Höhe des Umsatz der Produkte ab.

Abbildung 24: Portfolioanalyse (Umsatz)

Normstrategien

Aus der Einordnung der Produkte in die Matrix und deren Umsatzvolumen lassen sich Aussagen zur Zukunftsfähigkeit ableiten. Unterschieden nach den vier Quadranten sind folgende Normstrategien beschrieben:

- »Stars« (Sterne) [Quadrant rechts oben, Produkt »1«]
  Das Produkt befindet sich mit hohem Marktanteil in einem wachsenden Markt und stellt damit einen »Star« des Unternehmens dar. In der Regel sind Produkte in diesem Quadranten profitabel und können die Investitionen, die für das Wachstum notwendig sind, »selbst tragen«. Die Strategieempfehlung für diese Produkte lautet Investition, um den relativen Marktanteil zu halten oder zu steigern.
- »Cash Cows« (Melkkühe) [Quadrant rechts unten, Produkt »2«]
  Diese Produkte haben einen hohen Marktanteil in einem nur noch gering wachsenden oder sogar stagnierenden Markt (»reifer Markt«). Diese Produkte tragen aktuell noch in erheblichem Umfang zum Unternehmenserfolg bei, da mit geringen Investitionen Gewinne erzielt werden. Sie werden »abgemolken« und deshalb als »Cash Cows« (Melkkühe) bezeichnet. Die Strategie für diese Produkte ist Abschöpfung oder je nach Marktentwicklung gar der Rückzug.
- »Poor Dogs« (Arme Hunde) [Quadrant links unten, Produkt »3«]
  Das Produkt besitzt einen niedrigen Marktanteil in einem gering wachsenden, stagnierenden oder schrumpfenden Markt. Hier können sich Auslaufprodukte oder Flops eines Unternehmens zeigen. Die Produkte tragen wenig oder gar nichts (mehr) zum Unternehmenserfolg bei beziehungswei-

se erwirtschaften bereits Verluste. Sie werden als »Arme Hunde« (»Poor Dogs«) bezeichnet. Hier lautet die Normstrategie Desinvestition, das heißt Rückzug.

- »Question Marks« (Fragezeichen) [Quadrant links oben, Produkt »4«]
  Das Produkt befindet sich mit relativ geringem Marktanteil in einem wachsenden Markt. Hier steht das Management vor der Frage, ob weiter in das Produkt investiert oder ob es aufgegeben werden soll. Ist ein überschaubarer Investitionsbedarf bei tendenziell höheren Chancen absehbar, lautet die Strategieempfehlung Investieren, falls nicht, oder wenn das Unternehmen das Risiko scheut, eher Rückzug. Da die Entscheidung bei diesen Produkten am unklarsten ist, werden sie als »Fragezeichen« (Question Marks) bezeichnet.

Portfolio gibt Hinweise auf Beschäftigungssicherung

Für die Sicherheit von Arbeitsplätzen ist damit von hoher Bedeutung, wo die Produkte eines Unternehmens im beschriebenen Portfolio eingeordnet sind. Krisenunternehmen zeigen häufig ein unausgewogenes Portfolio. Eine Arbeitsplatzgefährdung ist bei »Armen Hunden« am offenkundigsten. Trotzdem kann bei derartigen Produkten mit einer Differenzierungsstrategie durchaus noch Geld verdient und Beschäftigung gesichert werden. Fehlen Produkte, die »Stars« oder »Fragezeichen« sind, so mag es dem Unternehmen zwar aktuell noch gut gehen, die Zukunft ist jedoch kaum nachhaltig gesichert. Erfolgreiche Unternehmen zeichnen sich dadurch aus, dass sie in allen Quadranten Produkte aufweisen können.

Tipp:

Interessenvertretungen können ebenso ein solches Portfolio nutzen: die Achsenbezeichnungen bleiben gleich, jedoch bestimmt nicht der Umsatz den Durchmesser der Kreise, sondern die Anzahl der Beschäftigten (siehe nachfolgende Abbildung).

Abbildung 25: Portfolioanalyse (Anzahl Beschäftigte)

Innovationen entscheidend

In diesem Beispiel sind die gleichen Produkte dargestellt, jedoch zeigt die Größe der Kreise nicht das Umsatzvolumen, sondern die Beschäftigtenanzahl. Dabei fällt insbesondere auf, dass im Produkt »3« (Armer Hund) viele Menschen und im Produkt »1« (Star) wenig Menschen beschäftigt sind. In solchen Fällen drohen erhebliche Beschäftigungsrisiken, die im Wirtschaftsausschuss und Betriebsrat zu erörtern sind.

Für die Innovationspolitik eines Unternehmens ist von Bedeutung, dass die Produkte oder Dienstleistungen im Laufe ihres Lebenszyklus alle vier Quadranten des Portfolios durchlaufen. Wenn ein Unternehmen aktuell mit einigen »Melkkühen« gutes Geld verdient, lässt sich eine Zukunftssicherung mittel- und langfristig nur dadurch realisieren, dass fortlaufend überlegt wird, welche abgewandelten oder neuen Produkte angeboten werden können. Diese Innovationen sollten mit den von den »Melkkühen« generierten Zahlungsmittelüberschüssen finanziert werden. Hierbei nehmen die Forschungs- und Entwicklungspolitik des Unternehmens eine zentrale Rolle ein. Auch in Dienstleistungsunternehmen ist das Angebot regelmäßig daraufhin zu untersuchen, ob es morgen noch wettbewerbsfähig ist.

Tipp:

Projekte und Initiativen zur Entwicklung neuer Produkte sowie die daraus abgeleiteten Ergebnisse sind zumindest einmal jährlich Schwerpunktthema in einer Wirtschaftsausschusssitzung.

1.3.2 Produktlebenszyklus

5 Phasen des Produktlebenszyklus

Eine weitere Möglichkeit, die eigenen Produkte und »ihr Standing im Markt« zu bewerten, besteht in der Betrachtung der Produkte abhängig von ihrer Position im **Produktlebenszyklus**. Gemäß dieser Darstellung durchläuft ein Produkt in seinem »Leben« fünf Phasen.

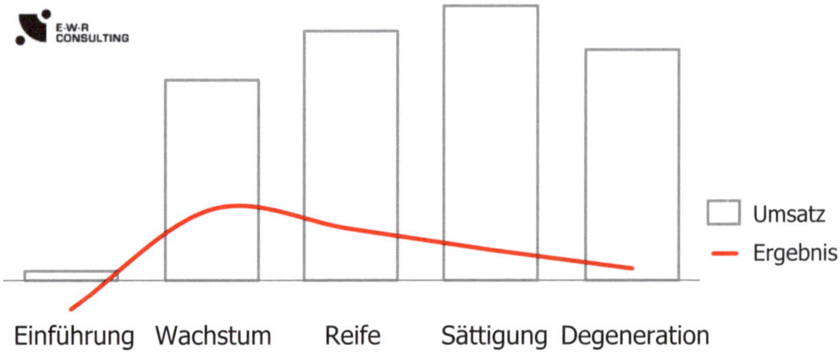

Abbildung 26: Produktlebenszyklus

Produktspektrum bewerten

In der ersten Phase »Einführung« ist das Produkt im Markt noch nicht sehr bekannt. Kleine Stückzahlen werden produziert, der Umsatz läuft erst langsam hoch. In dieser Phase sind die Kosten der Markteinführung, durch hohe Marketing- und Vertriebsaufwendungen und die bereits geleisteten Entwicklungskosten, meist höher als die anfänglich erzielten Umsätze. Das Produkt zeigt daher Anlaufverluste. In der beschriebenen Portfolio-Darstellung wären diese Produkte »Fragezeichen«. Von entscheidender Bedeutung ist hier, ob die Markteinführung früh genug realisiert werden kann. Ist der Markt bereits durch Wettbewerber besetzt, so hat das Produkt vielleicht kaum Chancen, die zweite Phase zu erreichen.

In der zweiten Phase »Wachstum« stellt sich der Vertriebserfolg ein. Das Produkt wird bekannter, die Nachfrage steigt und erste Gewinne werden bereits erzielt. Gleichzeitig zeigen sich die ersten Wettbewerber am Markt. In der Portfolio-Darstellung sind Produkte in dieser Lebenszyklusphase bei den »Stars« angesiedelt.

Schließlich erreicht das Produkt die »Reifephase«, in der sich das Wachstum verlangsamt. Der Kampf um Marktanteile wird immer härter, der Preiskampf zwischen den Wettbewerbern verstärkt sich. Oftmals müssen Preise gesenkt werden, um den Marktanteil zu halten oder zu erhöhen. Als Folge schwinden die Margen, der Druck zur Rationalisierung erhöht sich und die Gewinne sinken. Damit tritt das Produkt in die »Sättigungsphase« ein. Der maximale Umsatz ist erreicht und das Produkt wandelt sich zur »Cash Cow« (Melkkuh).

In der letzten Phase des Lebenszyklus »Degeneration« nimmt die Nachfrage nach dem Produkt ab. In der Regel existieren bereits Ersatzprodukte auf dem Markt, die zusätzliche und verbesserte Eigenschaften aufweisen. Damit erhöht sich der Preisdruck und die Gewinne schrumpfen weiter. Wettbewerber beginnen, sich aus dem Markt zurückzuziehen oder werden aus dem Markt gedrängt. Gegebenenfalls kann mit einer Differenzierungsstrategie und einem konsequenten Kostenmanagement auch in dieser Phase das Produkt mit positiven Ergebnissen vertrieben werden. Produkte in dieser Lebenszyklusphase sind »Poor Dogs«, also arme Hunde.

Tipp:

Für die Sicherheit der Arbeitsplätze im Unternehmen ist es von maßgeblicher Bedeutung, in welcher Phase des Lebenszyklus die jeweiligen Produkte oder Dienstleistungen sind. Dabei kann eine Steigerung des Absatzes nicht nur dadurch erreicht werden, dass neue Produkte oder Dienstleistungen angeboten werden, sondern auch dadurch, dass »weiße Flecken« in der Vertriebsorganisation geschlossen werden (z. B. Erschließung neuer Regionen). Für den Wirtschaftsausschuss kann die Lebenszyklusbetrachtung hierfür ein Hilfsinstrument darstellen.

1.3.3 SWOT-Analyse

SWOT-Analyse

Die gemeinsame Betrachtung und Bewertung interner und externer Erkenntnisse erfolgen oftmals in einer **SWOT-Analyse**, in der Stärken und Schwächen sowie Chancen und Risiken analysiert werden. SWOT ist eine englische Abkürzung und steht für: **S**trengths (Stärken), **W**eaknesses (Schwächen), **O**pportunities (Chancen) und **T**hreats (Risiken).

Ziel der SWOT-Analyse ist es, die Stellung des eigenen Unternehmens im Vergleich zum Wettbewerb festzustellen. Im ersten Schritt werden die Ergebnisse der internen Analyse (Stärken und Schwächen) denjenigen der externen Analyse (Chancen und Risiken) in einem Portfolio gegenübergestellt.

Die gemeinsame Betrachtung bietet die Möglichkeit, positive Entwicklungen durch Stärken und Chancen zu bekräftigen und negative Entwicklungen durch

Schwächen und Gefahren zu mindern (s. SWOT-Matrix). Die daraus abzuleitenden vier strategischen Ansätze, die eine Entwicklung einer nachhaltigen Strategie für das Unternehmen unterstützen, sind in der Abbildung SWOT-Analyse dargestellt.

Stärken (**S**trengths)	Chancen / Möglichkeiten (**O**pportunities)
Schwächen (**W**eakness)	Risiken / Bedrohungen (**T**hreats)

E·W·R CONSULTING

Abbildung 27: SWOT-Matrix

	Stärken (**S**trengths)	Schwächen (**W**eakness)
Chancen / Möglichkeiten (**O**pportunities)	Strategieansatz **SO** **Stärke / Chancen** »mit eigenen Stärken Chancen nutzen«	Strategieansatz **WO** **Schwäche / Chancen** »eigene Schwächen minimieren, um Chancen zu nutzen«
Risiken / Bedrohungen (**T**hreats)	Strategieansatz **ST** **Stärke / Risiken** »mit eigenen Stärken Risiken minimieren«	Strategieansatz **WT** **Schwäche / Risiken** »bei eigenen Schwächen Risiken minimieren«

Abbildung 28: SWOT-Analyse

- SO Stärke-Chancen: Welche eigenen Stärken kann das Unternehmen nutzen, um externe Chancen (optimal) zu nutzen?
- ST Stärke-Risiken: Welche eigenen Stärken kann das Unternehmen nutzen, um die Auswirkungen externer Risiken zu mindern?
- WO Schwäche-Chancen: Welche eigenen Schwächen kann das Unternehmen minimieren, um externe Chancen (optimal) zu nutzen?
- WT Schwäche-Risiken: Wie kann das Unternehmen in Kenntnis der eigenen Schwächen, externe Risiken mindern?

Aus den Antworten lassen sich anschließend konkrete Maßnahmen ableiten.

Tipp:

Die SWOT-Analyse kann ebenfalls seitens der Interessenvertretung genutzt werden, um eigene Analysen durchzuführen und eigene Konzepte und Vorschläge zu erarbeiten. In Workshops können Beschäftigte eingebunden werden. Dies hilft dabei, sich ein qualifiziertes und breites Bild zu verschaffen.

1.3.4 Handlungsmöglichkeiten des Wirtschaftsausschusses

Handlungsmöglichkeiten

Die Auseinandersetzung mit der strategischen Unternehmensplanung ist für die mittel- und langfristige Sicherung von Arbeitsplätzen, Einkommen und Arbeitsbedingungen von zentraler Bedeutung für die Arbeit der Interessenvertretung. Deshalb muss sie in geeigneter Art und Weise Gegenstand der Arbeit des Wirtschaftsausschusses sein. So können frühzeitig mögliche Risiken identifiziert werden. Da die strategische Planung häufig in den Unternehmen nur vage und »wolkig« ist, sollte der Wirtschaftsausschuss den Arbeitgeber regelmäßig auf deren Erläuterung drängen. Zur Visualisierung können die dargestellten strategischen Planungsinstrumente dienen. Sie sind letztlich Standard in den Handbüchern der Manager, deren Kenntnis darf insofern beim Arbeitgeber vorausgesetzt werden.

2. Operative Planung

Umsetzung strategische Planung

Mithilfe der operativen Unternehmensplanung sollen die in der strategischen Planung festgelegten mittel- und langfristigen Ziele umgesetzt werden. Der Planungshorizont der operativen Planung ist kürzer als bei der strategischen Planung. Je nach Geschäftsmodell und Unternehmen bezieht sich der Zeitraum auf ein bis maximal drei Jahre. Grundsätzlich kann die operative Planung auf zwei Arten erfolgen:

- Top-Down: Ziele werden von der Unternehmensleitung für einzelne Bereiche und Funktionen vorgegeben.
- Bottom-Up: Die unterste operative Einheit, zum Beispiel eine Kostenstelle (Näheres siehe Kapitel V.1.), oder die Leitung einer Vertriebseinheit planen die Ziele für ihren Verantwortungsbereich.

Meist findet sich in der Praxis eine Mischform aus beiden Vorgehensweisen. Da die Zielsetzung der unterschiedlichen Hierarchieebenen naturgemäß nicht immer deckungsgleich ist, ergeben sich verschiedene Planungsrunden, bis ein für beide Seiten zufriedenstellendes Ergebnis erreicht wird.

Je weiter der Planungszeitraum gefasst ist, desto größer werden die Varianzen in den gesteckten Zielen.

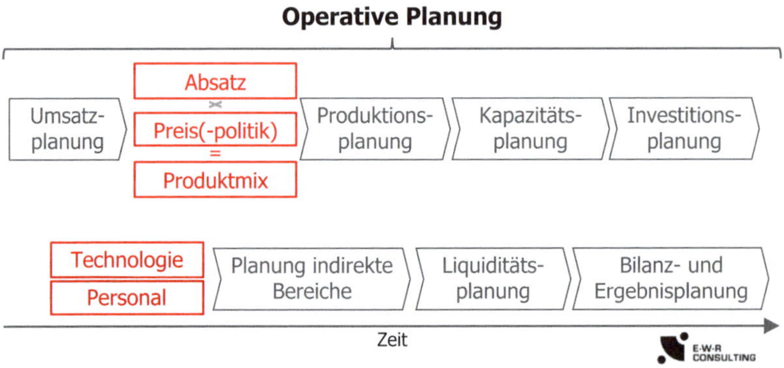

Abbildung 29: Operative Planung

Teilpläne

Die operative Planung setzt sich aus unterschiedlichen Teilplänen zusammen, deren Ziele und Ergebnisse sich gegenseitig beeinflussen. Mitunter können auch Zielkonflikte auftreten. Teilpläne können auch parallel zueinander verlaufen. Neben den abgebildeten Teilplänen existieren in der Praxis darüber hinaus noch eine Vielzahl weiterer Teilpläne. Die wichtigsten Teilpläne werden in den folgenden Kapiteln vorgestellt. Selbstverständlich sollten die Teilpläne aufeinander aufbauen und zueinander kohärent sein. Methodisch erfolgen Steuerung und Kontrolle in den meisten Unternehmen anhand eines Plan-Ist-Vergleichs. Die Abweichungsanalysen werden in der Regel monatlich durchgeführt. Dabei werden den geplanten Werten die Ist-Werte gegenübergestellt. Je nach Höhe der Abweichung werden die Ursachen analysiert und idealerweise – insbesondere bei negativen Abweichungen – entsprechende Gegenmaßnahmen ergriffen. Wenn die Gegensteuerung lediglich unzureichend funktioniert, können die Auswirkungen auf Arbeitsplätze erheblich sein. Der Wirtschaftsausschuss kann als Forum der Interessenvertretungsarbeit genutzt werden, um auf Missstände hinzuweisen.

Abbildung 30: Controlling-Kreislauf

Forecast als Feinsteuerung

Prinzipiell bleibt eine verabschiedete Planung unverändert. Die Anpassung des Planansatzes an die tatsächliche Entwicklung wird in vielen Unternehmen als Forecast oder Vorschau bezeichnet und dient der Feinsteuerung des restlichen Geschäftsjahres. Der Forecast ist vielfach dadurch gekennzeichnet, dass Ist- und Planungsdaten für das laufende Jahr kombiniert werden. Beispielsweise werden in dem Forecast März (FC 3+9) die Ist-Daten der Monate Januar bis März (1–3) und die Plandaten der Monate April bis Dezember (4–12) zu einem erwarteten Jahresergebnis addiert. Der Forecast wird an die aktuelle Situation angepasst und kann somit von der ursprünglichen Planung abweichen. Damit erfolgt in vielen Unternehmen der Abgleich der tatsächlichen Entwicklung, also der Ist-Zahlen, mit der ursprünglichen Planung.

Tipp:

Die operative Planung und ihre wesentlichen Prämissen sollten einmal jährlich dem Wirtschaftsausschuss erläutert werden. Unterjährig sind die Ursachen wesentlicher Plan-Ist-Abweichungen und gegebenenfalls daraus resultierende Maßnahmen zu besprechen. Darüber hinaus sollte im Rahmen des Forecasts die erwartete Entwicklung des Geschäftsjahres dargestellt werden.

2.1 Absatz- und Umsatzplanung

Absatz- und Umsatzplanung von zentraler Bedeutung

Basierend auf der Unternehmensstrategie werden Ergebnis- und Renditeziele auf den aktuellen operativen Planungshorizont übergeleitet. In der Regel startet die operative Planung mit der Absatz- und Umsatzplanung; auf ihr bauen die weiteren Teilpläne auf.

Die **Absatzplanung** bildet das **Mengengerüst** ab. Sie legt fest, welche Produkte oder Dienstleistungen in welcher Menge verkauft werden sollen. Parallel dazu werden (Ziel-)Preise für die einzelnen Kunden und Märkte bestimmt. Entweder liegen bereits Preisvereinbarungen, zum Beispiel aus langfristigen Verträgen, vor oder es werden, beispielsweise über Preislisten, Verkaufspreise festgelegt. Zum Verständnis einer Planung ist es also wichtig abzuschätzen, welche Absatz- und Preispotenziale das Unternehmen bei neuen Kunden oder Märkten über den gegebenenfalls bestehenden Auftragsbestand hinaus sieht und mit welchen Wahrscheinlichkeiten diese bewertet werden. Die Preisgestaltung hat wesentliche Auswirkungen auf die zukünftige Ertragsstärke eines Unternehmens.

Die **Umsatzplanung** ist das Ergebnis aus Absatzplanung (der Menge) multipliziert mit den **Preisen** für Produkte und Dienstleistungen.

$$\textit{Umsatz} = \textit{Absatz} \times \textit{Preis}$$

Die Detaillierung der Absatz- und Umsatzplanung variiert von Unternehmen zu Unternehmen. Während in manchen Unternehmen jedes Produkt monatsgenau geplant wird, schreiben andere den Umsatz des Vorjahres bei einem beliebigen Produktmix auf Grundlage der allgemeinen Markterwartung schlicht fort.

Tipp:

Aus der Absatz- und Umsatzplanung ergeben sich für ein Unternehmen zwei wichtige Erkenntnisse:

1. die durch die Absatzmenge geplante Auslastung der produzierenden Unternehmenseinheiten
2. der Deckungsbeitrag (Differenz aus Umsatz und direkt zurechenbarer Aufwendungen)[25] je verkaufter Einheit und somit der aus der operativen Planung ableitbare Gewinn

Die folgende Abbildung zeigt einen monatlichen Umsatzbericht für zwei Produkte einschließlich der kumulierten Werte des laufenden Geschäftsjahres. Den erreichten Ist-Werten werden dabei die Plandaten gegenübergestellt:

Region A	**Aktuelles Geschäftsjahr**				**Vorjahr**		
Quartal 01	**Ist**	**Plan**	Abweichung **Ist** ggü. **Plan** absolut	in %	**Ist**	Abweichung **akt. GJ** ggü. **VJ** absolut	in %
Produkt A							
Absatz	**2.100**	2.000	100	5,0%	1.950	150	7,7%
Umsatz	**500**	450	50	11,1%	400	100	25,0%
Deckungsbeitrag	**10**	9,5	0,5	5,3%	7,5	2,5	33,3%
Rendite	**2,0%**	2,1%			1,9%		
Produkt B							
Absatz	**150**	500	-350	-70,0%	100	50	50,0%
Umsatz	**300**	1.000	-700	-70,0%	200	100	50,0%
Deckungsbeitrag	**-5**	20	-25		-8	3	37,5%
Rendite	**-1,7%**	2,0%			-4,0%		

E·W·R CONSULTING

Abbildung 31: Absatz-, Umsatzplan

Folgende Aussagen lassen sich aus der Darstellung ableiten:

- **Produkt A**: Aktueller Umsatz und Absatz (Ist) übertreffen Vorjahr und Planung. Da Produktionsmenge und Umsatz über den Erwartungen liegen, dürften sich positive Effekte in der Beschäftigung gezeigt haben. Auch das Ergebnis lag im absoluten Wert über Vorjahr und Plan. Allerdings zeigt die Quote Ergebnis zu Umsatz, dass sich das Verhältnis mit 2 % gegenüber dem Vorjahr (1,9 %) zwar leicht erhöhte, jedoch gegenüber der Planung (2,1 %) schwächer

25 Ausführlicher zum Deckungsbeitrag siehe Kapitel V.2.

ist. Hier sollte der Wirtschaftsausschuss nachfragen, welche Umstände für diese leichte Abweichung verantwortlich sind.

- **Produkt B**: Umsatz, Absatz und Ergebnis zeigen sich im Ist deutlich unter Plan, jedoch über Vorjahr. Zunächst wäre also zu klären, ob die niedriger als erwartete Absatzmenge aus einer Verschiebung zwischen den Monaten resultiert, oder ob die Mengen tatsächlich »verloren« sind. Weiter stellt sich die Frage, ob die Planung nicht möglicherweise zu ambitioniert war, wie der Vorjahresvergleich zeigt. Die Geschäftsführung sollte erläutern, welche Planungsannahmen zugrunde lagen und welche Umstände für die »Nichterreichung« der Planung verantwortlich sind. Gleichzeitig ist auch die positive Entwicklung gegenüber dem Vorjahr zu bewerten. In dem Beispiel wäre eine unterjährige Anpassung der Planung für Produkt B im Forecast ratsam. Immer dann, wenn Planungen oder Vorjahreszahlen nachhaltig unterschritten werden und nicht in anderen Bereichen kompensiert werden können, kann dies Auswirkungen auf die Sicherheit von Arbeitsplätzen haben.

In vielen Unternehmen werden neben dem Absatz auch der Auftragseingang und die zu erzielenden Deckungsbeiträge geplant. Als **Auftragseingang** werden die neu eingegangenen Kundenbestellungen innerhalb einer bestimmten Periode bezeichnet, während der **Auftragsbestand** (»backlog«) alle noch nicht abgearbeiteten Kundenbestellungen zu einem bestimmten Stichtag zeigt. Der **Deckungsbeitrag** ist eine Ergebnisgröße, die dem Umsatz eines Produktes oder einer Dienstleistung die direkten Kosten gegenüberstellt.

Tipp:

In Unternehmen werden die Planungen von Absatz, Umsatz, Auftragseingang und -bestand in unterschiedlicher Detaillierung vorgenommen. Die Produktions- und Absatzlage der Gesellschaft ist eine wirtschaftliche Angelegenheit nach § 106 Abs. 3 Nr. 2 BetrVG. Der Wirtschaftsausschuss sollte sich demnach mit den vorliegenden Planungen unter Einsichtnahme und Auswertung der entsprechenden Unterlagen und Daten detailliert auseinandersetzen. Insbesondere sollten die geplanten Potenziale (also zusätzlich zu bestehenden Aufträgen geplante Umsätze) erläutert werden. In der Wirtschaftsausschusssitzung können anschließend mögliche Konsequenzen aus Planabweichungen beraten werden.

2.2 Exkurs: Produktivität

Produktivitätsentwicklung verfolgen

Aus der Absatzplanung leitet sich die in der Produktion vorzuhaltende Kapazität ab. Beeinflusst wird die Produktionskapazität einerseits durch den geplanten Produktmix und die Absatzmenge, andererseits durch die verfügbaren Maschinen- und Personalressourcen.

Wesentliches Ziel der Produktionsplanung ist, die geplante Ausbringungsmenge zu erreichen, während gleichzeitig die verfügbaren Ressourcen optimal genutzt werden.

Ein zentrales Ergebnis der Produktionsplanung ist die **Produktivität**. Diese Kennzahl wirkt sich unmittelbar auf das Ergebnis eines Unternehmens aus. Unter Produktivität wird ganz allgemein das Verhältnis zwischen der erzielten Ausbringung und den hierfür benötigten Mitteln verstanden.

$$Produktivität = \frac{Ausbringungsmenge}{Zeit}$$

Produktivitätsentwicklung beobachten

Diese kann beispielsweise in der Stahlindustrie »Tonnen Rohstahl pro Stunde« oder in Callcentern »Anzahl angenommener Anrufe pro Stunde« sein. Selbstverständlich sind für die Vergleichbarkeit die gleichen Grunddaten zu verwenden. Die jeweiligen Definitionen verschiedener Produktivitätskennzahlen müssen beachtet werden. Beispielsweise können unterschiedliche Definitionen der »Stunde« deutliche Verzerrungen bei der Bewertung der Produktivität bedeuten. Die Produktivität im Stahlwerk ist – bei gleicher Menge – niedriger, wenn die geleisteten Stunden aller Beschäftigten zugrunde gelegt werden, und höher, wenn nur die geleisteten Stunden der direkt in der Produktion eingesetzten Beschäftigten angesetzt werden. Ebenso ist im Callcenter die Produktivität (angenommene Anrufe) bei den Beschäftigten niedriger, die Probleme lösen beziehungsweise intensiv beraten, als bei denjenigen, die einfache Fragen beantworten.

In der öffentlichen Diskussion wird Produktivität häufig im Sinne von **Arbeitsproduktivität** verwendet. Betriebswirtschaftlich gesehen drückt sie das Verhältnis von produzierten Gütern zu eingesetzten Mitteln aus. Steigende Arbeitsproduktivität heißt: Immer mehr Güter können mit immer weniger Zeitaufwand und Menschen produziert werden. Für sich betrachtet führt eine höhere Arbeitsproduktivität zu niedrigeren Lohnkostenbelastungen der Unternehmen. Die Wettbewerbsfähigkeit steigt. Steigt die Produktivität allerdings an, ohne dass die ständig mehr produzierten Waren auch abgesetzt werden können, füllen sich die Läger und die Waren können vielfach nur noch mit Preisabschlägen fakturiert werden. Damit sinken Umsatzerlöse und Profitabilität, zugleich fließen über die Umsatzerlöse weniger Zahlungsmittel in das Unternehmen zurück. Nicht selten reagieren Unternehmen dann mit Personalabbau.

Tipp:

Dem Wirtschaftsausschuss sollte bekannt sein, wie im Unternehmen Produktivitätskennzahlen ermittelt und gemessen werden. So können Maßnahmen zur Steigerung der Produktivität und deren Auswirkungen auf die Beschäftigten besser beurteilt werden.

2.3 Investitionsplanung

Wie das Produktionsprogramm so fällt auch das Investitionsprogramm unter den Katalog der wirtschaftlichen Angelegenheiten (§ 106 Abs. 3 Nr. 3 BetrVG). Betriebswirtschaftlich gesehen meint Investition immer die Umwandlung von Liquidität in Betriebsmittel. Daraus ergibt sich auch: Bevor eine Investition überhaupt getätigt werden kann, muss zunächst die Finanzierung der Investition gesichert sein (siehe Kapitel IV.2.5). Diese kann wiederum entweder durch Eigen- oder durch Fremdkapital erfolgen.

Die Investitionsplanung leitet sich kurz- und mittelfristig aus den sich durch die Produktionsplanung ergebenden Kapazitätsbedarfen ab. Für die langfristige Investitionsplanung ist wiederum die strategische Ausrichtung des Unternehmens maßgeblich.

Aufgabe der Investitionsplanung ist es, den optimalen Zeitpunkt, die Wirtschaftlichkeit und die sich daraus ergebenden Chancen und Risiken einer Investition zu bewerten und gegebenenfalls Alternativen darzustellen.

Grob lässt sich die Investitionsplanung dabei in zwei Phasen unterteilen:
1. Planung und Sammeln der Investitionswünsche aus den Unternehmensbereichen
2. Bewertung der Wirtschaftlichkeit der Investitionen, auch im Zusammenhang mit der übergeordneten Strategie

Die Bewertung der Wirtschaftlichkeit erfolgt über eine Investitionsrechnung: Eine Investition ist im Allgemeinen dann wirtschaftlich, wenn in einem definierten Zeitraum die Erträge die Aufwendungen übersteigen. Betriebswirtschaftlich werden hierfür folgende Begriffe verwendet:

- Investitionsrechnung: Aufstellung der geplanten Ein- und Auszahlungen im Zusammenhang mit der Investition; in der Regel abgezinst über den geplanten Zeitraum
- Amortisationsdauer bzw. -zeitpunkt: Zeitraum bzw. -punkt, ab dem die erwarteten Einzahlungen durch die Investition über den Auszahlungen für die Investition liegen

Entscheidend bei der Betrachtung der Wirtschaftlichkeit ist also einerseits der Zeitraum, über den sich die Investition rechnen muss und andererseits, welche Renditeerwartungen bestehen. Letzteres ist insofern für die Interessenvertretung von zentraler Bedeutung, weil bei Nichterreichen einer, häufig doch sehr ambitionierten, Renditeerwartung die Geschäftsführung die Investition erst gar nicht realisieren wird. Annahme ist dann, dass das dafür in die Hand zu nehmende Geld in alternativer Verwendung eine höhere Rendite abwirft, gerade dann, wenn einer sicheren Rendite (z. B. festverzinsliche Wertpapiere) die Unsicherheit der wirtschaftlichen Unternehmensentwicklung gegenübersteht. Insofern stellt sich immer die Frage, wie hoch die Kapitalgeber das Risiko einschätzen und es in ihrem Renditeerwartungen abbilden.

Tipp:

Die Investitionsplanung stellt die Weichen für die zukünftige Entwicklung von Betrieben und Unternehmensbereichen. Deshalb ist eine Erläuterung und Diskussion der Investitionsplanung im Wirtschaftsausschuss zentral.
Genauer zu betrachten sind dabei auch die Art und die Bilanzierung der Investition: Für die Interessenvertretung sind Investitionen in das Sachanlagevermögen (wie neue Anlagen und Maschinen oder deren Erweiterung) wichtig. Sie sichern tendenziell den Standort und die Beschäftigung. Investitionen in das Anlagevermögen können sich aber auch in zugekauften immateriellen Vermögensgegenständen (z. B. Markenrechte, Patente) oder Finanzanlagevermögen (Unternehmenskäufe, aber auch langfristigen Beteiligungen oder Wertpapiere) widerspiegeln. Hier heißt es also, genau hinzuschauen.
Investitionen finden sich zudem in der Gewinn- und Verlustrechnung wieder. Planmäßige Wartung und Instandhaltung der Maschinen werden dort regelmäßig als laufender Aufwand verbucht, genauso wie Investitionen in die Beschäftigung (z. B. in Aus- und Weiterbildung) oder in Forschung und Entwicklung. Ebenso ist zu erörtern, welche Produktionsmittel geleast sind.

Desinvestition: Schließung und Verlagerung von (Teil)Betrieben

Leider findet sich in der Praxis der Interessenvertretungen häufig das Gegenteil einer Investition: die Desinvestition. Dies bedeutet in der Regel, dass Unternehmens- oder (Teil)betriebe geschlossen oder verkauft werden, zum Beispiel weil Renditeerwartungen nicht erfüllt werden oder sich die Strategie des Unternehmens gewandelt hat. Häufig findet sich in diesem Zusammenhang auch die Verlagerung von Arbeitsplätzen in sogenannte »Best Cost Countries«. Damit sind Länder gemeint, in denen ein merkliches Lohngefälle zum hiesigen Standort besteht.

Betriebswirtschaftlich sind eine Betriebsschließung und die Verlagerung ebenfalls als Investition zu bewerten: den Auszahlungen in Form von Schließungs- und Verlagerungskosten stehen die Einsparungen aus den erwarteten Lohnkostenvorteilen gegenüber. Insofern ist im Rahmen von Desinvestitionen seitens der Interessenvertretungen ebenfalls zu prüfen, ob alle Aspekte einer Verlagerung in eine Aufwands- und Ertragsbetrachtung einbezogen und korrekt bewertet sind (siehe hierzu Kapitel V.4. Exkurs Verlagerungsrechnung – Outsourcing).

2.4 Personalplanung[26]

Auch die Personalplanung ist zunächst strategisch begründet. Um die Unternehmensziele künftig erfüllen zu können, geht es darum, die »richtige Mannschaft zum richtigen Zeitpunkt am richtigen Ort« vorzuhalten. Als langfristige Risiken sind hier konkret das Alters-, das Kompetenz-, das Kapazitäts- und das Beschaffungsrisiko zu nennen.

Die daraus abgeleitete operative Personalplanung ist eine im Wesentlichen aus der Umsatz-, Absatz- und Produktionsplanung begründete Planung. Sie zeigt, bezogen auf den bestehenden Personalbestand, deren direkte Auswirkungen auf die Beschäftigung. Hieraus ergeben sich entsprechende reaktive Maßnahmen. Im Folgenden werden schwerpunktmäßig die Planung von Personalbedarf und -entwicklung dargestellt.

2.4.1 Personalbedarfsplanung

Die Personalbedarfsplanung hat zum Gegenstand, die Anzahl der für die Leistungserbringung benötigten Beschäftigten unter Berücksichtigung von Reserven und Fluktuation im Unternehmen festzustellen.

26 Zur Personalplanung siehe ausführlich Handlungshilfe Nummer 31 aus dieser Reihe.

Personalbedarf realistisch ermitteln

Insbesondere in Produktion und direkten Bereichen wird ein Bezug zwischen der geplanten Mengenentwicklung (Absatzplanung) und dem dafür notwendigen Personalbedarf hergestellt. Hierfür wird auf Basis der Menge und der Produktionsplanung, insbesondere den Arbeitsplänen, ein benötigtes Arbeitsvolumen abgeleitet.

Der Personalbedarf in den einzelnen Bereichen ergibt sich aus der Division der insgesamt geplanten Arbeitszeiten durch die durchschnittlichen produktiven Stunden eines/einer Beschäftigten im Jahr.

Beispiel:

Werden Maschinen montiert, verkauft und gewartet, so sollten, basierend auf einer gewissenhaften Kalkulation, in den jeweiligen Arbeitsplänen die Montage- beziehungsweise Reparaturzeiten hinterlegt sein. Auf Basis der Absatzplanung des Unternehmens sind die Montagezeiten mit den jeweiligen Stückzahlerwartungen zu multiplizieren, um als Ergebnis die Summe der geplanten Arbeitsstunden zu erhalten. Unter Berücksichtigung einer 35-Stunden-Woche, der Wochenenden, tariflicher Urlaubs- und Feiertage sowie weiterer kalkulierter Fehltage (Aus- und Weiterbildung, Krankheit) ergibt sich eine durchschnittliche Anwesenheit der Beschäftigten.

In indirekten Bereichen, beispielsweise in der Verwaltung, ist die Personalbedarfsplanung auf Basis der geplanten Absatzmenge nur eingeschränkt möglich. Hier werden vielfach andere Mengengerüste zugrunde gelegt, zum Beispiel Leitungsspanne oder Anzahl der zu bearbeitende Vorgänge. Darüber hinaus können Funktionen unabhängig von Mengen besetzt werden. Beispiele hierfür wären Recht, Marketing, IT, interne und externe Kommunikation.

Beispiel:

Ein/e Meister/in betreut in seinem/ihrem Bereich maximal 30 Beschäftigte. In der Personalabteilung werden pro Sachbearbeiter/in 200 Beschäftigte abgerechnet und in der Finanzbuchhaltung täglich 120 Geschäftsvorfälle gebucht.

2.4.2 Exkurs: Personalbedarfsplanung bei Restrukturierung

Restrukturierungen gehen regelmäßig mit Unternehmenskrisen[27] einher. Seitens der Interessenvertretung ist hierbei ein besonderes Augenmerk auf die Personalbedarfsplanung zu richten. Das verdeutlicht folgende Ausgangssituation:

Personalbedarf in/nach Restrukturierung

Ein Produktionsunternehmen verzeichnet einen Umsatzeinbruch von 15 % und erwartet auch im kommenden Geschäftsjahr keine Erholung. In beiden Geschäftsjahren sind Verluste prognostiziert. Die Unternehmensleitung gibt bekannt, dass es unumgänglich sei, 20 % der Beschäftigten abzubauen, um wieder Gewinne erzielen zu können. Betriebsrat und Unternehmensleitung nehmen Verhandlungen zum Interessenausgleich und Sozialplan auf. Den Verhandlungen ist jedoch die Informationsphase vorgeschaltet. In der Informationsphase überprüft der Betriebsrat, unterstützt vom Wirtschaftsausschuss und Sachverständigen, die Maßnahme und deren Begründungszusammenhang mit Blick auf deren wirtschaftlichen Gesichtspunkte. Dazu sind nachfolgend einige Aspekte aufgeführt:

- Zunächst ist zu klären, ob mit dem Umsatzeinbruch auch in gleicher Höhe ein Mengeneinbruch einhergeht. Wenn beispielsweise der Umsatzeinbruch aufgrund sinkender Preise zu verzeichnen ist, bleibt die Absatzmenge gleich. Hier wäre im Zukunftskonzept für das Unternehmen zu erarbeiten, wie die gleiche Menge mit 20 % weniger Personal produziert werden soll.
- Sinkt die geplante Menge analog zum geplanten Umsatz, ist dennoch zu beschreiben, wie die Produktion organisiert werden soll.
- Auch wenn seitens der Unternehmensleitung mit »notwendigen« Produktivitätssteigerungen argumentiert wird, sind diese mit konkreten Maßnahmen zu hinterlegen. Ist dies nicht der Fall, so wird die Ablauforganisation eines Unternehmens nach der Restrukturierung schlechter und die Prozessgeschwindigkeit und -qualität vermindern sich.
- Bei den indirekten Beschäftigten sind ähnliche Überlegungen anzustellen. Vor der Restrukturierung waren in der Personalabteilung eines Unternehmens mit 600 Beschäftigten drei Personen tätig. Schwierig erscheint, die Personalabteilung um eine Vollzeitarbeitskraft zu reduzieren, wenn der Personalstand nach der Restrukturierung 480 Beschäftigte zählt.
- An diesem Beispiel ist gut erkennbar, dass eine proportionale Reduzierung von Overheadkosten in vielen Fällen nicht aussagekräftig ist.
- Besteht bei Minderauslastung die Möglichkeit, Auslastung von anderer Stelle (zum Beispiel aus dem Konzern oder durch Rückholung von Fremdvergaben) im Rahmen von Insourcing zu bekommen, steht der Personalabbau nicht oder nur in geminderter Form an.

---

27 Siehe ausführlich Handlungshilfe Nummer 24, Krise, Sanierung, Insolvenz.

Tipp:

Bei Restrukturierungsvorhaben ist von der Interessenvertretung zu überprüfen, wie die geplanten Personalreduktionen umgesetzt werden sollen. Häufig stellt sich dabei heraus, dass Unternehmen gleichzeitig Personalreduzierungen und Produktivitätssteigerungen planen. Wenn dies nicht mit produktivitätssteigernden Maßnahmen hinterlegt ist, dürfte die Planung so nicht realisierbar sein. In der Folge würde das zu bewältigende Arbeitsvolumen von einer reduzierten Belegschaft nicht geschafft werden. Die geplante Leistung kann nicht oder nur mit Mehrkosten erbracht werden. Dies sollte in den Verhandlungen zu Interessenausgleich und Sozialplan entsprechend angeführt und diskutiert werden.

2.4.3 Personalentwicklungsplanung

Abgeleitet aus der strategischen Personalplanung ist die Personalentwicklungsplanung, ein wesentlicher operativer Bereich der Personalplanung, der die Aufmerksamkeit der Interessenvertretung erfordert. Insbesondere die Personaleinsatz- und Qualifizierungsplanungen sind hier von Interesse, speziell vor dem Hintergrund von Digitalisierung (Stichwort: Industrie 4.0, Internet der Dinge etc.) und Technologiewandel (Elektromobilität, autonomes Fahren etc.). Während die Rechte des Betriebsrats bei der strategischen Personalplanung eher weich sind und sich auf Informations- und Beratungsrechte erstrecken, sind die Mitbestimmungsrechte des Betriebsrats bei der Durchführung von Qualifizierungsmaßnahmen weitreichender, werden aber in der Praxis oft zu wenig genutzt.

Bei der Qualifizierungsplanung stellt sich die Frage, für welche Beschäftigtengruppen Mittel zur Aus- und Weiterbildung bereitgestellt werden. Hier ist eine regelmäßige Analyse der Qualifizierungskosten hinsichtlich der Beschäftigtengruppen, die qualifiziert werden, erforderlich. In vielen Fällen sind Qualifizierungsbudgets auf wenige Beschäftigte konzentriert. Dies fördert die Spreizung in der Einkommensentwicklung. Die Beschäftigungsrisiken für weniger qualifizierte Beschäftigte sind dagegen deutlich höher. Wenn das Unternehmen Qualifizierungsmaßnahmen durchführt, kann der Betriebsrat gezielten Einfluss auf Teilnehmer/innen und Qualifizierungsinhalte nehmen.

Qualifizierungsprofile sind wichtig

Eng verbunden mit der Personalentwicklungsplanung ist die **Personaleinsatzplanung**. Hier werden zunächst die notwendigen Stellenanforderungen ermittelt. In einem zweiten Schritt sind die Qualifizierungsprofile der Beschäftigten, die die Stelle besetzen können, zu eruieren. Anschließend stellt sich die Frage, welche Beschäftigten konkret eine offene Stelle besetzen können. Die Praxis bestätigt immer wieder, dass Stellenbesetzungen und Beförderungen nur allzu oft noch immer eher nach persönlichen Kriterien und Sympathie als nach nachvollziehbaren Kriterien entschieden werden. Ein geordnetes Stellenausschreibungs- und Besetzungsverfahren kann dem vorbeugen. Zudem ist die Frage zu prüfen, ob potenzielle Bewerber/innen, die grundsätzlich geeignet sind eine Stelle zu besetzen, zunächst noch qualifiziert werden können, bevor sie für eine Stellenbesetzung in Frage kommen. Dies ist besonders mit Blick auf den häufigen Wunsch von Interessenvertretungen relevant, Stellen vorzugsweise intern zu besetzen. Derartige Regelungen finden sich in vielen Interessenausgleichen. Sie setzen aber voraus, dass das Stellenausschreibungs- und Besetzungsverfahren klar geregelt wird.

2.5 Finanz- und Liquiditätsplanung

Regelmäßige Information über finanzielle Lage regeln

Die regelmäßige Information über die finanzielle Lage der Gesellschaft ist ein zentraler Aspekt für die Berichterstattung an den Wirtschaftsausschuss (§ 106 Abs. 3 Nr. 1 BetrVG). Oberstes Ziel der Finanzierung ist die Sicherung der Liquidität, also die Zahlungsfähigkeit des Unternehmens. Das bedeutet: den jeweiligen Zahlungsverpflichtungen auch zeit- und termingerecht nachzukommen. Um dies zu gewährleisten, muss der Bestand an Zahlungsmitteln plus den Einzahlungen aus dem Leistungsprozess größer sein als die Auszahlungen aus der Unternehmenstätigkeit. Die betrieblichen Einzahlungen und Auszahlungen ergeben sich zunächst aus einer Finanzplanung. Auf der Auszahlungsseite sind Auszahlungen für den laufenden Lieferungs- und Leistungsverkehr, für Investitionen sowie für Ausschüttungen an die Anteilseigner zu planen. Dabei gelten die goldene Finanzierungsregeln: Anlagevermögen ist langfristig zu finanzieren, das heißt mittels Eigenkapital und/oder langfristigem Fremdkapital; Umlaufvermögen ist mittels kurzfristigem Fremdkapital zu finanzieren. Letzteres sollte über eine effiziente Kapitalbindung (sog. »Working-Capital-Management«) erfolgen. Hierzu gehört insbesondere die Maxime:

- Lagerbestandsoptimierung, Vorratsmanagement: möglichst gering, aber fertigungsbereit;
- Forderungsmanagement: schnelles Eintreiben von Forderungen;
- Lieferantenrechnungen: Ausdehnen des Zahlungsziels

Das Ziel ist die Kapitelfreisetzung, um dieses dann anderweitig verwenden zu können (Näheres siehe auch Kapitel III.3.1.1.2). Sollte es dem Unternehmen dagegen nicht gelingen, die fälligen Verpflichtungen aus dem operativen Cashflow bedienen zu können (siehe Kapitel III.3.3), stellt sich die Frage nach deren Finanzierung, ansonsten droht sehenden Auges die Insolvenz. Eine Finanzierung ist aus dem Eigenkapital oder aus dem Fremdkapital möglich. Beide Finanzierungsalternativen können entweder intern generiert werden oder aber dem Unternehmen von außen zufließen.

- Unter der klassischen langfristigen Fremdfinanzierung, die von außen zugeführt wird, versteht man die Aufnahme von Bankkrediten. Diese sind an bestimmte, ebenfalls langfristige, Investitionen gebunden, welche wiederum den Kreditgebern als Sicherheit dienen. Aktuell erfreuen sich auch wieder Anleihen und Schuldscheine als Finanzierungsalternative einer Beliebtheit, mit denen sich die Unternehmen künftige Liquidität zumindest absichern. Gemeinsam ist allen, dass sie rückzahlbar sind und für die Kapitalüberlassung Zinsen zu bezahlen sind. Zinsen werden in der Gewinn- und Verlustrechnung (siehe Kapitel III.3.2) als Aufwand gebucht; die Tilgungszahlungen verringern sukzessive die Finanzverbindlichkeit. Darlehensvaluta und Darlehensrückzahlung finden dabei Niederschlag in der Kapitalflussrechnung im Cashflow aus der Finanzierungstätigkeit (siehe Kapitel III.3.3).
- Eine andere Finanzierungsalternative bestünde für die Unternehmen auch in der Eigenfinanzierung, sprich mittels Bildung von weiterem Eigenkapital. Dies kann in mittelständischen Unternehmen durch die Aufstockung des Grundkapitals oder der Hereinnahme von weiteren Gesellschaftern geschehen. In börsennotierten Gesellschaften wird unter Umständen über Kapitalerhöhungen und Ausgabe von weiteren Aktien nachgedacht.

An dieser Stelle ist bedeutsam, auf den Unterschied zwischen Eigenkapital-Finanzierung und Fremd-Finanzierung näher einzugehen:

Eigen- versus Fremdfinanzierung

- Die Vermutung, dass **Eigenkapital** kostenlos ist, da es hierfür keine festen Auszahlungsverpflichtungen gibt, ist nicht richtig. Denn damit wäre jede Investition, die auch nur einen geringen Mehrwert bringt, per se vorteilhaft. Für die Investoren gibt es alternative Anlagemöglichkeiten, zum Beispiel den Kapitalmarkt, der eventuell eine höhere Auszahlung bringt. Die Eigenkapitalgeber erwarten deshalb eine Mindestrendite, die als Kosten des Eigenkapitals interpretiert werden können. Zudem ist die erwartete Rendite auf das im Unternehmen eingesetzte Kapital unsicher. Das Risiko dieser unsicheren Rendite tragen allein die Eigenkapitalgeber, und sie werden aus diesem Grund eine höhere Verzinsung verlangen als die Fremdkapitalgeber.
- Auf **Fremdkapital** sind fest vorgegebene Zinsen zu zahlen, die Vorrang vor einer Auszahlung an die Eigenkapitalgeber haben. Wird das Investitionsobjekt also über Fremdkapital finanziert, müssen aus der Rendite zuerst die

Forderungen des Fremdkapitalgebers erfüllt werden (Rückzahlung Kredit plus Zinsen, wobei die Fremdkapitalkosten gleich zu setzen sind mit dem vertraglich vereinbarten Zinssatz). Unter Umständen bekommt der Eigenkapitalgeber also gar nichts. Bei hohen Einzahlungsüberschüssen hingegen bekommt der Fremdkapitalgeber ebenfalls nur seine vereinbarten Tilgungs- und Zinszahlungen; der Eigenkapitalgeber erhält jedoch alles, was darüber hinausgeht.

- Eine weitere Möglichkeit besteht in der internen Fremdfinanzierung; konkret aus Rückstellungen und aus Abschreibungen. Die Bildung von langfristigen Rückstellungen (regelmäßig Pensionsrückstellungen) belastet die Gewinn- und Verlustrechnung der Unternehmen in den Perioden ihrer Ansparung und mindert bei der Dotierung sofort den Gewinn. Damit verbunden ist allerdings (noch) kein Abfluss von Liquidität. Zu diesem kommt es erst (viel) später, nämlich dann, wenn die Rückstellung für ihren bestimmungsgemäßen Verbrauch verwendet wird und die entsprechenden Kosten zulasten der Rückstellung bezahlt werden, und sich damit das Bankkonto des Unternehmens vermindert. In Analogie trifft das auch für die Abschreibungen zu: Der buchhalterische Werteverzehr der Anlagegüter (Maschinen, Gebäude, immaterielle Güter) belasten zwar das Jahresergebnis und damit die Profitabilität, ein Zahlungsmittelabfluss ist damit aber nicht verbunden. Dieser ist bereits zum Zeitpunkt der Anschaffung des Vermögengegenstandes, zum Beispiel der Maschine, längst vom Bankkonto abgegangen (liquiditätsbelastend wirken nur die Kosten der Finanzierung, also der Kapitaldienst). Und auch nachdem seine bestimmungsgemäße Nutzungsdauer erreicht ist, wird der Vermögensgegenstand, noch nutzbar sein. Zwar wird das Jahresergebnis nicht mehr durch Abschreibungen belastet, aber durch die Kosten der Wertminderung und Neuanschaffung, die in den Verkaufspreisen (hoffentlich) berücksichtigt werden, fließen Zahlungsmittel an das Unternehmen zurück. Diese kann das Unternehmen entsprechend für Neu- oder Ersatzanschaffungen verwenden.

So gesehen ist auch die interne Finanzierung, also aus eigener Kraft, denkbar. Dem Unternehmen fließen Zahlungsmittel von außen zu, denen kein auszahlungswirksamer Aufwand (mehr) in gleicher Höhe gegenübersteht, demnach die Finanzierung aus dem laufenden Cashflow. Vielleicht wurden auch in der Vergangenheit keine Ausschüttungen oder Gewinnentnahmen in nennenswerter Höhe durchgeführt, sodass das Geld auf dem laufenden Bankkonto zur Verfügung steht und es entsprechend anderweitige Verwendung finden kann. Dieser Fall ist letztlich in der manifesten Unternehmenskrise nicht mehr anzutreffen, in der es nur noch darum geht, die Liquidität mittels einer tagesaktuellen Planung im Fokus zu haben, um nicht aufgrund von Zahlungsunfähigkeit einen Insolvenzantrag stellen zu müssen. In einer solchen Liquiditätsplanung werden alle in einer Periode erwarteten Zahlungseingänge, beispielsweise Zahlungen von Ausgangsrechnungen und alle geplanten Zahlungsausgänge, beispielsweise Material, Lohn- und Gehaltszahlungen und Investitionen, erfasst. Die summierten, erwarteten Zahlungsein- und -ausgänge einer Periode ergeben entweder einen Liquiditätsüberschuss oder eine Liquiditätsunterdeckung. Ausgehend vom Finanzmittelbestand zum Periodenbeginn (siehe Bilanzposition liquide Mittel) verändert sich dieser damit positiv oder negativ.

In den meisten Unternehmen spielt die Fremdfinanzierung eine wesentliche Rolle: Meist werden für das operative Geschäft Kontokorrentkonten (= kurzfristiger Überziehungskredit für die laufenden Bankkonten des Unternehmens), d. h. Fremdkapital (!) genutzt. Investitionen in das Anlagevermögen werden sehr häufig über längerfristige Bankdarlehen finanziert. Bei der Bewertung der Zahlungsfähigkeit eines Unternehmens müssen neben den Kontoständen deshalb auch die eingeräumten Kreditlinien betrachtet werden. Die Summe zeigt den Liquiditätsspielraum des Unternehmens.

Das folgende Beispiel zeigt die Liquiditätsplanung eines Unternehmens mit Liquiditätsspielraum (verfügbare Liquidität) im Vergleich zum IST. Im dargestellten Monat sind die operativen Auszahlungen niedriger als die operativen Einzahlungen, sodass der Saldo positiv ist. Der Zwischensaldo der Ein- und Auszahlungen von 180 liegt jedoch 30 unter dem geplanten Saldo von 210. Der Saldo der operativen Ein- und Auszahlungen reicht nicht aus, um die Auszahlungen aus Investitionen (–100) und aus Finanzierung (–105), die im Wesentlichen zur Tilgung aufgewendet werden, zu decken. Deshalb entsteht ein negativer Saldo der Ein- und Auszahlungen in Höhe von –25 und der Kontostand vermindert sich zum Ende der Periode auf 75.

Liquiditätsposition	IST	Plan	Abweichungen
Zahlungseingänge			
Kunden	1.000	950	50
verbundene Unternehmen	50	100	-50
Summe Zahlungseingänge	**1.050**	**1.050**	**0**
Zahlungsausgänge			
Material	-500	-450	-50
Bezogene Leistungen	-20	-10	-10
Personal	-300	-320	20
Sonstige betriebliche Aufwendungen	-50	-60	10
Summe Zahlungsausgänge	**-870**	**-840**	**-30**
Zwischensaldo operative Ein- und Auszahlungen	**180**	**210**	**-30**
Investitionen			
Auszahlungen aus Käufen	-100	-120	20
Einzahlungen aus Verkäufen	0	10	-10
Summe Ein- und Auszahlungen aus Investititonen	**-100**	**-110**	**10**
Finanzierung			
Zinseinzahlungen	5	5	0
Zinsauszahlungen	-10	-12	2
Tilgung	-100	-120	20
Summe Ein- und Auszahlungen aus Finanzierung	**-105**	**-127**	**22**
Saldo Ein- und Auszahlungen	**-25**	**-27**	**2**
Konto zum Periodenbeginn	100	120	-20
Konto zum Periodenende	75	93	-18
Kontokorrent	50	50	0
Verfügbare Liquidität	**125**	**143**	**-18**

E·W·R CONSULTING

Abbildung 32: Liquiditätsplanung

Auf Liquiditätsengpässe reagieren

In größeren Unternehmen und bei in der manifesten Krise befindlichen Unternehmen wird in der Regel eine Liquiditätsplanung auf Tagesbasis erstellt. In kleineren Unternehmen erfolgt eine wöchentliche oder monatliche Betrachtung, wenn überhaupt (in wirtschaftlich erfolgreichen Zeiten) eine Liquiditätsplanung erstellt wird.

Besondere Bedeutung bei der Liquiditätsplanung nimmt das Working Capital (englisch: Nettoumlaufvermögen) ein. Ziel des Working Capital Managements ist es, möglichst wenig Kapital in kurzfristigen Vermögenswerten, insbesondere

Vorräten und Forderungen, zu binden und parallel dazu die Lieferantenverbindlichkeiten zu erhöhen. In einer Unternehmenskrise, spätestens im Stadium der Liquiditätskrise, ist eine tägliche Liquiditätsplanung zur Unternehmenssteuerung und zur Vermeidung einer Insolvenzverschleppung notwendig. Eine »Optimierung des Working Capital« ist zwar weiterhin sinnvoll, allerdings in den krisenbedingt verbleibenden Handlungsspielräumen realistisch nicht mehr in benötigtem Umfang darstellbar.

Tipp:

Vor der Ergreifung anderer Maßnahmen zur Liquiditätsverbesserung bietet sich ein verstärktes Working Capital Management an. Gerade in Interessenvertretungen liegt häufig Expert/innenwissen bezüglich der Minimierung beziehungsweise optimalen Gestaltung vorgehaltener Materialien, Waren und Erzeugnisse vor, das entsprechend genutzt werden kann.

2.6 Handlungsmöglichkeiten des Wirtschaftsausschusses

Um zukünftige Entwicklungen eines Unternehmens (oder Bereiche hiervon) zuverlässig einschätzen zu können, müssen sich Interessenvertretungen intensiv mit der operativen Planung und deren Teilplänen auseinandersetzen. Dabei sind nicht nur das Zahlengerüst, sondern auch die gesetzten Prämissen und Annahmen wesentlich.

Diese betreffen Markt- und Preisentwicklungen auf der Absatz- und Beschaffungsseite, Investitionen, Personalbedarfe sowie Einschätzungen bezüglich der Entwicklung sonstiger Kostenbestandteile. Besonderes Augenmerk sollte der Wirtschaftsausschuss dabei auf die Bereiche Personal- und Investitionsplanung legen.

Regelmäßig sollten in den Wirtschaftsausschusssitzungen Planabweichungen, deren Ursachen und gegebenenfalls eingeleitete Maßnahmen besprochen werden. Ergänzend sollte ein aktualisierter Forecast, der die erwartete Entwicklung des Geschäftsjahres abbildet, betrachtet werden.

Der regelmäßigen Beurteilung der Finanzierung und Liquidität kommt erst recht in der Unternehmenskrise die wesentlichste Bedeutung zu.

V. Kostenrechnung

Das Rechnungswesen im Unternehmen teilt sich grob in die Bereiche Finanzbuchhaltung und **Controlling** auf. Während das externe Rechnungswesen (Finanzbuchhaltung) nach »außen« in Form von Jahresabschluss und Steuererklärung berichtet, ist das **interne Rechnungswesen** (Controlling) für die Berichterstattung nach »innen« zuständig. Im Controlling werden Informationen aus den unterschiedlichen Bereichen zusammengefasst und ausgewertet; seine Kernaufgaben sind die Planung, Steuerung und Kontrolle des Unternehmens.

Das interne Rechnungswesen hat als zentrale Aufgabe, detailliert Kosten und Erlöse des Unternehmens aufzubereiten sowie Kalkulationen (z. B. Angebotskalkulationen, Preiskalkulationen) zu erstellen. Kosten und Erlöse werden jedoch im Gegensatz zum externen Rechnungswesen nicht nur für das gesamte Unternehmen, sondern auch für Unternehmensteile wie Abteilungen oder Bereiche beziehungsweise für Produkte erfasst und berichtet. Die Kostenrechnung basiert auf den Daten der Finanzbuchhaltung, die allerdings um weitere Informationen ergänzt werden.

Kostenrechnung kennenlernen

Das Controlling bereitet Informationen für die Unternehmensleitung auf, sodass Entscheidungen auf dieser Basis gefällt werden können. Neben den regelmäßigen Monats- oder Quartalsberichten erstellt das Controlling bei Bedarf Sonderrechnungen zur Unterstützung von Entscheidungen, beispielsweise Investitions- und Verlagerungsrechnungen.

Struktur der Kostenrechnung kennen

Für das interne Rechnungswesen existieren im Unterschied zum externen Rechnungswesen **keine gesetzlichen Vorschriften**. In (unterschiedlichen) Lehrmeinungen ist ausführlich beschrieben, wie das interne Rechnungswesen ausgestaltet sein kann. Dies hat zur Folge, dass die internen Ergebnisrechnungen in jedem Unternehmen unterschiedlich sein können. Häufig spürt das auch der Wirtschaftsausschuss, wenn die Zuständigkeiten im Controlling wechseln und neue Berechnungsweisen und Berichtsformate vorgelegt werden.

Nachfolgend sind die üblicherweise verwendeten Grundbegriffe Kosten- und Erlösart, Kostenstelle und Kostenträger erläutert. Anschließend sind Verfahren beschrieben, die in vielen Unternehmen eingesetzt werden und demnach als Orientierung dienen können.

1. Grundbegriffe der Kostenrechnung

Abbildung 33: Grundbegriffe der Kostenrechnung

Kosten sind betriebsbezogene Aufwendungen. Sie erfassen den Verzehr an Gütern, Diensten und Abgaben, der im Rahmen der geplanten betrieblichen Leistungserstellung (= Produktion) und Leistungsverwertung (= Absatz) anfällt (Anm.: Die im Volksmund oft zitierten »Unkosten« gibt es nicht!).

Als Abgrenzung zu den Kosten werden unter dem Begriff der **Aufwendungen** der gesamte Werteverzehr an Gütern, Diensten und Abgaben während einer Abrechnungsperiode (Zeitbezug) in einem Unternehmen verstanden, also auch solche, die nicht betriebsbezogen sind.

Erlöse werden erzielt beim Absatz der betrieblichen Leistungen am Markt (regelmäßig die Umsatzerlöse).

Leistungen sind dabei die betriebsbezogenen Erträge (hier steht der betriebliche Bezug im Vordergrund).

Erträge sind wiederum der gesamte erfolgswirksame Wertezufluss in einem Unternehmen innerhalb einer Abrechnungsperiode (zum Beispiel einem Monat oder Quartal). Sie verkörpern den Wertezuwachs und damit die Mehrung des Eigenkapitals in einem Geschäftsjahr (Anm.: Daneben existieren noch die »neutralen« Erträge, dabei handelt es sich um betriebs-/periodenfremden Erträge).

Die im Unternehmen definierten **Erlös- und Kostenarten** beantworten die Frage »Welche Kosten und Erlöse fallen an?«. Sie beinhalten im Wesentlichen die Aufwands- und Ertragsarten, die in der Finanzbuchhaltung gebucht werden und in die Gewinn- und Verlustrechnung einfließen.

Zudem können **kalkulatorische Kosten** definiert sein, wie kalkulatorische Abschreibungen oder Zinsen, die von den Aufwendungen abweichen, die in der Gewinn- und Verlustrechnung ausgewiesenen werden. Ursache für diese Abweichungen ist üblicherweise, dass eine Kostenrechnung als Grundlage für Kalkulationen dient, zum Beispiel Preiskalkulationen. Somit fließen hier zum Beispiel der Gewinnaufschlag, also der Unternehmerlohn, die sogenannte »Marge«, oder kalkulatorische Abschreibungen zur Abbildung des Werteverzehrs nach konkreten betrieblichen Gesichtspunkten ein. So werden beispielsweise kalkulatorische Zinsen angesetzt und damit konzernweit gleiche Annahmen bezüglich der Zinsen getroffen.

Organisatorische Einheiten wie Abteilungen und Bereiche werden als **Kostenstellen** geführt. Die Frage »Wo, das heißt bei welcher organisatorischen Einheit, fallen Kosten und Erlöse an?«, wird damit beantwortet.

Die Kostenstellen auf der untersten Ebene, zum Beispiel Lackiererei, Personalbuchhaltung oder Betriebsrat, werden dabei häufig zu größeren organisatorischen Einheiten verdichtet, zum Beispiel Produktion oder Verwaltung. Klar ist damit aber auch: je stärker eine solche Verdichtung erfolgt, desto weniger aussagekräftig ist eine solche Kostenrechnung. Das hat auch Auswirkungen auf die Ableitung des Deckungsbeitrags (siehe Kapitel V.2).

Klassisch entsprechen **Kostenträger** den Produkten beziehungsweise Dienstleistungen des Unternehmens. Die Kostenträger beantworten die Frage: »Wofür, das heißt für welches Produkt, welche Dienstleistung, fallen die Kosten an?«

Zuordnung der Kosten zu Kostenstellen und Kostenträgern

Eine Hauptaufgabe von **Kostenrechnung** und Controlling ist die Zuordnung der Kosten und Erlöse auf die Kostenstellen (Kostenstellenrechnung) und Kostenträger (Kostenträgerrechnung). Um hinreichend aussagekräftig zu sein, sollte diese Zuordnung möglichst verursachungsgerecht erfolgen. Das beinhaltet, dass Kosten und Erlöse, die eindeutig einer Kostenstelle oder einem Kostenträger zugeordnet werden können, diesen auch direkt zuzuordnen (sogenannte **direkte Kosten** oder **Einzelkosten**). Dazu zählen zum Beispiel das Entgelt von Beschäftigten, die nur für diese Kostenstelle tätig sind oder Leiharbeitskräfte, die nur für ein Produkt tätig sind. Indirekte Kosten, die nicht eindeutig zuordenbar sind (auch **Gemeinkosten** genannt), werden den Kostenstellen oder Kostenträgern mithilfe von Umlageschlüsseln über **Betriebsabrechnungsbögen** (sogenannte »**BAB**«) zugeordnet. Das heißt, man versucht, sie möglichst verursachungsgerecht zu verteilen. Dazu können Energiekosten, Miete oder die Kosten der Personalabteilung zählen. Die vom Controlling definierten Umlageschlüssel sind nicht immer unumstritten. Beispiele für Umlageschlüssel sind beispielsweise: Quadratmeter für Miete und Energiekosten, Anzahl abzurechnender Beschäftigte für die Kosten der Personalabteilung. In einem energieintensiven Produktionsbetrieb ist ein Quadratmeter-Schlüssel für die Zuordnung der Energie zu Kostenstellen kaum geeignet. Adäquater wäre insbesondere im Produktionsbereich die konkrete Ermittlung des Energieverbrauchs und damit der Energiekosten, die dann als direkte Kosten den jeweiligen Kostenstellen zuordenbar sind.

Tipp:

Die Kenntnis der Verfahren der Zuordnung von Kosten und Erlösen, insbesondere die Verteilung mithilfe von Schlüsseln, ist bei der Beurteilung der Wirtschaftlichkeit von Bereichen oder Produkten relevant. Die konkrete Ausgestaltung der Kostenrechnung im Unternehmen ist jedoch von unternehmensinternen Expert/innen zu erläutern. Dadurch kann der Wirtschaftsausschuss die Ergebnisse aus dem Controlling sicherer beurteilen.

2. Berichte, Reports

Standardberichte, Reports kennen

Ergebnisse der Kostenrechnung beziehungsweise des Controllings sind regelmäßige Berichte für organisatorische Bereiche oder Produktgruppen, oftmals Reports genannt.

Monatsberichte anfordern

Standardberichte sind unterjährige Berichte wie der **Monatsbericht**. In diesem werden die monatlichen Erlöse und Kosten und damit das Ergebnis des Monats dargestellt, häufig in Form einer Gewinn- und Verlustrechnung. Meist werden diese mit dem Plan, dem »Budget«, also den gesamten Einnahmen und Ausgaben, verglichen und die Abweichung von IST zum Plan dargestellt. Weiterhin werden in diesem Bericht in der Regel die kumulierten Monate dargestellt, das heißt die Summe der bisherigen Monate des Geschäftsjahres. Ergänzend kann in diesem Bericht ebenfalls der Forecast dargestellt werden (siehe dazu im Detail das Kapitel IV.2.). Daraus folgend ist der **Quartalsbericht** die jeweilige Zusammenfassung des aktuellen Quartals. Der Bericht des 1. Quartals zeigt somit die Summe der Monate Januar bis März.

Die folgende Abbildung zeigt einen vereinfachten Monatsbericht.

Region A	aktueller Monat				Abweichung **IST** ggü. **Plan**	
Mio.€	**IST**	**Plan**	**FC II**	**Vorjahr**	absolut	in %
Umsatz	100	105	99	110	-5	-4,8%
Herstellkosten	80	85	80	95	-5	-5,9%
Bruttomarge	20	20	19	15	0	0,0%
EBITDA	10	12	11	9	-2	-16,7%
EBIT	5	5	4	3	0	0,0%
FTE	2.000	1.900	1.850	2.050	100	5,3%
Liefertreue	98%	100%	95%	90%		
OEE	0,80	0,85	0,88	0,75		
PPM	1,50	1,00	1,20	1,30		

E·W·R CONSULTING

Abbildung 34: Monatsbericht

Deckungsbeiträge beobachten

Ein weiterer Standardbericht ist die **Deckungsbeitragsrechnung. Zu ihrem Verständnis ist zunächst** zwischen variablen und fixen Kosten zu unterscheiden.

Variable Kosten stehen in Abhängigkeit zur Produktionsmenge, d.h. je mehr produziert wird, desto höher sind regelmäßig auch die variablen Kosten. Das Gegenteil dazu sind die Fixkosten. Variable Kosten haben damit **Einzelkosten**charakter.

Fixe Kosten sind hingegen solche, die unabhängig von der Ausbringungsmenge (und damit immer) anfallen, wie Mieten oder Abschreibungen. Fixe Kosten haben damit **Gemeinkosten**charakter.

Das Ergebnis einer Kostenstelle wird schrittweise über verschiedene definierte Zwischenergebnisse (= Deckungsbeiträge) ermittelt. Wird diese Methode für ein Produkt angewendet, zeigt der Bericht das Produktergebnis.

Der **Deckungsbeitrag** bezeichnet damit den Teil der Umsatzerlöse, der nach Abzug der variablen Kosten zur Erstellung eines Produktes bzw. einer Dienstleistung verbleibt und somit zur Deckung der – unabhängig von der Produktionsmenge anfallenden – Fixkosten verwendet werden kann.

Wie die folgende Grafik zeigt, werden in der Deckungsbeitragsrechnung stufenweise zunächst die variablen und anschließend die fixen Kosten von den Erlösen subtrahiert.

Deckungsbeitragsrechnung	Bereich A	in %	Bereich B	in %
Umsatzerlöse	2.500	100%	1.000	100%
Variable Materialkosten	-1.300		-650	
Deckungsbeitrag 1	1.200	48%	350	35%
Variable Fertigungskosten	-850		-200	
Deckungsbeitrag 2	350	14%	150	15%
Fixe Herstellkosten	-100		-100	
Deckungsbeitrag 3	250	10%	50	5%
Vertrieb	-50		-30	
Verwaltung	-60		-40	
Deckungsbeitrag 4	140	6%	-20	-2%
kalkulatorische Zinsen	-20		-20	
Deckungsbeitrag 5	120	5%	-40	-4%

E·W·R CONSULTING

Abbildung 35: Deckungsbeitragsrechnung

Nicht sofort bei negativem Deckungsbeitrag auslagern

In dem Beispiel der vorstehenden Abbildung weist der *Bereich A* einen positiven *Deckungsbeitrag 4* aus, also einen Gewinn. Währenddessen erzielt der *Bereich B* auf dieser Ebene bereits einen Verlust. Dennoch trägt der *Bereich B* mit einem positivem *Deckungsbeitrag 3* dazu bei, fixe Kosten für Vertrieb und Verwaltung mitzudecken. Bei einer möglichen Schließung des Bereiches B müssten die dort ausgewiesenen allgemeinen Kosten (zumindest teilweise) von anderen Bereichen getragen werden.

In welcher Tiefe das Unternehmen die einzelnen Deckungsbeiträge ermittelt, bleibt ihm selbst überlassen und ist abhängig von der Güte der in die Kostenrechnung einfließenden Daten und der Notwendigkeit und der organisatorischen Ausgestaltung seines Controllings. In der Praxis sind hier nur allzu häufig Schwächen erkennbar. Dabei ist die Aussagekraft einer belastbaren und konsistenten Deckungsbeitragsrechnung entscheidend für die Wirtschaftlichkeit des Unternehmens.

3. Preiskalkulation

Eine weitere wesentliche Funktion des internen Rechnungswesens ist die Preiskalkulation.

Preiskalkulation

In der Angebotsphase werden die (Angebots-)Preise für Produkte oder Dienstleistungen ermittelt. Dieses Verfahren wird **Preiskalkulation** oder Vorkalkulation genannt. Die Nachkalkulation beinhaltet die spätere Überprüfung dieser Preiskalkulation, somit das »Controlling« der Vorkalkulation auf Grundlage der tatsächlichen Kosten. Größere Abweichungen zwischen der Vor- und Nachkalkulation weisen auf einen Handlungsbedarf hin.

In die Preiskalkulation eines Produktes fließen zunächst die geplanten direkten Kosten ein. Dazu zählen insbesondere Materialkosten und Personalkosten der Produktion, basierend auf Fertigungsminuten und Stundensätzen, sowie Abschreibungen für Produktionsmaschinen. Anschließend werden Gemeinkosten anhand definierter Schlüssel umgelegt und zugerechnet.

Kostenart	T€	%	Bemerkungen
Materialkosten	10		
direkte Personalkosten	60		
Fremdleistungen	25		
Gemeinkosten der Produktion	72	120%	auf direkte Personalkosten
Summe Herstellkosten	**167**		
Vertriebsgemeinkosten	13	8%	auf Herstellkosten
Verwaltungsgemeinkosten	5	3%	auf Herstellkosten
Gemeinkosten	17	10%	auf Herstellkosten
Summe Selbstkosten	**185**		
Gewinnzuschlag	19	10%	auf Selbstkosten
Angebotspreis	**204**		

E-W-R CONSULTING

Abbildung 36: Preiskalkulation

Die vorstehende Abbildung zeigt vereinfacht die Kalkulation eines Angebotspreises. Neben den Material- und direkten Personalkosten fließen geplante Fremdleistungen in die Herstellkosten ein. Die Gemeinkosten der Produktion sind mit 120 % der direkten Personalkosten geplant. Sie enthalten insbesondere die indirekten Personalkosten der Produktion, beispielsweise Arbeitsvorbereitung, Qualitätssicherung. Auf die Herstellkosten werden die Gemeinkosten für Vertrieb, Verwaltung und sonstiges (z. B. anteilige Abschreibungen der Maschinen für die Herstellung des Produkts) mit Hilfe von Zuschlägen addiert. Schließlich wird ein Gewinnzuschlag hinzugerechnet. So ergibt sich der Angebotspreis. Je detaillierter die Kalkulation vorgenommen wird, desto besser können in den Preisverhandlungen dann Kostenbestandteile identifiziert werden, die gegebenenfalls angepasst beziehungsweise optimiert werden können.

4. Exkurs: Verlagerungsrechnung – Outsourcing – Make-or-Buy

Make-or-Buy: Selbst machen oder zukaufen

Zu den weiteren Aufgaben des internen Rechnungswesens zählen anlassbezogene Sonderrechnungen, beispielsweise Vergleichsrechnungen bei Outsourcing- oder Verlagerungsentscheidungen. In der Theorie wird beim **Outsourcing** die eigene Produktion aufgegeben und an ein anderes Unternehmen vergeben. Bei einer **Verlagerung** verbleibt die Produktion zwar im Unternehmen beziehungsweise im Konzern, findet jedoch an einem anderen Standort statt, gegebenenfalls mit vermeintlich günstigerer Kostenstruktur. In der Praxis werden beide Begriffe oftmals gleichermaßen verwendet. In diesem Zusammenhang fällt vielfach der Begriff Make-or-Buy. Hier wird die Frage »selbst machen oder zukaufen?« gestellt. Ziel eines Make-or-Buy-Vergleichs ist die Gegenüberstellung von internen und externen Kosten, um über eine mögliche Fremdvergabe zu entscheiden.

4.1 Ausgangssituation: Verlagerungsrechnung

Verlagerung ist nicht immer wirtschaftlich

Die folgende Abbildung zeigt eine **»klassische« Ausgangssituation**, mit der Interessenvertretungen konfrontiert werden:

- Die eigenen Herstellkosten für ein Produkt liegen deutlich über den eingeholten Angeboten beziehungsweise konzerninternen Vergleichskosten; zum Beispiel den Herstellkosten eines anderen Werkes (s. in der Abbildung den roten Pfeil, der die deutlich niedrigeren Angebotskosten gegenüber den eigenen Herstellkosten zeigt).
- Auf Nachfrage bei der Unternehmensleitung nach Remanenz-, Zusatz- und Einmalkosten schwindet der »Kostenvorteil« jedoch dahin.
  - Remanenzkosten verbleiben im Unternehmen und mindern demnach die anzurechnenden Herstellkosten.
  - Zusatzkosten fallen dauerhaft (neu) im Unternehmen an und steigern die Angebotskosten.

Unter Berücksichtigung dieser beiden Kostenpositionen ist die in der Grafik gezeigte Verlagerung unwirtschaftlich (siehe schwarzer Pfeil).

Wie dieses Beispiel zeigt, können unter Berücksichtigung sämtlicher Aspekte Verlagerungen unwirtschaftlich sein, obwohl auf den ersten Blick die eigene Herstellung wesentlich »teurer« als ein Zukauf ist.

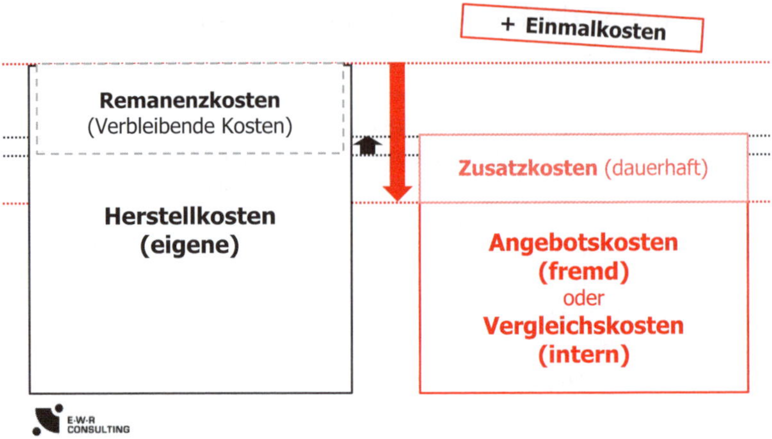

Abbildung 37: Kostenvergleich bei Verlagerung

Grundsätzlich sind in einer Verlagerungsrechnung folgende Elemente zu betrachten:

- **Einmalkosten**, zum Beispiel für
  - Sozialplan und Transfergesellschaft
  - Sonderabschreibungen und Verschrottungen
  - Rückbau und Sanierung
  - Umzug und Transport
  - Anlaufkosten, zum Beispiel
    - Kosten für Pufferaufbau
    - Produktivitätsschmälerungen
    - Ausschuss, Garantie, Sonderfahrten
    - Qualifizierung und Einarbeitung
    - Kund/innenabnahmen und -zertifizierungen
- **Remanenzkosten** (verbleibende Kosten, die nicht proportional zum Auslastungsrückgang sinken), zum Beispiel
  - fehlende Gemeinkostendeckung für verbleibende Bereiche
  - Leerstandskosten
- Dauerhafte Kosteneffekte/**Zusatzkosten**, zum Beispiel
  - Mehraufwendungen für Verpackung, Logistik und Qualität
  - höhere Verwaltungskosten aufgrund der Schaffung neuer Schnittstellen
  - Preisdruck der Kund/innen aufgrund erwarteter Lohnkostenvorteile

Vergleich von Äpfeln mit Birnen?

Erfahrungsgemäß werden Schließungs- und Einmalkosten sowie die Dauer, bis ein eingeschwungener Zustand der verlagerten Produktion erreicht ist, deutlich unterschätzt. Die korrekte Bewertung von Schließungs- und Verlagerungskosten kann also einen deutlichen Unterschied machen.

Tipp:

Bei drohender Produktionsverlagerung und (Teil)Betriebsschließungen sollten Interessenvertretungen die entsprechenden wirtschaftlichen Daten im Rahmen einer Investitionsrechnung anfordern und bewerten. Generell ist bei derartigen Rechnungen darauf zu achten, dass nicht »Äpfel mit Birnen« verglichen werden.
Die geforderte Höhe der Abfindungen in einem Sozialplan kann sich auch daran orientieren, welche Einsparungen das Unternehmen bei eingeschwungenem Zustand der verlagerten Produktion innerhalb von zwei Jahren erwartet.

4.2 Mögliche Vorgehensweise bei einer geplanten konzerninternen Verlagerung

Geplante Verlagerung der Produktion

Das Unternehmen gibt dem Betriebsrat seine Planung bekannt, einen Teil der Produktion an einen anderen konzerninternen Standort zu verlagern. Der Wirtschaftsausschuss erhält die Information, dass die **Kostensituation** am anderen Standort nachhaltig *besser* sei, das heißt niedriger. Aus diesem Grund müsse zum Zwecke der **Ergebnissicherung** verlagert werden.

Wirtschaftsausschuss und Betriebsrat sollten in einem solchen Fall, gegebenenfalls unterstützt von einem/einer externen wirtschaftlichen Sachverständigen, von der Unternehmensleitung **vollständige Informationen** bezüglich folgender Themenbereiche anfordern:

- Strategische Aspekte der Verlagerung
- Leistungsbeschreibung
- Verlagerungsrechnung

Strategische Aspekte bewerten, auch monetär

Bei den **strategischen Aspekten** ist zu klären, inwieweit der zu verlagernde Bereich eine **Kernkompetenz** des Unternehmens am Standort darstellt. Auch ist zu prüfen, ob grundlegende Indikatoren gegen eine Verlagerung sprechen. Dies können sein:

- räumliche Nähe zum Produktionsstandort des/der Kunden/Kundin als Voraussetzung für die weitere Zusammenarbeit
- Zollschranken
- Versorgungssicherheit

Daneben sind etwaige **Verlagerungshürden** zu prüfen, zu denen folgende zählen können:

- Schutz von Patenten und Lizenzen
- notwendige Kundenzustimmung bei Verlagerungen, da mit einigen Kunden der Produktionsstandort für die Zulieferungen vertraglich vereinbart ist

Des Weiteren zählt zu den strategischen Aspekten eine **Risikoanalyse**. Mögliche Risiken liegen in Qualitätsverlusten, Liefertreue, Imageeinbußen u.v.m. Jedes identifizierte Risiko ist monetär zu bewerten und verringert den »Kostenvorteil« der geplanten Verlagerung. Es empfiehlt sich, eine Risiko-Betrachtung in drei Fällen vorzunehmen: im Normalfall (base case) und in ihrem jeweils besten und schlechtesten Fall (best case-/worst case-Szenario).

Leistungsbeschreibung prüfen

Wie oben beschrieben ist seitens der Interessenvertretung zudem genau zu prüfen, ob die verglichenen **Leistungen** identisch sind. Mögliche festgestellte Abweichungen, zum Beispiel bei Logistikleistungen oder der Qualitätskontrolle, sind monetär zu bewerten und müssen in der Verlagerungsrechnung berücksichtigt werden. Hier sind es gerade Betriebsrat und Wirtschaftsausschuss, die entsprechende Mängel und Unvollständigkeiten aufdecken und damit die häufig lückenhaften und überambitionierten Pläne des Arbeitgebers im Sinne der Beschäftigungssicherung kritisch relativieren können.

Plausibilisierung Verlagerungsrechnung

Des Weiteren prüft die Interessenvertretung, gegebenenfalls unterstützt von einem/einer externen wirtschaftlichen Sachverständigen, sämtliche **Details der Verlagerungsrechnung** wie folgt:

- Sämtliche Positionen des Kostenvergleichs sind zu verstehen und zu bewerten
- zugrundeliegende Annahmen sind zu prüfen
- abgeleitete Ergebnisverbesserung ist kritisch zu bewerten

Bei der Plausibilisierung ist neben der konkreten Ermittlung oder gegebenenfalls einer soliden Schätzung von Remanenz-, Einmal- und Zusatzkosten der **verschärfte Blick** auf die Annahmen wichtig. Hierbei ist beispielweise zu beachten:

- Aus welchem Zeitraum stammen die Basisdaten des Vergleichs?
- Welche Lohnkostenentwicklungen wurden an beiden Standorten in den zukünftigen Jahren zugrunde gelegt?
- Welche Produktivität und – daraus abgeleitet – wie viele Vollzeitbeschäftigte sind geplant?
- Welche Produktionsverfahren und – daraus abgeleitet – welche Investitionen sind geplant?

Alternativkonzept

Liegen alle Informationen vor und sind bewertet, können diese ebenfalls in einem Alternativkonzept des Betriebsrats verwendet werden. In diese Alternativrechnung fließen geänderte Annahmen und gegebenenfalls weitere Aspekte ein, wie erkannte Einmalkosten. Sämtliche Informationen und Bewertungen können die Interessenvertretung in den manchmal unvermeidlichen Verhandlungen zum Interessenausgleich und Sozialplan zumindest dabei unterstützen, eine möglichst hohe Beschäftigung am Standort zu sichern oder aber die Höhe des Sozialplans zu beeinflussen.

Nachfolgende Darstellung veranschaulicht nochmal das Vorgehen:

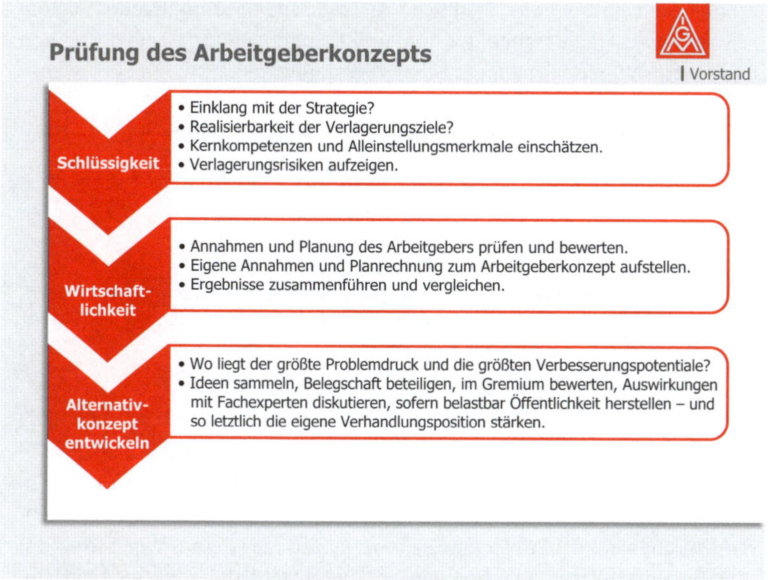

Abbildung 38: Prüfung des Verlagerungskonzepts des Arbeitgebers

Praxisbeispiel:

Bei anstehenden Beschaffungsentscheidungen werden in einem Unternehmen ab einem jährlichen Kostenvolumen von 50 000,00 Euro neben den Kosten (laufende Kosten und Einmalkosten) auch qualitative Kriterien (Termintreue, Mengentreue, Abhängigkeit, Sicherheitsbestände, Qualität) in die Betrachtung einbezogen. Ist die Fortführung in Eigenleistung nicht wirtschaftlich, so wird dies durch den Vorstand unter Vorlage der entscheidungsrelevanten Unterlagen begründet.

Für die anzustellenden Kostenvergleichsrechnungen ist zunächst eine Vergleichbarkeit im Leistungsumfang zwischen interner Leistungserstellung und externem Angebot herzustellen. Es werden gleiche Losgrößen miteinander verglichen. Basis der Ermittlung der eigenen Herstellungskosten sind die aktuellen Arbeitspläne, die in SAP hinterlegten Minutensätze und die Zuschläge aus der Zuschlagskalkulation. Bei der Kostenvergleichsrechnung werden sämtliche Zusatzkosten bei Fremdbezug (fertigungstechnische Produktbetreuung, erhöhte Transport- oder Prüfkosten etc.) zum Angebotspreis des Lieferanten addiert. Aus Sicherheitsgründen werden die Fremdbezugskosten um spezifische Risikozuschläge (y% der Fremdbezugskosten) erhöht. Gleichfalls werden sämtliche zu erwartenden verbleibenden Fixkosten auf die in Frage stehenden Teile und Komponenten umgelegt und von den spezifischen Herstellungskosten abgezogen.

Sind die Herstellkosten niedriger als die Kosten des Fremdbezugs, wird die Fertigung der betreffenden Teile und Komponenten am Standort xyz fortgesetzt.

Liegen die Herstellkosten über denjenigen des Fremdbezugs, können Werksleitung und Betriebsrat gemeinsam geeignete Maßnahmen identifizieren, um eine deutliche Reduzierung der Herstellungskosten für die betreffenden Teile und Komponenten zu erreichen.

Bei Vergabeentscheidungen hat der betroffene Bereich des Unternehmens die Möglichkeit eines letzten Angebots (last call), soweit die Herstellkosten um weniger als 5% über den Fremdbezugskosten inklusive aller Zuschläge liegen. Damit soll die Möglichkeit gegeben werden, alle Kostenreduzierungsmöglichkeiten am Standort xyz zu realisieren. Wenn trotz der Abgabe eines letzten Angebots eine Zukaufentscheidung fällt, ist dem Betriebsrat in geeigneter Form deutlich zu machen, warum das letzte Angebot nicht berücksichtigt werden konnte.

5. Handlungsmöglichkeiten des Wirtschaftsausschusses

Standardberichte vereinbaren

Den Standardberichten sowie den Sonderrechnungen des Controllings sind seitens des Wirtschaftsausschusses große Aufmerksamkeit zu widmen, da diese die Basis für die Steuerung des Unternehmens sind.

Im ersten Schritt ist zu verstehen, wie das Controllingsystem im Unternehmen aufgebaut ist, das heißt:

- Überblick über die Struktur der Kostenstellen und Kostenträger,
- Umlageverfahren und Umlageschlüssel,
- im Unternehmen regelmäßig erstellte Standardberichte.

Um die Vergleichbarkeit der Daten zu gewährleisten, werden Controllingsysteme im Unternehmen nicht ständig geändert, es sei denn, die zuständigen Personen wechseln häufig. Deshalb ist es in der Regel lediglich notwendig, ein einmaliges Grundverständnis zu erlangen. Zukünftige Änderungen sind vom Controlling mitzuteilen.

Auf einer solchen Grundlage sollte dann mit der Unternehmensleitung verbindlich vereinbart werden, welche Berichte dem Wirtschaftsausschuss regelmäßig unaufgefordert zur Verfügung gestellt werden. Rhythmus und Form der Informationen sollten ebenfalls geregelt werden.

Sonderrechnungen sind anlassbezogen und fallen demnach nur unregelmäßig an. Wirtschaftlich begründete Entscheidungsvorlagen sind im Wirtschaftsausschuss unter rechtzeitiger und umfassender Vorlage und Erläuterung der Berechnungen intensiv zu prüfen und zu erörtern. Alternative Vorschläge, zum Beispiel bei geplanten Verlagerungen, können gemeinsam mit externem Sachverstand ausgearbeitet und dem Betriebsrat für die Verhandlungen an die Hand gegeben werden. Nicht alle unternehmerischen Planungen werden auf den zweiten Blick so wirtschaftlich sein, wie es die Unternehmensleitung auf den ersten Blick darstellt. Insofern ist eine genaue Betrachtung der Annahmen, der geplanten Kosten sowie der einbezogenen Risiken durch den Wirtschaftsausschuss sinnvoll, auch um die verbleibenden Beschäftigten am Standort zu schützen.

Anhang

Anhang 1: Wortlaut der §§ 106 ff. BetrVG

§ 106 Wirtschaftsausschuss

(1) In allen Unternehmen mit in der Regel mehr als einhundert ständig beschäftigten Arbeitnehmern ist ein Wirtschaftsausschuss zu bilden. Der Wirtschaftsausschuss hat die Aufgabe, wirtschaftliche Angelegenheiten mit dem Unternehmer zu beraten und den Betriebsrat zu unterrichten.

(2) Der Unternehmer hat den Wirtschaftsausschuss rechtzeitig und umfassend über die wirtschaftlichen Angelegenheiten des Unternehmens unter Vorlage der erforderlichen Unterlagen zu unterrichten, soweit dadurch nicht die Betriebs- und Geschäftsgeheimnisse des Unternehmens gefährdet werden, sowie die sich daraus ergebenden Auswirkungen auf die Personalplanung darzustellen. Zu den erforderlichen Unterlagen gehört in den Fällen des Absatzes 3 Nr. 9a insbesondere die Angabe über den potentiellen Erwerber und dessen Absichten im Hinblick auf die künftige Geschäftstätigkeit des Unternehmens sowie die sich daraus ergebenden Auswirkungen auf die Arbeitnehmer; Gleiches gilt, wenn im Vorfeld der Übernahme des Unternehmens ein Bieterverfahren durchgeführt wird.

(3) Zu den wirtschaftlichen Angelegenheiten im Sinne dieser Vorschrift gehören insbesondere

1. die wirtschaftliche und finanzielle Lage des Unternehmens;
2. die Produktions- und Absatzlage;
3. das Produktions- und Investitionsprogramm;
4. Rationalisierungsvorhaben;
5. Fabrikations- und Arbeitsmethoden, insbesondere die Einführung neuer Arbeitsmethoden;

5a. Fragen des betrieblichen Umweltschutzes;

5b. Fragen der unternehmerischen Sorgfaltspflichten in Lieferketten gemäß dem Lieferkettensorgfaltspflichtengesetz;

6. die Einschränkung oder Stilllegung von Betrieben oder von Betriebsteilen;
7. die Verlegung von Betrieben oder Betriebsteilen;
8. der Zusammenschluss oder die Spaltung von Unternehmen oder Betrieben;

9. die Änderung der Betriebsorganisation oder des Betriebszwecks;
9a. die Übernahme des Unternehmens, wenn hiermit der Erwerb der Kontrolle verbunden ist, sowie
10. sonstige Vorgänge und Vorhaben, welche die Interessen der Arbeitnehmer des Unternehmens wesentlich berühren können.

§ 107 Bestellung und Zusammensetzung des Wirtschaftsausschusses

(1) Der Wirtschaftsausschuss besteht aus mindestens drei und höchstens sieben Mitgliedern, die dem Unternehmen angehören müssen, darunter mindestens einem Betriebsratsmitglied. Zu Mitgliedern des Wirtschaftsausschusses können auch die in § 5 Abs. 3 genannten Angestellten bestimmt werden. Die Mitglieder sollen die zur Erfüllung ihrer Aufgaben erforderliche fachliche und persönliche Eignung besitzen.

(2) Die Mitglieder des Wirtschaftsausschusses werden vom Betriebsrat für die Dauer seiner Amtszeit bestimmt. Besteht ein Gesamtbetriebsrat, so bestimmt dieser die Mitglieder des Wirtschaftsausschusses; die Amtszeit der Mitglieder endet in diesem Fall in dem Zeitpunkt, in dem die Amtszeit der Mehrheit der Mitglieder des Gesamtbetriebsrats, die an der Bestimmung mitzuwirken berechtigt waren, abgelaufen ist. Die Mitglieder des Wirtschaftsausschusses können jederzeit abberufen werden; auf die Abberufung sind die Sätze 1 und 2 entsprechend anzuwenden.

(3) Der Betriebsrat kann mit der Mehrheit der Stimmen seiner Mitglieder beschließen, die Aufgaben des Wirtschaftsausschusses einem Ausschuss des Betriebsrats zu übertragen. Die Zahl der Mitglieder des Ausschusses darf die Zahl der Mitglieder des Betriebsausschusses nicht überschreiten. Der Betriebsrat kann jedoch weitere Arbeitnehmer einschließlich der in § 5 Abs. 3 genannten leitenden Angestellten bis zur selben Zahl, wie der Ausschuss Mitglieder hat, in den Ausschuss berufen; für die Beschlussfassung gilt Satz 1. Für die Verschwiegenheitspflicht der in Satz 3 bezeichneten weiteren Arbeitnehmer gilt § 79 entsprechend. Für die Abänderung und den Widerruf der Beschlüsse nach den Sätzen 1 bis 3 sind die gleichen Stimmenmehrheiten erforderlich, wie für die Beschlüsse nach den Sätzen 1 bis 3. Ist in einem Unternehmen ein Gesamtbetriebsrat errichtet, so beschließt dieser über die anderweitige Wahrnehmung der Aufgaben des Wirtschaftsausschusses; die Sätze 1 bis 5 gelten entsprechend.

§ 108 Sitzungen

(1) Der Wirtschaftsausschuss soll monatlich einmal zusammentreten.

(2) An den Sitzungen des Wirtschaftsausschusses hat der Unternehmer oder sein Vertreter teilzunehmen. Er kann sachkundige Arbeitnehmer des Unternehmens einschließlich der in § 5 Abs. 3 genannten Angestellten hinzuziehen. Für die Hinzuziehung und die Verschwiegenheitspflicht von Sachverständigen gilt § 80 Abs. 3 und 4 entsprechend.

(3) Die Mitglieder des Wirtschaftsausschusses sind berechtigt, in die nach § 106 Abs. 2 vorzulegenden Unterlagen Einsicht zu nehmen.

(4) Der Wirtschaftsausschuss hat über jede Sitzung dem Betriebsrat unverzüglich und vollständig zu berichten.

(5) Der Jahresabschluss ist dem Wirtschaftsausschuss unter Beteiligung des Betriebsrats zu erläutern.

(6) Hat der Betriebsrat oder der Gesamtbetriebsrat eine anderweitige Wahrnehmung der Aufgaben des Wirtschaftsausschusses beschlossen, so gelten die Absätze 1 bis 5 entsprechend.

§ 109 Beilegung von Meinungsverschiedenheiten

Wird eine Auskunft über wirtschaftliche Angelegenheiten des Unternehmens im Sinn des § 106 entgegen dem Verlangen des Wirtschaftsausschusses nicht, nicht rechtzeitig oder nur ungenügend erteilt und kommt hierüber zwischen Unternehmer und Betriebsrat eine Einigung nicht zustande, so entscheidet die Einigungsstelle. Der Spruch der Einigungsstelle ersetzt die Einigung zwischen Arbeitgeber und Betriebsrat. Die Einigungsstelle kann, wenn dies für ihre Entscheidung erforderlich ist, Sachverständige anhören; § 80 Abs. 4 gilt entsprechend. Hat der Betriebsrat oder der Gesamtbetriebsrat eine anderweitige Wahrnehmung der Aufgaben des Wirtschaftsausschusses beschlossen, so gilt Satz 1 entsprechend.

§ 109a Unternehmensübernahme

In Unternehmen, in denen kein Wirtschaftsausschuss besteht, ist im Fall des § 106 Abs. 3 Nr. 9a der Betriebsrat entsprechend § 106 Abs. 1 und 2 zu beteiligen; § 109 gilt entsprechend.

§ 110 Unterrichtung der Arbeitnehmer

(1) In Unternehmen mit in der Regel mehr als 1000 ständig beschäftigten Arbeitnehmern hat der Unternehmer mindestens einmal in jedem Kalendervierteljahr nach vorheriger Abstimmung mit dem Wirtschaftsausschuss oder den in § 107 Abs. 3 genannten Stellen und dem Betriebsrat die Arbeitnehmer schriftlich über die wirtschaftliche Lage und Entwicklung des Unternehmens zu unterrichten.

(2) In Unternehmen, die die Voraussetzungen des Absatzes 1 nicht erfüllen, aber in der Regel mehr als zwanzig wahlberechtigte ständige Arbeitnehmer beschäftigten, gilt Absatz 1 mit der Maßgabe, dass die Unterrichtung der Arbeitnehmer mündlich erfolgen kann. Ist in diesen Unternehmen ein Wirtschaftsausschuss nicht zu errichten, so erfolgt die Unterrichtung nach vorheriger Abstimmung mit dem Betriebsrat.

Anhang 2: Eckpunkte für eine Geschäftsordnung des Wirtschaftsausschusses

- Zahl der Mitglieder – BR/GBR-Zugehörigkeit
- Regelmäßige Sitzung (z. B. einmal monatlich)
- Regelmäßige Vor- und Nachbereitungssitzung unter Einbeziehung von BR/GBR und Arbeitnehmervertreter/innen im Aufsichtsrat
- Zulässigkeit virtueller Sitzungen/Ausnahmetatbestände und wer die Entscheidungskompetenz hat
- Hinzuziehung von Gewerkschaftsvertreter/innen
- Sitzungstätigkeit ist Arbeitszeit – sonstige Kostenübernahme durch Arbeitgeber
- Regelungen zur Beschlussfähigkeit
- Wahl einer/eines Vorsitzenden und einer Stellvertreterin bzw. eines Stellvertreters des Wirtschaftsausschusses
- Aufgaben der/des Vorsitzenden des Wirtschaftsausschusses bzw. seiner Stellvertretung – Abstimmung der Termine der Sitzungen mit dem Arbeitgeber – Festlegung der Termine der Vor- und Nachbereitungssitzungen – Erstellung der Tagesordnung – rechtzeitige schriftliche Einladungen zu den Sitzungen – Leitung der Wirtschaftsausschusssitzung
- Verfahren zur Unterrichtung von BR/GBR
- Verfahren zur Abstimmung über den Vierteljahresbericht mit dem Unternehmer
- Protokollführung
- Hinzuziehung von Sachverständigen und Auskunftspersonen

(vgl. ausführliches Muster einer Geschäftsordnung des Wirtschaftsausschusses in: Laßmann/Mengay/Overbeck/Rupp; Handbuch für den Wirtschaftsausschuss, 12. Aufl. 2023; Frankfurt a. M., S. 534 ff.)

Anhang 3: Betriebsvereinbarung »Information des Wirtschaftsausschusses«

Präambel

Diese Betriebsvereinbarung soll die regelmäßige Information über wirtschaftliche Angelegenheiten des Unternehmens durch die Geschäftsführung und deren Beratung mit dem Wirtschaftsausschuss regeln.

Die gesetzliche Grundlage dieser Betriebsvereinbarung bilden die §§ 106–110 BetrVG.

In regelmäßigen Abständen, in der Regel einmal monatlich, sollen zwischen dem Unternehmen und dem Wirtschaftsausschuss die wirtschaftliche Situation und Entwicklung des Unternehmens betrachtet, sowie Maßnahmen zur Erreichung dieser Ziele beraten werden. In diese Beratungen sollen ebenso die Vorstellungen und Absichten der Geschäftsführung als auch die Interessen der Arbeitnehmer/innen einfließen.

Zur Vorbereitung der Beratungsgespräche ist der Wirtschaftsausschuss durch die Geschäftsführung über die wirtschaftlichen Angelegenheiten des Unternehmens und die Vorstellungen und Absichten des Unternehmens rechtzeitig, umfassend und verständlich zu informieren.

Die Beilegung von Meinungsverschiedenheiten zwischen der Geschäftsführung und dem Wirtschaftsausschuss über die Erfüllung der Informationspflicht und der Gewährung des Beratungsrechts erfolgt nach dem in dieser Betriebsvereinbarung geregelten Verfahren.

§ 1 Geltungsbereich

Diese Betriebsvereinbarung gilt für alle Arbeitnehmerinnen und Arbeitnehmer mit Ausnahme der leitenden Angestellten gemäß § 5 Abs. 3 BetrVG.

§ 2 Informationspflicht des Unternehmens gegenüber dem Wirtschaftsausschuss

1. Grundsatz

Die Informationspflicht des Unternehmens gegenüber dem Wirtschaftsausschuss bezieht sich auf den Inhalt und Umfang, die Form und den Zeitpunkt der Information und Beratung.

2. Inhalt und Umfang der Information und Beratung

(1) Die Information und Beratung umfasst alle wirtschaftlichen Angelegenheiten des Unternehmens einschließlich aller Vorstellungen und Absichten, die das Unternehmen seinen Entscheidungen zugrunde legt (Grundsatz der Informationsparität).

(2) Als wirtschaftliche Angelegenheiten gelten insbesondere:
- wirtschaftliche und finanzielle Lage (Ergebnis- und Liquiditätsrechnungen etc.),
- Produktion und Absatzlage (Projekte, Kunden etc.),
- Produktions- und Investitionsprogramm (Produkte, Schulungen etc.),
- Rationalisierungsvorhaben,
- Fabrikations- und Arbeitsmethoden, insbesondere die Einführung neuer Arbeitsmethoden,
- Fragen des betrieblichen Umweltschutzes,
- Gewährleistung der Pflichten aus dem Lieferkettensorgfaltspflichtengesetz
- Stilllegung oder Einschränkung von Betrieben oder Betriebsteilen,
- Verlegung von Betrieben oder Betriebsteilen,
- Zusammenschluss oder Teilung von Unternehmen oder Betrieben,
- Änderung von Betriebsorganisation oder des Betriebszwecks,
- Übernahme des Unternehmens, wenn hiermit der Erwerb der Kontrolle verbunden ist,
- sowie sonstige Vorgänge und Vorhaben, die Interessen der Beschäftigten wesentlich berühren.

Insbesondere sind vom Unternehmer mögliche Auswirkungen auf die Personalplanung darzustellen.

(3) Auf Wunsch des Wirtschaftsausschusses ist dieser ferner zu informieren

- über die Produktions- und Absatzlage, insbesondere hinsichtlich einzelner Produkte und Projekte,
- über zugrunde liegende bzw. weiterführende Daten (Rohdaten).

(4) Die Jahresplanung des Unternehmens ist mit dem Wirtschaftsausschuss zu erörtern, bevor dies abschließend mit den Gesellschaftern erfolgt. Bei einer Neuplanung oder Veränderung der bestehenden Jahresplanung erfolgt umgehend eine neue aktualisierte Information des Wirtschaftsausschusses durch die Geschäftsführung. Zur Mitte eines Geschäftsjahres erfolgt auf entsprechendes Verlangen des Wirtschaftsausschusses ein Soll-/Ist-Vergleich. Ein entsprechendes Verlangen ist dem Unternehmen rechtzeitig mitzuteilen, mindestens einen Monat vorher.

(5) Der Umfang der Information wird durch die Vereinbarung über die Form der Information nicht begrenzt.

(6) Macht der Wirtschaftsausschuss Klärungsbedarf über die ihm erteilten bzw. zugänglich gemachten Informationen hinaus geltend, insbesondere weil er über die ihm bereits erteilten Informationen hinaus weitere Fragen hat, sind diese durch das Unternehmen mündlich, auf Verlangen des Wirtschaftsausschusses schriftlich zu beantworten.

(7) Da auf den Wirtschaftsausschuss und seine Mitglieder § 79 Abs. 1 BetrVG Anwendung findet, wird für den Fall, dass sich das Unternehmen auf eine Gefährdung von Betriebs- und Geschäftsgeheimnissen im Sinne dieser Vorschrift beruft, entsprechend einer der beiden folgenden Alternativen verfahren:

- Das Unternehmen erteilt die entsprechenden Informationen mündlich im Rahmen der Sitzungen des Wirtschaftsausschusses und/oder gewährt dem Wirtschaftsausschuss ein Einsichtsrecht in die entsprechenden Unterlagen während der Sitzung des Wirtschaftsausschusses.
- In Ausnahmefällen erteilt das Unternehmen die entsprechenden Informationen nicht. In diesem Fall ist das Unternehmen verpflichtet, zu begründen, warum eine Gefährdung eines Betriebs- oder Geschäftsgeheimnisses vorliegt.

Das Berufen auf die Gefährdung eines Betriebs- oder Geschäftsgeheimnisses ist nur zulässig im Hinblick auf die objektive Notwendigkeit, eine bestimmte Tatsache geheim zu halten, falls ansonsten der Bestand oder die Entwicklung des Unternehmens gefährdet wäre oder im Hinblick auf die konkrete auf Tatsachen gestützte Gefährdung eines Geschäftsgeheimnisses durch ein oder mehrere Mitglieder des Wirtschaftsausschusses.

3. Form der Information und Beratung

(1) Die Information durch das Unternehmen und deren Beratung mit dem Wirtschaftsausschuss erfolgt in regelmäßigen Gesprächen, den Sitzungen des Wirtschaftsausschusses. Die Information ist in deutscher Sprache vorzunehmen.

(2) Zur Vorbereitung der Sitzung des Wirtschaftsausschusses erhält dieser von dem Unternehmen rechtzeitig Unterlagen, die die wirtschaftliche Situation und Entwicklung des Unternehmens nachvollziehbar, umfassend und verständlich belegen.

(3) Als solche Unterlagen gelten üblicherweise:
- Jahresplanung,
- Bilanzen,
- Gewinn- und Verlustrechnung (GuV),
- Betriebsabrechnungsbogen (BAB),
- Kostenstellengenaue Plan- und Ist-Zahlen,
- Kennziffernkataloge und -systeme auf der Basis der im Unternehmen derzeit vorhandenen Kennzahlen,
- Wirtschaftsprüfungsbericht,
- Beraterstudien,
- wichtige Liefer- und Bezugsverträge,
- Produktions- und Rationalisierungspläne.

(4) Hinsichtlich der Kostenstellen erfolgt eine Information des Wirtschaftsausschusses über den Deckungsbeitrag der jeweiligen Kostenstellen sowie der Planwerte je Kostenstelle.

(5) Sollten sich aufgrund der Beratungen zwischen Unternehmen und Wirtschaftsausschuss andere Unterlagen bzw. Informationsdarstellungen als notwendig und sinnvoll erweisen, kann der Wirtschaftsausschuss eine Erweiterung bzw. Änderung der Vereinbarung in diesem Punkt verlangen. Für den Fall, dass im Unternehmen neue Informationssysteme aufgebaut werden, ist die Geschäftsführung verpflichtet, den Wirtschaftsausschuss hierüber unverzüglich zu informieren. In einem solchen Fall kann jede Seite eine darauf bezogene Erweiterung bzw. Änderung dieser Vereinbarung verlangen.

4. Zeitpunkt der Information und Beratung

(1) Die Unterrichtung des Wirtschaftsausschusses durch das Unternehmen hat unaufgefordert rechtzeitig, regelmäßig und außerordentlich bei besonderen An-

lässen zu erfolgen. Insbesondere ist die Information so ausreichend zeitlich vorher zu erteilen, dass Planungen und Beratungen von Entscheidungen mit dem Wirtschaftsausschuss und dem Betriebsrat möglich sind.

(2) Die Unterlagen zur Vorbereitung der Sitzungen des Wirtschaftsausschusses sind rechtzeitig, möglichst zwei Wochen vor dem Sitzungstermin, vorzulegen.

5. Anlagen

Soweit nicht bereits in dieser Betriebsvereinbarung geregelt, sind in den Anlagen zu dieser Betriebsvereinbarung

(Anlage 1 Übersicht: Information des Wirtschaftsausschusses Anlage 2 Unternehmenskennzahlen)

tabellarisch zusammengestellt die Frequenzen und Termine zur Vorlage von Unterlagen und welche Unterlagen im Einzelnen vorzulegen sind. Die Anlagen sind wesentlicher Bestandteil dieser Betriebsvereinbarung.

§ 3 Vorlage und Erläuterung der Unterlagen für den Wirtschaftsausschuss

1. Erläuterung der Unterlagen

(1) Der Wirtschaftsausschuss kann eine Erläuterung aller ihm vom Unternehmen vorgelegten Unterlagen verlangen; in begründeten Ausnahmefällen auch schriftlich.

(2) Eine gewünschte Erläuterung soll vor allem enthalten:
- eine Bewertung von Ergebnissen anhand von Vergleichen mit der Planung, Vergleichen mit der Vergangenheit und Vergleichen mit Benchmarks;
- eine Bewertung von Maßnahmen hinsichtlich ihrer Zielerreichung;
- Konsequenzen, Absichten und Maßnahmen aufgrund dieser Bewertungen;
- Betrachtung der folgenden Hauptfunktionen hinsichtlich Aufwand und Nutzen, beispielsweise – Absatz: Marketing und Vertrieb; – Entwicklung: Produkte, Verfahren, Prozesse; – Disposition: Bereichsleitungen, Projektteams etc.; – Produktion: Investitionspolitik, Durchführung von Projekten etc.; – Beschaffung: Personalplanung und -entwicklung, Einkauf etc.

Der Jahresabschluss (Bilanz sowie Gewinn- und Verlustrechnung) ist in jedem Fall auch mündlich und unter Beteiligung des Betriebsrats durch das Unternehmen zu erläutern und mit dem Wirtschaftsausschuss zu beraten.

2. Hinzuziehen von externen Sachverständigen

Zum Verständnis von Unterlagen und für mündliche Erläuterungen kann der Wirtschaftsausschuss jederzeit auch externe Sachverständige unter den Voraussetzungen des § 80 Abs. 3 BetrVG hinzuziehen. Die Kosten der Sachverständigen trägt das Unternehmen.

§ 4 Sitzungen des Wirtschaftsausschusses

1. Termine der Sitzungen

Die Sitzungen des Wirtschaftsausschusses finden regelmäßig monatlich statt.

Nach Abschluss des Geschäftsjahres wird in einer erweiterten Sitzung gemeinsam mit dem Betriebsrat der Jahresabschluss behandelt.

In der letzten Sitzung eines Geschäftsjahres oder in der ersten Sitzung zu Beginn eines neuen Geschäftsjahres werden zwischen Wirtschaftsausschuss und Unternehmen die Sitzungstermine für das neue Geschäftsjahr abgestimmt.

Die Absage eines Termins ist nur aus wichtigem Grund, bei gleichzeitiger Verabredung eines kurzfristig stattfindenden Alternativtermins zulässig.

2. Teilnehmer/innen der Sitzungen

An den Sitzungen nimmt auf der Seite des Unternehmens ein Mitglied der Geschäftsführung oder ein im Voraus namentlich benannter Vertreter der Geschäftsführung teil, auf der Seite der Arbeitnehmer/innen mindestens die Hälfte der gewählten Wirtschaftsausschussmitglieder. Bei der Behandlung des Jahresabschlusses ist darüber hinaus in jedem Fall der Betriebsrat hinzuzuziehen.

Der Wirtschaftsausschuss darf sachkundige Arbeitnehmerinnen und Arbeitnehmer aus dem Unternehmen und, falls erforderlich, auch externe Sachverständige unter den Voraussetzungen des § 80 Abs. 3 BetrVG hinzuziehen. Die Kosten der Sachverständigen trägt das Unternehmen.

Das Recht des Wirtschaftsausschusses, eine/n Gewerkschaftsvertreter/in auf Wunsch hinzuzuziehen, bleibt unberührt.

§ 5 Beilegung von Meinungsverschiedenheiten

1. Zur Beilegung von Meinungsverschiedenheiten über die Informationspflicht des Unternehmens gegenüber dem Wirtschaftsausschuss bzw. Betriebsrat und den Mitarbeiter/innen, das Beratungsrecht des Wirtschaftsausschusses oder über das Informationsrecht des Wirtschaftsausschusses bzw. Betriebsrats gegenüber den Mitarbeiter/innen, ist innerhalb von 14 Tagen ein internes Schlichtungsgremium einzuberufen, dem außer je zwei Vertreter/innen des Unternehmens und des Wirtschaftsausschusses bzw. Betriebsrats zwei weitere Mitarbeiter/innen angehören, wobei eine/r von diesen vom Unternehmer hinzugezogen wird, während die weitere Mitarbeiterin bzw. der weitere Mitarbeiter, ohne dass diese/dieser Mitglied des Betriebsrats oder Wirtschaftsausschusses ist, vom Betriebsrat hinzugezogen wird.

2. Kann das interne Schlichtungsgremium binnen zwei Wochen nach seiner Einberufung die Meinungsverschiedenheiten nicht beilegen, so hat auf Antrag einer der beiden Parteien die Einsetzung einer Einigungsstelle zu erfolgen. Diese kann Sachverständige hinzuziehen. Die Kosten der Einigungsstelle trägt das Unternehmen.

3. Scheitert auch die Einigungsstelle bzw. wird das Ergebnis der Einigungsstelle nicht umgesetzt, so kann das Arbeitsgericht angerufen werden. § 109 BetrVG bleibt unberührt.

§ 6 Schlussbestimmungen

Diese Betriebsvereinbarung tritt am Tage ihrer Unterzeichnung in Kraft. Sie kann mit einer Frist von sechs Monaten zum Jahresende, erstmals jedoch zum 31.12.2027 gekündigt werden.

Diese Betriebsvereinbarung wirkt im Falle der Kündigung nach, bis die Betriebsparteien sich über eine neue Vereinbarung verständigt haben oder die Einigungsstelle eine neue Vereinbarung beschlossen hat.

Anmerkung: Dieses Muster einer Betriebsvereinbarung basiert in wesentlichen Punkten auf den Verhandlungsergebnissen einer betrieblichen Einigungsstelle und ist für die interessierte Leserin bzw. für den interessierten Leser lediglich als Anregung gedacht.

Anhang 4: Praxisbeispiel Fragenkatalog Jahresabschluss

Absatz und Umsatz
- Preis- und Mengenentwicklung im Vorjahresvergleich, gegliedert nach Produktgruppen
- Darstellung der wesentlichen Kunden, Märkte und Wettbewerber
- Auftragseingang und Auftragsbestand
- Darstellung des Forecasts für das laufende Geschäftsjahr
- Darstellung der Umsatzplanung und deren wesentliche Prämissen

Produktion
- Produktionsvolumina, gegliedert nach Produktgruppen
- Produktivitätsentwicklung
- Entwicklung von Qualität, Ausschuss etc.
- Kapazitätsauslastung, ggf. gegliedert nach Tätigkeiten, Abteilungen, Produkten

Beschäftigte
- Entwicklung der Beschäftigtenzahlen und der Beschäftigtengruppen
- Anzahl der befristet Beschäftigten
- Leiharbeitskräfte und Werkverträge
- Entwicklung von Arbeitsstunden, Gleitzeit- und Urlaubskonten

Ertragslage (Gewinn- und Verlustrechnung)
- Darstellung der wesentlichen Entwicklungen und deren Gründe im Vorjahresvergleich, insbesondere
  - Materialaufwand
  - Rohertrag bzw. Bruttoergebnis
  - Personalaufwand sowie Aufwendungen für Altersvorsorge
  - Vergütung Management
  - Abschreibungen
  - Sonstige betriebliche Erträge und Aufwendungen
  - Erläuterung der wesentlichen Entwicklungen im Finanzergebnis
  - Außerordentliche Vorgänge und/oder neutrale Ergebnisbestandteile
  - Verwendung des Ergebnisses (Gewinnausschüttung, Rücklagenzuführung)
- Ergebnisrechnung nach Segmenten/Produktgruppen, sofern vorhanden
- Darstellung des Forecasts für das laufende Geschäftsjahr
- Darstellung der Ergebnisplanung

Vermögens- und Finanzlage (Bilanz und Cashflow-Rechnung)
- Haben sich Bilanzierungs- oder Bewertungsmethoden geändert?
- Bilanz: Darstellung der wesentlichen Entwicklungen und deren Gründe im Vorjahresvergleich, insbesondere
  - Anlagevermögen (Anlagespiegel)
  - Vorräte, Forderungen aus Lieferungen Leistungen
  - Sonstige Vermögensgegenstände
  - Rückstellungen (Verbrauch, Auflösung, Zuführung und Stand)
  - Verbindlichkeiten
  - Entwicklung der Kreditlinien und Sicherheiten
- Tochtergesellschaften: Eigenkapital, Jahresergebnis, Beschäftigte, Umsatz- und Ergebnisperspektive
- Erläuterung sonstiger finanzieller Verpflichtungen (Bürgschaften, Patronatserklärungen)
- Erläuterung wesentlicher Entwicklungen der Cashflow-Rechnung
- Liquiditätsstatus und -planung

Investitionen
- Erläuterung der Sach- und Finanzinvestitionen
- Leasing, Sale-and-Lease-Back-Geschäfte
- Art und Auswirkungen der Investitionsprojekte auf die Beschäftigten (Zahl, Qualifikation, Arbeitsbedingungen, usw.)
- Erläuterung der Ausgaben für Forschung und Entwicklung

Bei konzernabhängigen Unternehmen
- Verrechnungspreise für Lieferungen und Leistungen
- Konzernumlagen
- Miet- und Pachtzahlungen
- Konditionen des Cash-Pooling
- Bestehende Darlehen und Forderungen gegenüber verbundenen Unternehmen und/oder Gesellschaftern
- Beherrschungs- und Ergebnisabführungsverträge

(Das vorstehende Beispiel ist nicht 1:1 übertragbar und dient lediglich der Anregung zur Entwicklung eigener Fragen.)

Anhang 5: Unternehmenskrise – Fragenkatalog für den Wirtschaftsausschuss

Strategiekrise

Gesamtwirtschaftliche Entwicklung
- Welche gesamtwirtschaftlichen Größen sind wichtig für das Geschäft?
- Wie konjunkturabhängig ist das Unternehmen?
- Stehen Gesetzesänderungen an?
- Zeichnen sich technologisch gravierende Veränderungen ab?

Branchensituation
- Wie unterscheidet sich das Unternehmen von der Konkurrenz?
- Wo liegen die Wettbewerbsvorteile (Preis, Qualität, Service, ...)?
- Wie ist die Auslastungssituation in der Branche?
- Besteht die Gefahr des Eintritts neuer Wettbewerber?
- Zeichnen sich Substitutionsprodukte ab?
- Wie verhalten sich die Wettbewerber?
- Wie entwickeln sich die Märkte der wichtigsten Kunden?

Situation des Unternehmens
- Wann gab es die letzte wesentliche Produktinnovation?
- Ist die Fertigungstechnologie auf dem neuesten Stand?
- Liegen Probleme in der (internen) Organisation vor?
- Wie ist das Management qualifiziert?
- Wie ist das (interne und externe) Finanzierungspotenzial des Unternehmens?
- Wie verhalten sich die Eigentümer?

Erfolgskrise

Absatzlage
- Wie entwickeln sich Auftragseingang, Auftragsbestand und Umsätze in den letzten Monaten, unterteilt nach wesentlichen Produktgruppen?
- Wie ist die Nachfrage bezogen auf die einzelnen Produktlinien?
- Wie entwickeln sich die Preise?

Produktion
- Wie gestaltet sich die Kapazitätsauslastung?
- Wie entwickeln sich die Vorratsbestände?
- Wie hat sich die Beschäftigung entwickelt?

Ertragslage

- Wie entwickeln sich Materialkosten, Personalkosten, Abschreibungen, Zinsen, sonstige Aufwendungen und Erträge sowie die Deckungsbeiträge wesentlicher Produkte?
- Sind außerordentliche Vorgänge zu verzeichnen?

Finanzstruktur

- Wie verändert sich das Vermögen?
- Welche Investitionen sind geplant (Art und Höhe der Investitionen)?
- Wie entwickeln sich die Ergebnisse der Tochtergesellschaften?
- Wie ist die Zahlungsmoral der Kunden, wie entwickeln sich die Forderungen?
- Wie ist der Liquiditätsstatus? Wieweit sind die Kreditlinien ausgenutzt, wie viel »freie« Liquidität ist vorhanden?
- Gibt es Veränderungen im Gesellschafterkreis?
- Wie hat sich das Eigenkapital entwickelt?
- Bestehen sonstige finanzielle Verpflichtungen (z. B. Bürgschaften)?
- Sind alle wirtschaftlichen Risiken, ungewisse Verbindlichkeiten abgedeckt?
- Wurde die Bilanzierung geändert? Wenn ja, mit welchen Auswirkungen?
- Was steht im Bericht des Wirtschaftsprüfers?

Liquiditätskrise

- Bestehen akute Zahlungsprobleme (Frage nach unbezahlten fälligen Rechnungen; auffällig auch verspätete Lohn- und Gehaltszahlungen)?
- Sind bereits Stundungsvereinbarungen mit dem Finanzamt oder den Sozialversicherungen getroffen?
- Erfolgen Materiallieferungen nur noch gegen Vorkasse?
- Sind alle bestehenden Kreditlinien voll ausgeschöpft?
- Sind mit den Banken Vereinbarungen zu Stundungen / Verzichten getroffen worden?
- Werden bei den Lieferanten noch Boni oder Skonti ausgenutzt?
- Wie hat sich die Bonitätsbeurteilung durch die Kreditversicherer entwickelt?
- Wurden Investitionen verstärkt über Leasing durchgeführt?
- Wurde nicht betriebsnotwendiges Vermögen verkauft?
- Wurden Forderungen verkauft (Factoring)?
- Haben die Eigentümer Sicherheiten gestellt, oder sind sie bereit, zusätzliche finanzielle Mittel einzubringen?
- Wurde der Antrag auf staatliche Hilfen (Landesbürgschaften, KfW-Mittel o.a.) gestellt?

BWL-Fachbegriffe Englisch/Deutsch

Englisch	Deutsch
Profit and loss statement (P&L)	Gewinn- und Verlustrechnung
Sales/revenue	Umsatz
Cost of sales	Umsatzkosten
Gross profit	Bruttoergebnis
R & D costs	F & E Kosten
Selling expenses	Vertriebskosten
Administration expenses	Verwaltungskosten
Costs of material	Materialkosten
Wages and salaries	Lohn- und Gehalt
Social expenses	Sozialabgaben
Other income	Sonstige betriebliche Erträge
Other expenses	Sonstige betriebliche Aufwendungen
EBIT = Earnings before interest and taxes	Ergebnis vor Zinsen und Steuern
EBITDA = Earnings before interest, taxes, depreciation and amortization	Ergebnis vor Zinsen und Steuern
Interest	Zinsen
Financial result	Finanzergebnis
Extraordinary result	Außerordentliches Ergebnis
Net profit before tax	Vorsteuerergebnis
Net profit / loss	Jahresüberschuss/-fehlbetrag
Balance sheet	Bilanz
Fixed assets	Anlagevermögen
Intangible assets	Immaterielle Vermögensgegenstände
Property, plant and equipment (PPE)	Sachanlagevermögen
Financial assets	Finanzanlagen
Inventories	Vorräte
Accounts receivables	Forderungen

Englisch	Deutsch
Other receivables / payables	Sonstige Forderungen / Verbindlichkeiten
Cash and cash equivalents	Flüssige Mittel
Equity	Eigenkapital
Pensions/retirement benefits	Pensionsrückstellungen
Provisions/accruals	Rückstellungen
Liabilities	Verbindlichkeiten
Bank loans	Verbindlichkeiten gegenüber Kreditinstituten

Die Autorinnen und Autoren

Jens Peter Hjort, Rechtsanwalt und Fachanwalt für Arbeitsrecht, Kanzlei Müller-Knapp · Hjort · Wulff Partnerschaft, Kooperation ArbeitnehmerAnwälte, Leiter des Arbeitskreises Arbeitsrecht der Vereinigung Demokratischer Juristinnen und Juristen e.V.

Andrea Rothkegel (Dipl.-Kauffrau), Sandra Schneider (Dipl.-Kauffrau), Andreas Schur (Dipl.-Betriebswirt (FH)), EWR Consulting GmbH, Frankfurt, Duisburg, Augsburg

Stichwortverzeichnis